Javier García Campayo

Vacuidad
y no-dualidad

Meditaciones para deconstruir el «yo»

Prólogo de David Loy

editorial Kairós

© 2019 by José Javier García Campayo

© de la edición en castellano:
 2020 by Editorial Kairós, S.A.
 www.editorialkairos.com

Fotocomposición: Grafime. 08014 Barcelona
Diseño cubierta: Katrien Van Steen
Impresión y encuadernación: Ulzama digital

Primera edición: Septiembre 2020
Segunda edición: Octubre 2022
ISBN: 978-84-9988-759-3
Depósito legal: B 7.087-2020

Este libro ha sido impreso con papel que proviene de fuentes respetuosas
con la sociedad y el medio ambiente y cuenta con los requisitos necesarios
para ser considerado un «libro amigo de los bosques».

Sumario

PARTE II

La visión de las tradiciones contemplativas

PARTE III

¿Cómo se deconstruye el yo?

YO NO SOY YO

Yo no soy yo.
Soy este
que va a mi lado sin yo verlo,
que, a veces, voy a ver,
y que, a veces olvido.
El que calla, sereno, cuando hablo,
el que perdona, dulce, cuando odio,
el que pasea por donde no estoy,
el que quedará en pie cuando yo muera.

JUAN RAMÓN JIMÉNEZ

Prólogo

Cuando consideramos la aportación que las tradiciones contemplativas pueden ofrecernos hoy en día, ningún concepto es más importante que el de la «no-dualidad», un término que puede tener muchos significados, dependiendo del contexto. En general, la no-dualidad niega cualquier distinción que solemos dar por supuesta: por ejemplo, entre la mente y el cuerpo, la trascendencia y la inmanencia, los medios y los fines y, especialmente, la no-dualidad entre sujeto y objeto, entre el yo y los otros, que es el núcleo de este libro. Estas afirmaciones se encuentran en todas las religiones, pero son más frecuentes en la literatura mística abrahámica y en tradiciones asiáticas como el budismo, el vedanta y el taoísmo.

¿Qué podemos aprender actualmente de estas enseñanzas? Invariablemente, las dualidades son descritas como ilusorias y problemáticas, como una fuente de insatisfacción. En un lenguaje más contemporáneo diríamos que son constructos psicológicos y sociales que a veces son necesarios, pero que no deben confundirnos. Un niño, por ejemplo, no nace con una conciencia de estar separado de los otros. El sentido de un yo separado se desarrolla conforme crece y aprende a usar palabras como «yo», «mi» o «mío». Estructurado sobre nuestros patrones habituales de pensar, sentir y actuar con otros, el sentido dualístico del yo también es un componente social. El niño aprende a verse a sí mismo como le ven los otros, y por eso no es extraño que siempre sea muy sensible a la evaluación de los demás.

El hecho de que el yo sea un constructo abre la puerta a una posibilidad que la moderna psicología justo está empezando a explorar: las meditaciones deconstructivas pueden conducir a experimentar el mundo y a nosotros mismos en el mundo de una forma diferente, no-dual. Este es un territorio familiar para los no-dualistas entrenados en la espiritualidad asiática, que durante milenios ha enseñado meditaciones que pretenden alcanzar esa condición. El descubrimiento contemporáneo de dichas tradiciones y prácticas ha sido uno de los grandes beneficios de la globalización, permitiendo que se inicie una fructífera conversación entre Oriente y Occidente.

Es en este contexto en el que surge el nuevo libro del profesor García Campayo, *Vacuidad y no-dualidad*. Combina un profundo análisis de lo que la psicología occidental ha descubierto sobre la naturaleza del yo y el ego con una profunda apreciación de lo que las religiones asiáticas tienen que ofrecernos. Explica claramente los problemas producidos por la comprensión dualista de nosotros mismos y nuestra relación con los otros, y ofrece introducciones al budismo, vedanta y taoísmo que subrayan lo que estas tradiciones enseñan en respuesta a estas cuestiones. Aún más importante, el profesor García Campayo ofrece mucho más que un resumen de estas tradiciones: entra en detalle describiendo una gran variedad de prácticas contemplativas y meditaciones deconstructivas que realmente promueven una transformación experiencial, personal y directa. En su ambiciosa estructura, este libro concluye apuntando más allá de sí mismo, a las formas no-duales de experimentar lo que las grandes tradiciones espirituales enseñan. Hay mucho que aprender de la admirable síntesis del profesor García Campayo, pero aún más hay que aprender de las prácticas que se recomiendan.

David R. Loy
Maestro del linaje sambo del budismo Zen
Profesor de Ética, Religión y Sociedad
en la Universidad de Bunkyo, Japón

PARTE I

La no-dualidad y el yo

1. Concepto y tipos de no-dualidad

La no-dualidad (en sánscrito *advaya* y *advaita*; en tibetano *gÑis-med*; en chino *pu-erh*; y en japonés *funi*) es, probablemente, el concepto más importante de las filosofías y religiones orientales, pero también uno de los más ambiguos. Grimes (1996: 15) lo define como «un estado de consciencia maduro en el que la dicotomía "yo-los otros" es transcendida y la consciencia es descrita como "sin centro" y "sin dicotomías"». Aunque puede aparecer de forma espontánea, suele ser producto del entrenamiento en prácticas contemplativas. Pese a que el concepto se encuentra más ligado a las tradiciones espirituales orientales como el budismo, el taoísmo o el vedanta advaita, también se encuentra en las tres religiones monoteístas, islam, judaísmo y cristianismo, así como en tradiciones grecolatinas o en movimientos espirituales modernos como el unitarianismo, el trascendentalismo, el universalismo y el perennialismo. Durante todo el libro, cuando hablemos de no-dualidad y de deconstrucción del yo, nos centraremos en los conceptos y prácticas de las tres religiones orientales anteriormente descritas, pero existen libros que analizan a fondo las prácticas no-duales de otras tradiciones místicas (Alvarado, 2012).

Existirían múltiples dualidades. Según Loy (1999) algunas de las más importantes son las siguientes:

1. Dualidad de conceptos bipolares: existen muchos conceptos en cualquier idioma que parecen muy alejados y diferentes, pero que, en última instancia, son lo mismo pero opuestos. Así, por ejemplo, «grande» y «pequeño» son dos formas de hablar del tamaño de un objeto; «alto» y «bajo» describen la altura; «bello» y «feo» describen la belleza de un objeto, y así sucesivamente. En la mayor parte de los casos, esta dualidad se asume y no es relevante para la vida de las personas, pero algunos conceptos importantes para las religiones, muy cargados emocionalmente, pueden generar mucho sufrimiento si uno no es consciente de las implicaciones de la dualidad. Por ejemplo, si uno quiere ser rico, necesariamente tiene miedo a ser pobre.

En la tradición oriental, la principal dualidad se da entre «sabiduría» e «ignorancia», y este extremo es el que diferencia a una persona que practica la religión de quien no lo hace. Sin embargo, en las tradiciones monoteístas abrahámicas, la mayor dualidad es «el bien» y «el mal», y se considera de una forma metafórica que el mundo es una especie de tablero de ajedrez donde ambos libran una batalla y donde los seres humanos somos peones de dicha guerra. Asociado a ese concepto se encontraría el de «pureza», si se contempla el bien, e «impureza», si no se hace así. El problema de esta dualidad y de buscar de manera compulsiva «el bien» y «la pureza» obliga a que uno tenga que ser absolutamente consciente y estar preocupado por «el mal» y «la impureza». De hecho, la lucha contra el mal ha sido una de las principales fuentes de sufrimiento de la humanidad. El concepto de bien y mal es inverso a cada uno de los grupos que la defienden: si pensamos en las Cruzadas, poderoso movimiento religioso en la Edad Media, «los buenos» desde la perspectiva cristiana eran «los malos» desde el punto de vista musulmán, y viceversa, y ambos luchaban por lo más sagrado, y recibían una gran recompensa en el cielo.

En las tradiciones orientales se intenta huir incluso de esta dualidad. Así el Buda dice:

> Subhuti, las denominadas virtudes positivas no son positivas, y esta es la razón por la que se denominan virtudes positivas.
>
> Subhuti, cuando el Tathagata expone el *dharma*, no está enseñando realmente ningún *dharma*, por eso se dice que está enseñando el *dharma*.
>
> (*Vajracchediña Prajñaparamita Sutra,*
> *Lu K'uan Yu,* 1971: 18-19)

También Nagarjuna, máximo exponente del budismo Mahayana, asegura:

> El "mal" solo existe en relación con el "bien" y es con respecto a lo "malo" como nos forjamos una idea de lo "bueno". Por tanto, la noción de "bien" resulta inseparable de la noción de "mal" y, del mismo modo, la noción de "mal" depende de la noción de "bien".
>
> (*Mulamadhyamikarika XXIII: 10-11*)

Nagarjuna insistía en que buscar la pureza produce que estemos absolutamente obsesionados por la impureza, enredándonos en el samsara.

El taoísmo también se alinea de esta forma: «Debido a que existe el "ser", también existe el "no-ser" y, del mismo modo, es el "no-ser" el que nos permite hablar del "ser". Así pues, el sabio no se aproxima a las cosas desde este nivel, sino que trata de reflejar la luz de la naturaleza» (deBary, 1964). Aspecto que se desarrolla en el capítulo 2 del *Tao-te-king*.

2. La dualidad en la meditación: la forma que tenemos de practicar la meditación puede convertirse también en una dualidad, al distinguir entre medios y fines. Meditamos para conseguir algo, para alcanzar un lugar o un estado diferente al que tenemos o estamos; o, por el contrario, meditamos por sí mismo, por el placer de hacerlo. Si meditamos por algo es como un fracaso, ya que no puedes estar donde estás; devalúas el presente. Si la meditación me va a permitir entender cómo es el mundo, lo cosifico, y me separo de él. Meditar se convertiría en algo que tapa mi insatisfacción vital (que analizaremos en el siguiente capítulo como «proyectos de carencia»): busca llenar en el futuro el vacío que siento ahora. La meditación tendría que realizarse, como dicen los japoneses, *shikantaza*, sin objeto.

Algunos tipos de meditación pueden constituir un problema: se concentran mucho en un objeto para eliminar de la mente el resto de objetos. Inicialmente son exitosas, pero con el tiempo tanto esfuerzo constituye un problema, porque la forma más elevada de meditación es sin esfuerzo, sin objeto sobre el que focalizar la atención. Loy, en algún retiro de no-dualidad que hemos compartido, afirmaba que algunas meditaciones estarían contraindicadas para alcanzar la no-dualidad. Algunas de ellas serían: 1) las prácticas de visualización, típicas pero no exclusivas, del budismo tibetano; 2) el *body scan* usado en mindfulness y enfatizado en el budismo Theravada, y 3) ser testigo de la conciencia o autoindagación, típica del Advaita. Considera que todas ellas potencian la idea del yo, la sensación de separación, de dualidad. Como podremos comprobar, no todos los autores no-duales están de acuerdo con esta afirmación.

3. La dualidad de este mundo frente a otro más elevado: en las religiones abrahámicas este concepto es clave. Este mundo no es importante, es una preparación, una prueba, un paso hacia otro mundo definitivo y real, que se encuentra más allá de la muerte. Incluso en el budismo antiguo existe esta distinción y se hacen diferencias entre Samsara y Nirvana.

Sin embargo, en el Mahayana, Nagarjuna, que ha sido considerado el segundo Buda, afirma que no hay diferencia entre el Samsara y el Nirvana, no son dos lugares diferentes. Lo que los diferencia es la forma de experimentar este mundo:

> No hay nada que diferencie al Samsara del Nirvana y al Nirvana del Samsara.
> La frontera del Nirvana es a la vez la frontera del Samsara.
> Entre estos dos no hay ni la más mínima diferencia.
>
> (*Mulamadkyamakarika, MMK 25; 19-20*)

Si lo percibimos de forma dual, como una colección de experiencias separadas, es Samsara; pero si comprendemos de forma no-dual qué es, somos parte de este mundo, que todo es lo mismo, es Nirvana. La idea no es dejar de percibir el mundo de forma dual, sino no dejarnos atrapar por ello y comprender que, junto a esa verdad relativa, se encuentra la verdad absoluta de la no separación, y poder integrar ambas simultáneamente.

El Yoga del conocimiento de la mente, atribuido a Padma Shambava asegura:

Al no existir verdaderamente la no-dualidad, el pluralismo es falso.

Hasta que no se trasciende la dualidad y se realiza el estado de un solo sabor, es imposible alcanzar la Iluminación.

La totalidad de Samsara y Nirvana se halla indisociablemente unida a la Mente...

El ignorante solo ve la dualidad externamente transitoria.

(Evans-Wentz, 1977)

4. Dualidad sujeto-objeto: muy relacionada con el punto anterior, encontramos esta dualidad que es la más intrínseca al ser humano: sentirnos separados del resto del mundo, de los demás objetos y seres vivos. Consistiría en la tendencia a ver el mundo como una colección de objetos discretos e independientes, entre los que se encuentra nuestro yo, que interactúan casualmente en el espacio y el tiempo. Pero realmente el mundo es no-dual y las cosas que se hallan en él no son diferentes, y todas constituyen una manifestación de la totalidad espiritual, porque la «Mente Única» incluye todas las conciencias particulares. Así lo afirma el Advaita:

Cuando la mente realiza a *Brahman* no percibe ninguna multiplicidad. Quien percibe la pluralidad se condena a vagar de muerte en muerte.

(*Katha Upanisad II, i, 10-11*)

Esta misma Katha Upanisad afirma:

Al igual que el fuego no-dual, después de haber penetrado en el
mundo, parece asumir aspectos diferentes según lo que arda, así
también el atman no-dual que se halla dentro de todas las cosas
asume formas distintas según la materia que impregna sin necesitar de ella para existir.

(*Katha Upanisad II, ii, 9*)

Pero también es la visión taoísta:

Existe un principio que lo contiene todo
    y que es anterior al cielo y la tierra.
    Silencioso y carente de forma,
    no depende de nada y nunca cambia.
    Lo impregna todo y jamás se extingue
    y puede ser llamado, por tanto, madre del mundo.
    Ignoro su nombre pero lo denomino tao.

(*Tao-te-king, capítulo 25*)

En el taoísmo, la evolución que llevó a los seres humanos a
desligarse del todo la relata Chuang Tzu (Fung Yu-lan, 1996)
así:

¿Hasta qué punto era perfecto el conocimiento de los antiguos? En un principio, los seres humanos ignoraban hasta la existencia de las cosas y ese es el conocimiento más perfecto al que nada puede agregarse. Luego supieron que existían las cosas, pero no establecieron ninguna diferencia entre ellas. Más tarde, comenzaron a hacer distinciones, pero no formularon ningún tipo de juicio al respecto. Solo cuando aparecieron los juicios comenzó la destrucción del tao.

El Vedanta afirma lo mismo y quizá este extracto del *Atmabhoda* sea uno de los mejores ejemplos:

El yo trasciende toda diferenciación entre el conocedor, el conocimiento y el objeto conocido porque, siendo de la naturaleza del Gozo que es pura Conciencia, es lo único que resplandece.

(*Atmabhoda 41*)

En suma, esta última sería la no-dualidad más importante desde la perspectiva de la meditación y la Iluminación. El yo, objeto principal de estudio en este libro, sería la contraparte negada o disuelta desde la perspectiva no-dual. La deconstrucción del yo y la realización de la no-dualidad sujeto-objeto serían dos formas de expresar el mismo concepto.

2. El yo y el autoconcepto. Evolución a lo largo de la vida y relación con la cultura

Todas las enseñanzas tienen un único objetivo: salvarnos de la creencia en una existencia separada.

Yo soy eso
Sri Nisargadatta Maharaj

¿Qué es el autoconcepto?

El autoconcepto es el conjunto de ideas que una persona tiene sobre sí misma, sobre sus características. Es un concepto similar al que luego definiremos como «yo biográfico». Se caracteriza por el sentido de continuidad y por la identificación con el cuerpo, con un sujeto que siente, piensa y quiere. Este fenómeno aparece en todas las culturas (Mogghadam, 1998).

Habría un autoconcepto **social** derivado de la identificación y pertenencia a grupos sociales y de la no pertenencia a otros grupos; por ejemplo: «Soy español (no de otro país), católico (no de otra religión), seguidor del Real Madrid (no de otro equipo)». Junto a ello, estarían los atributos **individuales,** específicos de nuestra biografía única, basados en nuestra historia personal; por ejemplo: «Me llamo Juan Fernández, tengo tres hermanos, estudié en tal colegio». El autoconcepto, tanto el social como el individual, tiene un origen social (Sammut y cols., 2013). Los conocimientos y creencias sobre uno mismo están estructurados en la memoria como

- el recuerdo de sucesos personales y sus contextos (memoria autobiográfica) y
- el recuerdo de los atributos abstractos que nos caracterizan (memoria semántica).

Nunca tenemos activada toda la información presente en nuestra memoria. Por eso, la activación de los aspectos de nuestro autoconcepto se realizará diferencialmente en función del contexto en el que nos hallemos. Los atributos extraídos de la memoria a largo plazo, tanto semánticos como autobiográficos, se organizan temporalmente en un contexto social determinado y orientan la percepción, la comprensión y las decisiones que ocurren en cada momento.

Hay diferentes teorías sobre el contenido del autoconcepto. En general, se considera que abarca varios aspectos (Sammut y cols., 2013):

1. **Material:** aquí se incluyen la apariencia física (p. ej., soy guapo/feo; bajo/alto, gordo/delgado, o cualquier otra descrip-

ción del cuerpo) y los bienes materiales que se poseen (tengo un coche, una casa, un balón, una *tablet* o un iPad).

2. Social: implicaría las relaciones con los otros (p. ej., tengo buenas amistades, tengo tales enemigos, me llevo bien con mis padres) y las reacciones de los otros hacia uno mismo (p. ej., soy popular, me consideran bromista).

3. Psicológico: está constituido por atributos como:

a) Rasgos, conductas o sentimientos habituales: es lo que constituye una de nuestras principales definiciones (p. ej., soy sincero, celoso);

b) Gustos o aficiones: aquello que nos atrae en todos los ámbitos (p. ej., me gusta el senderismo o la tortilla de patata);

c) Aspectos éticos y valores: se consideran nucleares en muchas personas (p. ej., me gusta ayudar a la gente, soy fiel y sincero);

d) Funcionamiento del yo: sensación de coherencia o identidad personal (p. ej., no sé lo que quiero, soy una persona muy coherente) o locus de control (p. ej., yo decido lo que hago y controlo mi vida, estoy a merced de otras personas, del destino).

Evolución del autoconcepto con la edad

El **sentido de sí mismo** parece desarrollarse hacia los dos años, con la aparición del lenguaje. El diálogo interno, la charla que mantenemos continuamente con nosotros mismos, empieza a la vez que el diálogo externo, el que mantenemos con las otras personas. Hacia los 7-8 años, con el diálogo externo bien establecido, el diálogo interno autorreferido es continuo y uno empieza a describirse a sí mismo. El niño inicia esta descripción mediante atributos físicos pasivos (p. ej., soy alto, rubio). Posteriormente, se describe de forma conductual, relatando sus habilidades, de forma comparativa, en relación con las expectativas sociales (p. ej., soy rápido, hablador). Más tarde se usan atributos sociales (p. ej., tengo muchos amigos, dicen que soy bueno haciendo tal cosa). Después de los 7-8 años, predominan los rasgos psicológicos como principal «diferenciador» del yo.

Inicialmente, los niños van a describir sus rasgos psicológicos de forma extrema, con una visión dicotómica de «todo o nada» y de forma global (p. ej., soy tímido o decidido).

Los atributos negativos de uno mismo suelen aparecer alrededor de los 9 años. Hacia los 10-12 años, la persona se describe según sus rasgos de personalidad. Durante la adolescencia temprana, los rasgos más importantes son las competencias relacionales o interpersonales, porque la importancia que se da, a esta edad, a la aceptación por los pares es enorme. Por último, en la adolescencia tardía, los atributos psicológicos y sociales son integrados en una visión global de la personalidad.

Un tema clave para el mantenimiento del yo, como veremos en los próximos capítulos, es la continuidad de la identidad y de la singularidad. Esta continuidad se sustenta en el nombre, el cuerpo, las pertenencias sociales y las preferencias consideradas como inmutables. Y, por supuesto, en la memoria que recuerda todo eso y en el diálogo interno que nos lo actualiza continuamente. Sobre esta base desarrollamos:

- La continuidad de la identidad, que implica la no modificación de los rasgos descriptivos.
- La singularidad, que se fundamenta en la comparación con los otros. Una característica de finales del siglo xx y comienzos del xxi es la necesidad de las personas de estructurar la singularidad, de ser diferentes a los otros. Sienten la necesidad psicológica de desarrollar una combinación única de rasgos psicológicos, conductas, aficiones. «Yo solo soy si soy diferente a los demás».

La continuidad de la identidad no excluye el cambio, que está en la base de todos los fenómenos, como afirma el budismo. De esta forma, el sentido de permanencia se extrae a partir de una narrativa coherente entre el pasado, el presente y el futuro; es decir, se puede seguir siendo uno mismo cambiando. Durante la adolescencia tardía y la edad adulta, las personas se perciben como personalidades en interacción con el medio; por el contrario, se percibe a los demás como poseedores de rasgos más estables. Por tanto, se tiende a tener una visión de los otros más simple y estable, mientras que nuestra autopercepción resulta más compleja; es decir, utilizamos para describirnos más rasgos que con los otros, y son más ambivalentes o contradictorios, creyendo que nosotros somos más flexibles y adaptados a las circunstancias. Varios estudios han mostrado que las personas están más motivadas para mantener una buena imagen de sí mismas que para obtener una información exacta y veraz sobre sí mismas.

En cuanto a la **autoestima,** los niños menores de 7 años muestran un autoconcepto simple. Debido a su falta de auto-crítica, no suelen presentar problemas de autoestima.

Después de esta edad, surge un autoconcepto más singularizado a partir de la comparación con los otros. Ya hemos dicho que los atributos negativos del sí mismo emergen alrededor de los 9 años, fenómeno que hace surgir la problemática de la autoestima. Una importante disminución de la autoestima se produce en particular al pasar de la escuela primaria a la secundaria. Comparando alumnos de 12 años, tanto de primaria como de secundaria, estos últimos informaban de menor autoestima, un autoconcepto menos definido y mayor miedo al ridículo. También se ha encontrado una disminución del locus de control interno, aunque este vuelve a recuperarse progresivamente con el paso de los años. La hipótesis sobre por qué ocurre esto tiene que ver con el paso de la escuela primaria (con pocos profesores y una clase conocida) a la escuela secundaria (con muchos profesores, clases impersonales y un ambiente social más competitivo y agresivo).

**Práctica: recordando el autoconcepto
en las etapas de la vida y comparándolo con el actual**

Adopta una postura cómoda de meditación. Intenta conectar con tus primeros recuerdos. Seguramente están situados hacia los 2-3 años, cuando empieza el lenguaje. Suelen ser breves, puntuales. Intenta conectar con la sensación que tenías del yo: probablemente era muy laxa e indefinida.

Pasa a la edad de 6-7 años, inicio de la enseñanza primaria. Sitúate en algún recuerdo agradable de la época. Conecta con la sensación del yo, con tu autoconcepto en ese momento. Probablemente surgían descripciones de contenido psicológico y en forma dicotómica, extrema.

Trasládate a la adolescencia, 14-16 años. De nuevo selecciona alguna circunstancia agradable. Intenta recordar tu autoconcepto en aquella época; quizá inseguro, cambiante y muy dependiente de la opinión del entorno y de las expectativas sociales internalizadas.

Conecta con tu juventud, sobre los 20-25 años. Selecciona algún buen momento de esa época y trata de recordar la idea general que tenías de ti mismo: probablemente como alguien capaz de hacer grandes cosas en la vida, con una proyección vital casi ilimitada.

Termina con tu autoconcepto actual. ¿Cómo te describirías en este momento? ¿Con qué te identificas? Las diferencias con los anteriores momentos de tu vida son obvias. ¿Cómo se mantiene la idea de identidad pese al cambio continuo? Cuando te sientas preparado, puedes finalizar la práctica.

Los sesgos de autorreferencia
(Moghaddam, 1998)

El yo, el autoconcepto, sesga el mundo y lo interpreta de una manera distorsionada. Esta crítica, que siempre ha sido defendida por las tradiciones contemplativas orientales, ha sido demostrada por la psicología occidental moderna. El autoconcepto se recuerda continuamente, al menos partes de él, mediante el diálogo interno e interactúa y modela toda nuestra experiencia presente. En general, el sesgo de autorreferencia se manifiesta en que recordamos mejor aquella información que hemos percibido y elaborado con relación a nosotros mismos, en comparación con la misma información relacionada con cualquier otro tema. Por ejemplo, si hemos contestado de manera afirmativa que «seguro de mí mismo» me describe en comparación con otra respuesta como «seguro de mí mismo rima con istmo», posteriormente recordaremos mejor la información contenida en la primera afirmación. La razón es que elaboramos más la información que nos implica personalmente y la integramos con más facilidad en nuestras categorías y conexiones cognitivas.

Otros aspectos del sesgo de autorreferencia son:

- **Sesgo de autogeneración:** las personas recuerdan mejor la información que ellas mismas han generado activamente en comparación con la que han recibido pasivamente.

- **Sesgo de autoimplicación:** se recuerdan mejor las tareas que están en vías de realizarse en comparación con las que ya han finalizado.

- **Sesgo de autocentración:** las personas sobreestiman su responsabilidad o la importancia de su participación en hechos pasados. Por ejemplo, cuando se pregunta a los miembros de una pareja qué parte del trabajo doméstico hace cada uno de ellos, la puntuación total supera el 100%; es decir, cada persona sobreestima el trabajo que ha realizado. Otra manifestación de este sesgo es que los individuos perciben que los demás son más parecidos entre ellos que uno mismo con los demás. El sentido de ser diferente a los demás es muy potente.

- **Sesgo de comparación:** en situaciones de cooperación, las personas eligen compararse con individuos con habilidades superiores, sin embargo, en situaciones de competición, que amenazan más la autoestima, prefieren compararse con otros sujetos con habilidades similares. En esta misma línea, las personas con una enfermedad crónica o incapacitante utilizan frecuentemente la comparación «hacia abajo» como una forma de manejar la ansiedad y la amenaza a su autoestima (p. ej., «El cáncer que padezco es una enfermedad terrible, pero las personas que padecen SIDA están aún peor»). Los estudios demuestran que los seres humanos se encuentran más motivados para mantener una buena imagen de sí mismos que para obtener una información exacta y veraz sobre sí mismos.

- **Sesgo etnocéntrico:** es la tendencia a percibir nuestro grupo (sea el que sea) como heterogéneo, con muchos matices y diferencias, mientras que los demás grupos se perciben como homogéneos, sin distinciones entre los individuos. Se cree que, en nuestra evolución histórica, la diferenciación entre grupos internos y externos estaba relacionada con la supervivencia, porque los miembros del grupo externo eran rivales en la consecución de comida. El estereotipo y el prejuicio hacia los otros grupos son fenómenos universales (Du y cols., 2003).

***

Práctica: los efectos mes y vocales

1. EFECTO MES: observa los acontecimientos importantes que pasan en el mundo. Nos llaman más la atención los que ocurren en el mes que nacimos que los que suceden en los otros once meses restantes. Este hecho aún es más evidente si el suceso ocurre en el día de tu nacimiento.
2. EFECTO VOCALES: elige cuáles son las dos vocales que más te gustan. Lo más probable es que las vocales que forman parte de tu nombre y apellido sean las que más te gusten. El efecto es mayor en el nombre y más aún con la primera vocal del nombre.

***

Esos efectos ilustran el fenómeno de la autorreferencia: los atributos que se vinculan al «yo» se recuerdan más y se evalúan mejor. Nuttin (1967) fue el primer autor en descubrir que cuando se le pedía a una persona elegir letras, esta prefería aquellas que formaban parte de su nombre y apellidos. Incluso en el caso de una tarea abstracta y descontextualizada, en la que no se menciona explícitamente la identidad de la persona, la tendencia de los seres humanos a preferir los estímulos asociados con uno mismo es evidente. Este «efecto letra y mes» se ha encontrado en diferentes países europeos, en Estados Unidos e incluso en culturas colectivistas, como la japonesa. La preferencia por las letras contenidas en el nombre y por el mes de nacimiento es una medida implícita del apego al yo. Algunas culturas como la japonesa, aunque en tareas explícitas no demuestran un sesgo de preferencia por los atributos del yo, en una tarea indirecta como esta, sí que muestran su apego al yo (Kitayama y Karasawa, 1997).

El desarrollo del yo a lo largo
de la evolución humana
(Loy, 2018)

Cuando los seres humanos éramos cazadores-recolectores, la conciencia del yo era mucho menor. En un entorno donde teníamos que cazar y podíamos ser cazados continuamente, aprendimos a sentir y pensar como lo haría una presa, y como lo haría un depredador, para poder sobrevivir. En el Neolítico, el desarrollo de la agricultura hace que se establezcan vallas para defender cultivos y ciudades. Los excedentes generan la riqueza y el dinero, con lo que ese yo va separándose progresivamente del entorno, aislándose.

Pero en las culturas primitivas como Egipto, Mesopotamia o las nativas americanas, esta conexión con el entorno no se perdió del todo. Desde la jerarquía social hasta los hábitos diarios, todo estaba conectado con una creencia religiosa profunda y primitiva por lo que consideraban que el mundo tenía que ser así, que todas sus acciones seguían el orden universal, que las cosas no podían ser de otra manera. De esta forma se sentían conectados con el entorno, con una sensación de pertenencia y de sentido.

La cultura griega, cuna de la civilización occidental, rompe este esquema. Comprenden algo que para nosotros parece demasiado obvio hoy en día, pero que en su tiempo constituyó una revolución. El ser humano no tenía por qué seguir los dictados del orden natural, sino que podía libremente escribir su propia historia y cambiar lo que quisiese del entorno sin seguir ninguna regla. De esta forma surge la democracia y un profundo sentido de libertad y de empoderamiento. Como es lógico, esto dio alas a la sensación de yo, proceso que iría desarrollándose progresivamente hasta alcanzar su culminación en la sociedad moderna actual.

El autoconcepto en las culturas individualistas y colectivistas

Hofstede (1980) fue de los primeros en acuñar este concepto que, posteriormente, se ha desarrollado con Triandis (1989), sobre todo en relación con los aspectos del yo y el autoconcepto influenciados por la cultura. Se definen como sociedades individualistas aquellas que dan más importancia al individuo que al resto del grupo, como el familiar o el social. Por el contrario, las culturas colectivistas dan más relevancia al grupo que al sujeto individual. La cultura occidental se considera la principal representante de las culturas individualistas (Europa, Estados Unidos, Canadá o Australia). Por el contrario, Asia, África y Latinoamérica se consideran culturas colectivistas. Esta clasificación es muy general, y dentro de estos grupos la intensidad del eje colectivismo-individualismo es variable. Por supuesto, ocurre lo mismo dentro de un país, según la procedencia étnica del individuo, y también dentro de su entorno familiar y sus características individuales. La información posterior debe considerarse teniendo en cuenta estas limitaciones.

Por ejemplo, las personas asiáticas, pertenecientes a culturas colectivistas, muestran una menor claridad del autoconcepto; es decir, poseen una idea menos clara y consistente de sí mismas y una peor autoestima. También se describen como menos extrovertidas (Heine y cols., 2001). No obstante, pertenecer a una sociedad colectivista no se asocia, sistemáticamente, a una menor autoestima. En general, se considera que las culturas que enfatizan las normas de obligación producen mayor ansiedad, ya que la amenaza es el castigo por desviarse de las expectativas culturales. Por el contrario, las sociedades individualistas, que valoran los ideales del yo como la autorrealización del individuo, generarían una mayor depresión, ya que la amenaza es la falta de recompensas y la frustración cuando no se alcanzan estos ideales.

En relación con esto, las personas con autoconcepto colectivista, concretamente inmigrantes asiáticos en Estados Unidos, reportan mayor ansiedad social (Matsumoto, 1999). Algunas investigaciones muestran que una fuerte integración social se asocia a trastornos de ansiedad, mientras que una débil integración social se asocia a trastornos depresivos. Además, parece confirmarse que, en las culturas colectivistas, el sentimiento de vergüenza es más importante que el de culpa. Las culturas sociocéntricas, como las asiáticas, africanas y las de América Latina, tienden a describir su yo basándose en las relaciones con los otros y la interdependencia, algo que no ocurre en las sociedades individualistas. En las culturas colectivistas, las personas tienden a describirse en términos sociales y de pertenencia social, las descripciones son más concretas y contextualizadas, haciendo más referencias a otras personas y al contexto espacio-temporal. Por el contrario, el trabajo colectivo y la ausencia de recompensa individualizada serán factores negativos de aprendizaje en las culturas individualistas, pero no en las sociocéntricas. No obstante, siempre hay que recordar que las diferencias reales de autoconcepto no son tan grandes entre los individuos y que la variabilidad responde, mayoritariamente, a normas socioculturales (Gudykunst y cols., 1996).

La fama como búsqueda de la inmortalidad

Algunos autores creen (Loy, 2018) que el pensamiento Ilustrado del siglo XVIII, con la consiguiente disminución en las creencias religiosas, llevó a las élites intelectuales a considerar la fama *post mortem* como la única forma de inmortalidad posible. De Tocqueville, hacia la década de los años 30 del siglo XIX, cuando visitó Estados Unidos, consideraba que la democracia agravaba aún más esta visión ya que todo el mundo quería ser «el mejor en algo». La importancia de la fama como una especie de vida *post mortem* es tan importante en estos momentos que solo así se explican fenómenos como *El libro Guinnes de los récords*.

Desde la perspectiva de la deconstrucción del ego es más de lo mismo, una nueva dualidad. Éxito y fracaso, fama y olvido son los dos extremos de la cuerda. Querer ser famosos implica intentar que otras personas no lo sean, ya que el número de personas que podrán las futuras generaciones «recordar» es limitado. Cuanto más nos aplauden, más conscientes somos de nuestra carencia. Muchas personas cuando se hacen famosas son más conscientes de la irrealidad, de la mentira, del personaje que han creado... y del estrés que supone mantener una ficción. La clave sería darnos cuenta de que todas nuestras acciones buscan satisfacer ese sentido de carencia (Loy, 2018).

Proyectos de carencia individuales
y colectivos

El Buda hablo de *dukkha* que a menudo se traduce como «sufrimiento», pero su significado es mucho más amplio, ya que se definiría mejor como «insatisfacción» o «decepción». Él decía que toda su enseñanza lo único que describía era el sufrimiento y cómo evitarlo. De hecho, las Cuatro Nobles Verdades, su enseñanza primordial, están dedicadas a *dukkha*. La segunda enseñanza más importante es la doctrina del no-yo. En ninguna tradición contemplativa este fenómeno se describe de una forma tan precisa, tan clara.

Lo que conocemos como yo sería una serie de patrones repetitivos de pensamientos, emociones y conductas, que producen una sensación de realidad, pero que no tiene ninguna consistencia. Ese «vacío» del yo, esa falsedad, es el origen de nuestro sufrimiento continuo. El yo por definición se siente vacío, inseguro, insatisfecho. La sensación de carencia es la otra cara de la moneda, el otro extremo de la sensación de un yo separado del resto del mundo. Muchas personas creen que, si consiguiesen todo lo que desean y si no tuviesen ningún problema, serían felices. Pero no es así, siempre seguiría existiendo esa insatisfacción básica ligada a un yo que «no existe de forma independiente».

Por eso los seres humanos generamos lo que Loy (2018) denomina «proyectos de carencia». Son actividades que demandan toda nuestra atención y nuestro tiempo de forma continuada, procesos que nunca tienen fin ni límite, y que nos secuestran del presente, para mitigar la terrible sensación de insatisfacción que nos embarga. Algunos de los más frecuentes son la necesidad ilimitada de dinero, la búsqueda interminable de fama, o la persecución del amor romántico ideal.

Analicemos cada uno de ellos. Si creemos que el dinero nos dará la felicidad, ¿cuánto es lo que hay que tener? ¿Cuándo sabremos que no hace falta más? Nunca. Hasta los ricos compiten entre ellos por ser los primeros en la lista de Forbes. Si es la fama nuestro proyecto, ¿cuándo tendremos bastante? Muchos personajes famosos se suicidan cuando disminuye parcialmente su fama. Si lo que buscamos es el amor romántico, aquella pareja perfecta que con su sola presencia nos hará felices como en los cuentos de hadas, si como producto de nuestra proyección encontramos tal cosa, el problema es que nunca podrá cambiar y nunca podremos perderla.

Si en el plano individual existen los proyectos de carencia, también ocurre a nivel colectivo. Desde la Revolución industrial, aunque en los últimos años con más fuerza, la humanidad está embarcada en un gran proyecto de carencia que se podría denominar «progreso» y que se manifiesta como el «crecimiento económico continuo». De nuevo son proyectos sin límite ni fin, que nos sacan del presente y nos proyectan a una felicidad futura que jamás alcanzaremos. ¿Cuándo tendremos suficiente progreso como para poder disfrutarlo? ¿Cuándo habremos llegado a un crecimiento económico que no requiera ya más? Nunca. Este es el problema. Pero ambas palabras son repetidas como un mantra en nuestra sociedad y quienes se atreven a dudar de su utilidad son tachados de reaccionarios. Por desgracia, la emergencia climática nos está confrontando con la imposibilidad de mantener ese crecimiento económico continuo.

Práctica: los proyectos de carencia

Adopta una postura cómoda y haz alguna respiración consciente para calmar la mente. Piensa en tus proyectos de carencia actuales. Puedes tener uno o varios. Analiza lo que estás persiguiendo, buscando fuera de ti en este momento porque sientes que te hará feliz. Pregúntate si tiene límite, es decir, si en algún momento podrá parecerte suficiente o tendrás que seguir buscándolo siempre. Observa también si te saca del presente para no tener que estar en él. ¿Qué pasaría si no tuvieses proyectos de carencia? En vez de posponer la felicidad para el futuro… ¿es posible que pudieses tenerla ahora?

Analiza también los proyectos de carencia colectivos: el progreso, el crecimiento económico continuo. ¿Tienen fin, límite? ¿Son sostenibles? ¿Nos sacan del presente? Observa que son la extensión social de la profunda insatisfacción individual.

3. La medición de la deconstrucción del yo y constructos relacionados

El mundo está en ti,
no tú en el mundo.

Yo soy eso
Sri Nisargadatta Maharaj

La experiencia del yo

La variación interindividual en la percepción del yo varía enormemente, yendo desde la absoluta identificación con la estructura egoica de la mente y el cuerpo y sus papeles sociales asociados, hasta el reconocimiento del yo como algo insustancial e impermanente, lo que conlleva la identificación con una consciencia no personal (Theis y Kafatos, 2016). En este libro vamos a analizar la perspectiva del no yo de diferentes tradiciones meditativas orientales; principalmente, del budismo, el vedanta advaita y el taoísmo. También algunas ramas de la Psicología, como la humanista o la transpersonal, que consideran que la consciencia no es un simple producto del cerebro, y tratan de integrar los aspectos trascendentes de la experiencia humana (Miovic, 2004).

La consciencia no-dual podría considerarse como la máxima expresión de la deconstrucción del yo. Se ha definido como «una cognición abierta y despierta, que precede a la conceptualización y a la intención, y que contextualiza y unifica tanto los procesos mentales extrínsecos, dirigidos a una tarea, como los intrínsecos autorreferenciales, sin fragmentar el campo de experiencia en dualidades opuestas» (Josipovic, 2014). En la consciencia no-dual no existe la identificación primaria con el constructo mente-cuerpo, por lo que se supera también la dicotomía ordinaria entre sujeto-objeto. De esa forma, las polaridades son recontextualizadas: el conocedor, lo conocido y el proceso de conocimiento son experimentados como una única experiencia (Mills y cols., 2018).

Escalas que miden la deconstrucción del yo

Aunque se han desarrollado diferentes cuestionarios para evaluar diferentes aspectos relacionados con la psicología transpersonal y la espiritualidad, apenas hay escalas que midan la consciencia no-dual, no existiendo ninguna que evalúe concretamente la deconstrucción del yo. Resumiremos, a continuación, algunas de las más importantes:

- **La Nondual Embodyment Themativ Inventory (NETI).** Butlein (2005*a*, 2005*b*) y un grupo de expertos en no-dualidad intentaron evaluar las cualidades de la experiencia no-dual y, sobre esta base, surgió este cuestionario. Consta de 20 ítems que se evalúan mediante una escala Likert que va de 1 (nunca) a 5 (todo el tiempo), por lo que la puntuación global varía entre 20 y 100. Permite diferenciar entre personas que muestran ideas transpersonales (puntuaciones bajas), hasta individuos que viven la experiencia no-dual al más profundo nivel (puntuaciones elevadas) (Butlein, 2005*b*). Las cualidades que mide el test incluyen: compasión, resiliencia, tendencia a rendirse ante la realidad que no se puede cambiar, interés en la verdad, no defensividad, capacidad de tolerar la disonancia cognitiva o la incomodidad emocional, gratitud, frecuencia de experiencias no-duales, niveles de ansiedad, paradigma motivacional, autenticidad, grado de desidentificación con los procesos de la mente, y humildad (Butlein 2005*a*, 2005*b*). Nuestro grupo está validando la versión española. Incluimos la escala en el anexo final del capítulo, para que los lectores puedan evaluar su nivel de no-dualidad. En nuestra opinión, es la escala que mejor evalúa este constructo.
- **La Nondual Awareness Dimensional Assessment (NADA)** (Hanley y cols., 2018): incluye dos medidas, NADA-Trait (rasgo) y NADA-State (estado). El estudio de componentes principales revela dos dimensiones: 1) autotrascendencia y 2) gozo. Ambas dimensiones, en la escala rasgo, son componentes de segundo orden de un

constructo de consciencia no-dual. Muestra buena validez convergente con constructos afines como el mindfulness disposicional o la interdependencia. Se confirma que la práctica de mindfulness se asocia a aumento de los niveles de NADA-T. La escala NADA-S se desarrolla para comprobar el efecto de la práctica de mindfulness en el constructo no-dualidad de forma inmediata. Esta segunda escala puede ser útil para valorar cambios en no-dualidad como resultado de la práctica meditativa. Esta escala es muy reciente, pero resulta prometedora para evaluar la no-dualidad. Tampoco existe versión española, por lo que nuestro grupo está validándola.

- **La Ego-Dissolution Inventory** (Nour y cols., 2016): es un cuestionario de 8 ítems, que mide el grado en que los límites del yo se disuelven. Tiene una única dimensión y se evalúa con la puntuación global de la escala. La consistencia interna reportada por los autores es de 0,93. Presenta validez convergente con experiencias misticas medidas con el Mystical Experiences Questionnaire. Para evaluar su validez de constructo se utilizaron algunas de las drogas psicodélicas que se sabe que producen la disolución del yo, como la psilocibina, dietilamida de ácido lisergico (LSD) y dimetiltriptamina (DMT). Se compararon con otras drogas, como alcohol o cocaína, que no disuelven el yo. Algunos ejemplos de ítems de esta escala son: «Experimenté la disolución de mi yo o ego», «Me sentí uno con el universo» o «Toda noción de yo o de identidad se disolvió completamente». Este cuestionario tiende a usarse más en relación con la experiencia psicodélica que con la meditativa. No existe versión española.

- **The Quiet Ego Scale** (Wayment y cols., 2015): el concepto de «yo tranquilo» se refiere a una autoidentidad que trasciende el egoísmo y se identifica con una relación menos defensiva y más equilibrada respecto a uno mismo y a los otros. El problema del egoísmo se ha resuelto porque el yo no solicita tanta atención y puede escuchar a los otros, y a uno mismo, de forma humana y compasiva. Es una identidad que incorpora a otros sin perder el yo (Wayment y cols., 2015). Incluye cuatro facetas:

1) Identidad inclusiva: se refiere al grado en que uno se identifica con los otros, ve el yo propio como similar al de los demás y considera que uno mismo comparte cualidades personales con otros. Todo ello desarrolla un potente sentido de cooperación con los demás.

2) Toma de perspectiva: enfatiza ver el mundo desde los ojos de los demás, genera un pensamiento crítico que facilita desarrollar no solo compasión, sino que también permite comprender las condiciones en las que viven las otras personas.

3) Consciencia desapegada: sería un concepto similar a mindfulness. Se centra en el momento presente y protege de la emocionalidad positiva y negativa.

4) Crecimiento: cambia el foco del momento inmediato hacia el futuro, facilitando el desarrollo personal a lo largo de la vida (Wayment y cols., 2015). Es un cuestionario de 14 ítems que se puntúa mediante una escala

Likert que va de 1 (completamente en desacuerdo) a 5 (completamente de acuerdo). Algunos ejemplos de sus ítems son: «Siento una conexión con todos los seres vivos» (identidad inclusiva); «Antes de criticar a otros, pienso cómo sería estar en su lugar» (toma de perspectiva); «Cuando pienso sobre ello, creo que he mejorado mucho como persona en los últimos años» (crecimiento); «Me descubro a mí mismo haciendo cosas sin prestar mucha atención» (consciencia desapegada). No existe versión española, nuestro grupo está validándola.

Práctica: la felicidad auténtica a lo largo de la vida

Adopta la postura habitual de meditación. Conecta, interiormente, con situaciones en tu vida en que hayas experimentado una felicidad auténtica. No una sensación agradable ligada a algo externo, sino una experiencia de bienestar profundo, de paz y plenitud. Identifica algunas de esas situaciones y pregúntate: ¿Qué me produjo aquella sensación? ¿Cuál fue la causa? Reposa unos segundos contestándote sin palabras esas cuestiones.

Céntrate en tu situación actual, en tu vida en este momento concreto. ¿Disfrutas de esa sensación de felicidad auténtica, o no? Si la respuesta es que sí, intenta identificar cuál es la causa, por qué se produce esa sensación. Si la respuesta es que no, pregúntate: ¿Qué me daría la auténtica felicidad? Una profunda, completa, estable. De nuevo, mantente unos segundos contestándote silenciosamente esa cuestión.

Piensa en tu vida futura. En los próximos 5 o 10 años. Incluso en el final de tu vida, cuando tengas 80 u 85 años. Piensa en qué te dará la felicidad auténtica en esos momentos. En psicología positiva se habla de ¿qué tendrías que hacer para morir con una sonrisa? Si has identificado la respuesta, pregúntate si con tu vida actual vas en la dirección adecuada para alcanzar esa felicidad/sonrisa cuando seas mayor. Y si no es así, ¿qué podrías hacer, en este momento, para ir en esa dirección en el futuro? Permanece unos segundos con esa idea en la mente. Cuando te sientas preparado, puedes poner fin a la práctica.

Constructos relacionados
con la deconstrucción del yo

La práctica de mindfulness y de otros tipos de meditación va a desarrollar algunas cualidades de la mente que están relacionadas con la deconstrucción del yo. Las más importantes son la metacognición, el descentramiento y el no apego. Podríamos decir que hay una especie de gradación en la deconstrucción del yo, siendo la metacognición el proceso menos relevante y el no apego el más potente para ese desmantelamiento del yo, quedando el descentramiento en una posición intermedia. A continuación vamos a conocer estos factores, cómo se miden y su relación con la meditación y con la deconstrucción del yo.

1. La metacognición: describe la capacidad de reconocer el estado mental de uno mismo, tolerándolo y regulándolo, reconociendo simultáneamente la mente de otro con un contenido mental diferenciado del propio (Semerari y cols., 2003). Las personas con una buena consciencia metacognitiva pueden observar sus pensamientos y emociones como sucesos mentales pasajeros, en vez de como productos definitorios de uno mismo (Teasdale y cols., 2002). El *insight* metacognitivo que se propone desde mindfulness permitiría a las personas observar sus pensamientos desde la no identificación con estos, facilitando una nueva relación con ellos (Teasdale y cols., 2002). La metacognición es lo contrario a lo que ocurre en ciertas patologías, como la depresión, en que las personas tienden a «engancharse» en el contenido negativo de sus experiencias (Lyubomirsky y Nolen-Hoeksema, 1995). Diversos estudios han demostrado la durabilidad y el efecto positivo de la intervención en el desarrollo de las capacidades metacognitivas para la depresión (Newby y cols., 2014) y la ansiedad (Dragan y Dragan, 2014). La metacognición se considera uno de los mecanismos fundamentales para entender la eficacia de mindfulness (Spada y cols., 2010), permitiendo que la atención en este estado sea amplia y flexible y fluctúe de un pensamiento a otro sin quedarse atrapada en los contenidos.

El cuestionario más utilizado para medir la metacognición, no en el contexto de mindfulness, sino en el entorno de terapias de segunda generación, es el **Metacognition Questionnaire 30** (MCQ-30) (Wells y Cartwright-Hatton, 2004). Usa una escala Likert de 4 puntos desde 1 (en desacuerdo) hasta 4 (completamente de acuerdo). Las cifras más elevadas en la escala significan mayor metacognición disfuncional. Las 5 subescalas son: a) creencias positivas sobre la preocupación; b) incontrolabilidad y peligro; c) necesidad de controlar los pensamientos; d) confianza cognitiva, y e) autoconciencia cognitiva. Todas las subescalas del MCQ-30 han mostrado correlación con síntomas obsesivo-compulsivos, preocupación patológica y rasgos de ansiedad. Específicamente, las escalas que más se correlacionan con una patología son incontrolabilidad y peligro y necesidad de controlar los pensamientos (Wells y Cartwright-Hatton, 2004). Este cuestionario ha sido validado en español por Martin y cols. (2014).

2. Descentramiento (*decentering*), también llamado defusión o metaconsciencia (*metaawareness*): Se considera uno de los mecanismos principales de mindfulness (Getch y cols., 2014;

Hargus y cols., 2010) y fundamental en el desarrollo del *insight* metacognitivo (Teasdale y cols., 2002). Se describe como la capacidad de centrarse en el presente desde una postura sin prejuicios hacia pensamientos y sentimientos, de manera que puedan ser aceptados (Fresco y cols., 2007). Esta toma de distancia respecto a los contenidos mentales permite al sujeto tener en cuenta otras perspectivas, reconocer la subjetividad del propio pensamiento y no identificarse con él. El proceso de descentramiento otorga un papel activo al sujeto en su proceso de construcción de la realidad. Al reconocer la subjetividad y volubilidad de los contenidos mentales (desidentificación e impermanencia), el sujeto se hace cargo de cómo los está viviendo y qué está entendiendo de ellos (Safran y Segal, 1994). El entrenamiento en descentramiento es un eje central en las intervenciones basadas en mindfuness y está estrechamente relacionado con el aumento de sensación de bienestar y la reducción de síntomas depresivos (Teasdale y cols., 2002). El concepto de descentramiento es contrario a las estrategias de rumiación y evitación, estrechamente relacionadas con el desarrollo de síntomas depresivos y ansiosos, respectivamente (Dragan y Dragan, 2014; Getch y cols., 2014). Asimismo, el descentramiento permite tomar distancia de las respuestas automáticas (como taquicardias, crisis, ataques de pánico, entre otras) hacia los contenidos mentales y «frenar» el ciclo que suele activarse ante la percepción de estas señales (Teasdale y cols., 2002).

El descentramiento se mide con el Experiences Questionnaire (EQ) (Fresco y cols., 2007). El EQ es un cuestionario autoaplicado de 11 ítems con una escala Likert de 5 puntos que va desde 1 (nunca) a 5 (siempre), con puntuaciones mayores que indican descentramiento. Nuestro grupo ha desarrollado la versión validada en castellano que muestra buenas cualidades psicométricas. En ella, la estructura del instrumento es de un solo factor, siendo su consistencia interna de 0,89 (Soler y cols., 2014*a*).

3. El no apego (*non-attachment*): es un constructo que se basa en las enseñanzas budistas y que recientemente se ha debatido en las publicaciones médicas sobre mindfulness y en la psicología en general. El no apego (Sahdra y cols., 2016) se define como una forma flexible y equilibrada de relacionarse con las experiencias sin suprimirlas o quedarse atrapado por ellas. Es la cualidad subjetiva caracterizada por una ausencia de fijación en las ideas, imágenes u objetos sensoriales, así como una ausencia de presión interna para agarrarse, evitar o cambiar las circunstancias o experiencias (Shadra y cols., 2010). El no apego es uno de los constructos que más se correlaciona con mindfulness (Tran y cols., 2014), y se ha propuesto como uno de los principales mediadores ligado a los beneficios en el bienestar psicológico que se obtienen con mindfulness (Hölzel y cols., 2012; Tanay y cols., 2012). Ha sido usado como una medida de la visión desidentificada del yo (Hölzel y cols., 2012) lo que, según la tradición budista, es una de las principales causas de los cambios que produce la meditación (Gunaratana, 2009). El no apego se relaciona con la práctica individual de meditación (Tanay y cols., 2012), y sus niveles permiten diferenciar entre meditadores, individuos sanos no meditadores y poblacion clínica (Hölzel y cols., 2012).

Estos autores (Sahdra y cols., 2016) demuestran que el no apego es empíricamente diferente de las cinco facetas de mindfulness medidas por el cuestionario más utilizado para medir mindfulness, el FFMQ (Five Facet Mindfulness Questionnaire). El no apego parece tener mayor capacidad predictiva que mindfulness respecto a aspectos como la satisfacción en la vida y algunos elementos de eficacia en la vida (Sahdra y cols., 2015; 2016). El no apego incrementa la flexibilidad psicológica, la no reactividad, la percepción objetiva, la compasión y el desengancharse de las emociones difíciles, a la vez que reduce el egoísmo (Sahdra y cols., 2011). Se asocia directamente a mindfulness, no reactividad, autocompasión, conexión social, empatía, generosidad y bienestar psicológico (Sahdra y cols., 2010), así como a conducta prosocial (Sahdra y cols., 2015). Por el contrario, se encuentra inversamente relacionado con los trastornos mentales, incluidas la disociación, la alexitimia (se define así a la incapacidad para expresar emociones) y la evitación de la intimidad en las relaciones (Sahdra y cols., 2010).

El no apego se mide con la Scale to Measure Nonattachment (Sahdra y cols., 2010) de 30 ítems, que se miden con una escala Likert entre 1 (completamente en desacuerdo) y 6 (completamente de acuerdo). Existe una validación española con buenas propiedades psicométricas desarrollada por nuestro grupo (Feliu-Soler y cols., 2016).

Diferencias entre descentramiento
y no apego

El incremento tanto de la metacognición, inicialmente, como del descentramiento posteriormente, ha sido ligado a la terapia cognitivo-conductual y produce múltiples beneficios psicológicos, mientras que su ausencia se considera un factor de vulnerabilidad para desarrollar patología psiquiátrica (Fresco y cols., 2007). El incremento de metacognición y descentramiento puede ir ligado a la meditación, pero también puede desarrollarse mediante terapia cognitiva (Teasdale y cols., 2002); sin embargo, el no apego se produciría exclusivamente por la práctica de meditación (Tanay y cols., 2012; Desbordes y cols., 2015). El descentramiento se incrementa simplemente con ejercicios de respiración atenta (Feldman y cols., 2010), aunque también iría vinculado al tiempo de práctica (Soler y cols., 2014b); sin embargo, el no apego solo parece estar vinculado con largo tiempo de práctica meditativa (Tanay y cols., 2012).

En un estudio de nuestro grupo, en el que se analizaba el efecto de un mes de retiro realizando meditación *vipassana* en meditadores experimentados, se comprobó que el descentramiento o varias facetas de FFMQ no se modificaban en la medición premeditación/postmeditación, sugiriendo un «efecto techo» en meditadores de larga duración. Por el contrario, el no apego casi se duplicaba durante el retiro, indicando que no hay efecto techo, al menos en retiros intensivos. No obstante, es posible que sí exista ese techo cuando se practica de forma rutinaria, en la vida diaria, fuera de un retiro. Esto sería coherente con la visión de los maestros budistas de que los estados más elevados de meditación solo pueden alcanzarse en situación de retiro (Karmapa, 1981).

Ausencia de ilusión de influencia

La ausencia de ilusión de influencia (AAI) es un concepto que ha desarrollado nuestro grupo (Soler y cols., 2019) y que consideramos clave en este proceso. «Influencia» se refiere al deseo de controlar lo externo y lo interno, concepto que está presente en todo ser humano, y que persiste incluso cuando se ha desarrollado aceptación y no apego. El apego requiere estar fijado a ideas, imágenes u objetos sensoriales, con lo que aparece una presión interna para adquirirlos, mantenerlos, evitarlos o cambiarlos (Sahdra y cols., 2010; 2015). Sería lo contrario de la aceptación e implicaría que el individuo prefiere un resultado a otro. El término «ilusión» alude al beneficiario de dicho resultado. Si nos sentimos más atraídos hacia un resultado frente a otro es solo porque hay una entidad, el yo, que tiene interés en ese desenlace. El apego, la fusión y la ausencia de descentramiento necesitan un yo. Desde la perspectiva budista, el apego a las cosas, a otras personas o al yo, implica aferrarse a una imagen reificada y errónea del yo.

La AAI capta la diferencia entre estar inclinado hacia algo o estar fusionado con algo, con el deseo de influir en el mundo para obtenerlo. En el budismo se habla de «tanha», la sed insaciable que genera un deseo continuo, la necesidad de que las cosas sean de una forma particular, y se afirma que está en la base de nuestro sufrimiento. El mundo, interno y externo, es esencialmente condicionado e impredecible. Lo que ocurre depende de una gran cantidad de condiciones complejas, evanescentes y que interactúan continuamente entre ellas, de las cuales no somos conscientes a veces y, la mayor parte de ellas, no podemos controlar. Esta discrepancia entre nuestra visión simplificada del mundo, basada en nuestras preferencias, y la verdadera realidad es lo que el budismo denomina «ignorancia» (Segal y col, 2013).

Práctica: pasar de metacognición, a descentramiento a no apego

Adopta la postura de meditación. Anclado en la respiración, bien sea en fosas nasales, pecho o abdomen, observa los contenidos mentales. Hazte consciente de las sensaciones corporales y de los sentidos, de los pensamientos, tanto en forma verbal como en forma de imagen, de las emociones y de los impulsos. Esos pensamientos no son yo, yo soy el que observa los pensamientos. No son la realidad, constituyen la continua e involuntaria actividad de la mente, nada más. Puedes ver el juego de la mente como un observador. Hasta ahí la metacognición.

Has observado los objetos de la mente. Ahora observa las reacciones de la mente a esos mismos objetos. Esto es ligeramente más sutil. Primero, hazte consciente de cómo aparece la etiqueta cognitiva: «Esto son gases en el estómago o el latido del corazón», «Este sonido es el cantar de un pájaro», «Este es un pensamiento de fracaso por la crítica que me ha hecho mi hijo», «Esto es una emoción de rabia», «Este es el impulso de comer o beber». En segundo lugar, cuando aparece una sensación, pensamiento o emoción, observa la tendencia a catalogarla en agradable, desagradable o neutra. Por ejemplo: «Estas palpitaciones son desagradables», «El sonido de este pájaro es agradable», «El pensamiento de fracaso es muy desagradable», «La emoción de enfado es muy desagradable». Puedes seleccionar objetos mentales neutros y ver cómo generan reacciones de pérdida de interés, de olvido en la mente. Por último, observa el apego que surge hacia lo agradable (p. ej., «Me gustaría volver a oír el sonido del pájaro» o «volver a comer chocolate». Por el contrario, «Desearía que mi hijo nunca más me hiciese una crítica» o «No volver a experimentar enfado»). Esto es descentramiento: se consigue identificar las respuestas automáticas de la mente y frenarlas, no desencadenando nuevas respuestas. Se frena la «reactividad» que en el budismo se denomina «proliferación».

▶

Ahora escucha los sonidos durante unos minutos. Luego abre los ojos y pósalos sobre diferentes objetos de forma progresiva. Puedes anclar la atención en la respiración y observar sonidos e imágenes visuales, o puedes no anclarla en la respiración, y que los propios objetos auditivos o visuales sean el anclaje (esta segunda versión es ligeramente más compleja). Sé consciente de cómo la simple percepción de un objeto desarrolla la categorización de «me gusta» o «no me gusta». Si no se genera diálogo interno, observarás que no aparece esta categorización y, por tanto, no se desarrolla ningún apego. Esto es el no apego. Permanece unos minutos en los tres constructos, siendo consciente de las diferencias y de su progresión. En las personas entrenadas se produce prácticamente a la vez: al observar un pensamiento o emoción (metacognición) uno se distancia de él (desapego) y de las reacciones que genera (descentramiento).

Cuando te sientas preparado, puedes dar por terminada la práctica.

Nondual Embodiment Thematic Inventory (NETI)

Instrucciones: Por favor indique con qué frecuencia le ocurre lo siguiente:

	1	2	3	4	5
	Nunca	Rara-mente	A veces	La mayor parte del tiempo	Todo el tiempo
1. Una satisfacción interna que no es contingente y no depende de las circunstancias, los objetos o las acciones de otras personas	1	2	3	4	5
2. Aceptar (sin poner resistencia) cualquier experiencia que pueda tener	1	2	3	4	5

	1	2	3	4	5
	Nunca	Rara-mente	A veces	La mayor parte del tiempo	Todo el tiempo
3. Interés en ver claramente la realidad o la verdad sobre mí mismo, el mundo y otros, en lugar de buscar sentirme de una manera particular	1	2	3	4	5
4. Sensación de que estoy prote-giendo o defen-diendo mi autoima-gen o el concepto que tengo sobre mí mismo	1	2	3	4	5
5. Amor profundo y aprecio por todos y por todo lo que encuentro en la vida	1	2	3	4	5
6. Entender que en el fondo no hay separación entre lo que yo llamo mi «yo» y la totalidad de la existencia	1	2	3	4	5
7. Sentirme profun-damente a gusto, donde sea que esté o en cualquier situación o circuns-tancia en la que pueda encontrarme	1	2	3	4	5

	1	2	3	4	5
	Nunca	Rara-mente	A veces	La mayor parte del tiempo	Todo el tiempo
8. Sensación de que mis acciones en la vida están motivadas por el miedo o la descon-fianza	1	2	3	4	5
9. Percepción consciente de mi no separación de (unidad esencial con) una realidad trascendente, poder superior, espíritu, dios, etc.	1	2	3	4	5
10. No estar per-sonalmente invo-lucrado o atado a mis propias ideas y conceptos	1	2	3	4	5
11. Conciencia inquebrantable de quietud/silencio, incluso en medio del movimiento y el ruido	1	2	3	4	5
12. Actuar sin asumir un papel o identidad basada en mis propias expectativas o las de los demás	1	2	3	4	5
13. Sensación de inmensa libertad y oportunidades en mi experiencia momento a mo-mento	1	2	3	4	5

	1	2	3	4	5
	Nunca	Rara-mente	A veces	La mayor parte del tiempo	Todo el tiempo
14. Deseo de ser entendido por otros	1	2	3	4	5
15. Preocupación o incomodidad sobre el pasado o el futuro	1	2	3	4	5
16. Sensación de miedo o ansiedad que inhibe mis actos	1	2	3	4	5
17. Sensación de profunda vitalidad y energía	1	2	3	4	5
18. Actuar sin un deseo de cambiar nada o a nadie	1	2	3	4	5
19. Sentimientos de gratitud o curiosidad por todas las experiencias	1	2	3	4	5
20. Sensación de impecabilidad y de belleza en todo y en todos, tal como son	1	2	3	4	5

Clave de Corrección: El NETI se puntúa entre 20 y 100 puntos, siendo las cifras más altas las que indican mayor no-dualidad. Cada ítem se puntúa como se observa en la escala, excepto los ítems número 4, 8, 14, 15 y 16 que se puntúan de forma inversa. No hay puntos de corte establecidos

4. ¿Cómo funciona el yo?

Cuando no crees que eres esto o lo otro,
todo conflicto cesa.

Yo soy eso
Sri Nisargadatta Maharaj

Introducción

Como habíamos comentado, en las últimas décadas, el apego
al yo en Occidente así como la importancia y el reconocimiento que se le otorga, son extremos. Hace siglos, había
estructuras que limitaban una expresión rampante del yo en
exceso, pero actualmente se están debilitando. Son estructuras como la familia o la sociedad (que se consideraban más
importantes que el individuo) o el respeto a la tradición (que
impedía a las personas más jóvenes sobresalir en exceso sobre
los mayores).

La cultura occidental, desde los albores de la religión, defiende una dicotomía basada en una parte de nuestro proceso

mental, que es pura y que se denomina «alma», y que, sin una connotación tan religiosa, también se ha denominado conciencia. Existiría otra parte, instintiva y pecaminosa, ligada a las necesidades básicas del cuerpo, como la sexualidad o el apetito. Nuestra vida, según las religiones monoteístas, sería una lucha entre ambas instancias que se establece dentro de «nuestro yo», y, según el resultado, obtendremos una recompensa o un castigo en la otra vida.

Algunos grandes filósofos occidentales han tocado este tema. Así, Kant considera que Dios, Mundo y yo son ideas a priori, universales y necesarias, pero sin correlato empírico, de manera que no producen un verdadero conocimiento. También Hume lo etiqueta como una idea ilegítima y sin correlato empírico. Schopenhauer se refiere a la individuación de la Voluntad, como fuerza que rige el mundo. También Nietzsche considera que el yo es, básicamente, la voluntad. Descartes identifica conciencia con yo y considera que es una naturaleza pensante, lo que quiere y no quiere, lo que imagina y siente. Wittgenstein afirma que el yo es una sombra gramatical, una idea muy similar a la que defiende el budismo, que afirma que el yo solo se sostiene por el diálogo interno.

También la psicología occidental identifica yo y conciencia, como se observa en la teoría del Ello, yo y Superyó de Freud. Esta ciencia dedica un gran esfuerzo a analizar el yo, que podría identificarse con la personalidad. En suma, Occidente jamás se planteó la deconstrucción del yo en el sentido budista, porque siempre mantenía la conciencia/alma, identificada de alguna forma con el yo, como una instancia inmutable. Pero en la tradición oriental, tanto el hinduismo, sobre todo la escuela Vedanta Advaita, como el budismo consideran como una enseñanza fundamental la no existencia de un yo sólido y permanente.

Por eso, cuando el budismo se extendió por Occidente, surgieron dos grandes corrientes: los detractores, que lo llamaron «nihilista», por considerar que negaba la existencia de un alma o un yo, y algunos «defensores», a quienes cautivó la teoría de la reencarnación, porque era una forma de convertir el alma en eterna. Lo que vamos a desgranar a lo largo del libro es que ambas visiones son erróneas. El budismo no niega que exista un yo, lo que niega es que exista como nosotros lo percibimos: como un continuo permanente.

El yo convencional

Aunque podamos dudar del yo a nivel filosófico, a nivel convencional no ocurre así, porque es obvio que hay alguien que habla y alguien que escucha. El Buda dijo que podían usarse palabras como yo, mi o lo mío si esos términos no nos confundían (Samyutta Nikaya 1:25; Bodhi 2000, pág. 102). Esta idea dará pie a uno de los elementos clave del budismo en este tema y que, posteriormente, veremos: la distinción entre la verdad o realidad convencional y la verdad o realidad última. Sin la convención aceptada sobre qué es nuestro yo, nuestro discurso sonaría mucho más forzado y reiterativo, porque tendríamos que decir «aquello que habla» o «aquello que está aquí de pie». Yo o lo mío son palabras que nos sirven para entender a quién asignar el papel de poseedor, o quién siente el control de la actividad que está ocurriendo. Lo mismo ocurre cuando hablamos de otra persona: nos referimos a ella como una identidad.

No vale la pena dejar de usar estos convencionalismos, pero siempre sabiendo que no son la realidad última. El problema es que al usar continuamente «yo, mi, lo mío» y al describirnos de una cierta forma, todo eso nos hace creer que el yo es algo real, pero no lo es. Es una ilusión.

**Práctica: buscar la sensación del yo
en el momento presente y evitarla**

Observa tu diálogo externo e interno. Cuando usas la palabra «yo», ¿a qué te refieres? Usamos la palabra «yo» cuando nos referimos a alguna acción del cuerpo («estoy subiendo las escaleras o cocinando»), a alguna sensación del cuerpo o de los sentidos («me duele», «oigo a un pájaro»), a algún pensamiento («creo que está lloviendo» o «pienso en el día que me espera mañana») o emoción («estoy triste» o «no me hagas enfadar») o impulso («me comería un pastel» o «iría a correr»). Observa que nuestro diálogo siempre es así.

Durante cinco minutos, sustituye estas expresiones por gerundios («subiendo escaleras», «cocinando», «sintiendo tristeza», «deseando comer un pastel») o por la expresión «existe» o «surge» («existe dolor», «existe el sonido de un pájaro», «surge una creencia de que está lloviendo», «surge una preocupación por el día que habrá que experimentar mañana», «surge un deseo de ir a correr o de comer un pastel»).

Aunque estas perífrasis sean engorrosas, observa cómo erosionan la sensación del yo.

El yo como observador

Seguramente, como resultado de la última práctica, pensarás que el yo está identificado continuamente, y de forma cambiante, con el cuerpo o los objetos mentales. Pero puede estar también identificado con «el observador» de la experiencia que está ocurriendo. De hecho, este es el objetivo de mindfulness: no quedarse fusionado con la experiencia, sino desarrollar lo que en psicología se llama metacognición y en las tradiciones se ha descrito como «el observador».

Es decir, en los cinco casos anteriores puede sentirse qué es el proceso y qué es el observador. En el caso de la sensación, se puede sentir que «me duele», o que se observa el proceso: «alguien ha pisado este cuerpo y una sensación de dolor es percibida». Con los pensamientos se puede decir «soy agnóstico» o «el observador es agnóstico». Lo mismo con la emoción: «soy feliz» o «percibo una emoción de felicidad». Con el deseo: «quiero ir al cine» o «existe un deseo de ir al cine». Con el cuerpo también podría decirse «tengo cuarenta años» o «este cuerpo tiene cuarenta años». En las tradiciones meditativas se tiende a desarrollar, como primer paso, «el observador» y a no identificarse con los fenómenos mentales. Al yo se le llama «el personaje», es decir, el conjunto de etiquetas que parecen reales y con las que nos identificamos. Vemos que, pese a la práctica, la tendencia a la identificación es continua.

Práctica: reforzando la distinción entre el observador y el personaje. Quitando el protagonismo

Siéntate en una posición cómoda. Recuerda una situación leve en que hayas experimentado malestar recientemente. En primer lugar, descríbela desde el «yo», que desde ahora vamos a llamar «el personaje», es decir, el yo que has estructurado durante estos años. Posteriormente, la contarás desde «el observador», el testigo neutro que describe la realidad sin pasión. La diferencia es vivir la vida como protagonista, en el primer caso, o como un simple testigo ecuánime, en el segundo.

▶

1. COMO PERSONAJE: un cliente se ha quejado en la peluquería de que el corte que **le he realizado** estaba mal terminado y que no era eso lo que me había dicho que le hiciese. Se ha **enfadado conmigo, y yo** le he contestado que no tenía razón, que **yo le he hecho** justo lo que me ha pedido y que el corte estaba correcto. El cliente ha dicho que **yo era un incompetente** y se ha ido dando un portazo. **Me he sentido muy injustamente tratado.** *No entiendo por qué me ocurre a mí esto.*

2. COMO OBSERVADOR: un cliente se ha quejado en la peluquería de que el corte que **le ha realizado el personaje** estaba mal terminado y que no era eso lo que había dicho que le hiciese. **Se ha enfadado con el personaje, y él** le ha contestado que no tenía razón, que **él había hecho** justo lo que le había pedido y que el corte estaba correcto. El cliente ha dicho que el **personaje era un incompetente** y se ha ido dando un portazo. **El personaje se ha sentido muy injustamente tratado.** *La razón de que esto ocurra es que una de las etiquetas con las que el personaje está muy identificado es con la de ser un buen profesional, un buen peluquero. Por tanto, cada vez que alguien desafía esta etiqueta se siente mal.*

Vemos la diferencia entre una descripción y otra. En la primera, la identificación es total y también el sufrimiento. En la segunda, se narra como un hecho externo, de una forma objetiva. De esta segunda forma es fácil ver la causa de lo que ocurre, que siempre es la misma. Cuando hay una emoción negativa es porque se ha desafiado una etiqueta con la que está identificado el personaje.

Las contradicciones del yo

A mis emociones les gusta una chica y a mis deseos, también, pero mis pensamientos me dicen que está emparejada y que no es ético. Surge el conflicto en el yo.

Mi cuerpo ha nacido en España, pero yo llevo viviendo años en Francia y me siento francés. ¿Puede el cuerpo sentirse francés cuando ha nacido en España? Se siente francés la mente, pero ¿no es el cuerpo el yo cuando me duele?

Por tanto, el concepto convencional cuando se dice «yo soy» se refiere a todo este paquete de conceptos; es lo que se denomina «persona» o «yo». Pero si analizamos este concepto de yo, vemos que tiene incongruencias insalvables:

- ¿Cuántos yoes somos?
- Cuando donamos un órgano para un trasplante, ¿damos parte de nuestro yo, o solo es una parte del cuerpo?
- ¿Nuestras creencias religiosas forman parte del mismo yo que, aquí y ahora, oye el canto de un pájaro?
- ¿Nuestro yo cambia continuamente, como mi cuerpo, que envejece cada día, o permanece estable, como mi personalidad, que se forjó en la juventud y apenas cambia, según afirma la psicología? ¿O es que ambos no son el mismo yo?

Por supuesto, estas incongruencias han sido descubiertas por los pensadores occidentales. Filósofos de la agudeza de Ludwig Witgenstein afirman que: «el yo es solo una sombra generada por el lenguaje». El concepto del yo es una convención social que nos permite no discutir sobre aspectos como:

- La posesión de las cosas: si no hay un yo claro, ¿quién es el dueño de los objetos que uso? No sería fácil manejarnos socialmente a ese nivel, a menos que viviésemos en una sociedad sin propiedad privada, como ocurre con los pueblos cazadores-recolectores.
- Las normas sociales: mis acciones son mías y eso tiene una repercusión legal. Si dijese que solo soy el observa-

dor de mis acciones y, por tanto, yo no soy el responsable, ¿quién se haría cargo de las consecuencias?

No es un problema usar la convención social del «yo» cuando hablamos entre nosotros para situar dónde está ocurriendo una experiencia (dentro o fuera de mí). El problema es creer que ese concepto existe. Tampoco se niega la responsabilidad del individuo por los actos que comete, ya que, a nivel convencional, quien comete un delito irá a la cárcel. Lo que se afirma, desde la visión profunda que permite la meditación, es que el yo que cree realizar los actos es una pura entelequia basada en percepciones distorsionadas sobre la naturaleza de la mente.

**Práctica: desafiando la coherencia del yo
en un momento dado**

Adopta una posición cómoda y trae a la memoria una situación reciente en la que hubiese discrepancias entre tus emociones o la sensación en tu cuerpo y el pensamiento. Por ejemplo, tú te sentías culpable por algo que habías hecho, aunque pensases que era irracional sentirte así, o querías hacer una cosa y te sentías mal por hacerla, o situaciones similares. ¿Puedes ver la lucha entre los pensamientos, las emociones y el cuerpo por tener el control, es decir, por dirigir tu voluntad, que al final se transforma en lo que haces?

Observa la lucha y entiende cómo se resuelve al final en tu caso. Intenta identificar dónde está el yo en ese momento.

No-self y not-self

En español es difícil ver esta diferencia, pero en inglés sí se puede. El budismo no niega la existencia del yo, porque piensa que existe una cierta sensación del yo, sino que niega la existencia del yo tal y como nosotros la tenemos conceptualizada. En las discusiones de la filosofía budista sobre la no existencia del yo, un tema clave es «entender el objeto de negación», porque lo que se defiende no es que no haya un yo sin más, sino que cualquier objeto al que queramos atribuirle la cualidad del yo no es el yo.

Hay expertos que dicen que traducir «no-self» implica que el no yo se puede encontrar en cualquier sitio, y no es así. También dicen que la ausencia de yo no es nombrada en todo el Canon Pali. Lo que se dice en la tradición budista, y que traduciríamos por «not-self», es que «esto (lo que sea) no es el yo». Es decir, que cualquier cosa que confundamos con el yo (por ejemplo, el cuerpo, la mente, mis actos o mi voluntad) no es el yo. Pero si no hay nada que confundamos con el yo, no se puede rebatir el yo, porque no hay base de negación. Algunos autores expertos en este tema, como Guy Armstrong (2017), piensan que ambas expresiones pueden ser válidas, pero que «not-self» es más precisa. En definitiva: se niegan las identificaciones que tiene el yo en un sentido posesivo: «mis pensamientos», «mis sentimientos», «mis deseos», «mis acciones». ¿Por qué se niegan estas posesiones? Porque el yo, como algo continuo, no aparece por ningún sitio, al margen de esas identificaciones o posesiones pretendidas. El yo es solo una idea o sensación.

El mecanismo fundamental del yo:
la autoidentificación

Si alguien te pregunta «¿cuántos años tienes?», y pongamos que contestas: «cuarenta años», lo que estás diciendo es que **tu cuerpo**, con el que está identificando el yo en ese momento, tiene la edad descrita. No decimos «el cuerpo tiene cuarenta años», sino que «yo tengo cuarenta años». La tendencia a considerar que somos un aspecto de la experiencia global que tenemos en ese momento lo llamamos IDENTIFICACIÓN.

Imagina que esa persona quiere saber «¿de qué religión eres?», y contestas: «agnóstico». El cuerpo no tiene ninguna religión. Ahí te estás identificando con tu mente, concretamente, con los **pensamientos que hay en tu mente.** De nuevo no contestas: «la mente es agnóstica», sino «yo soy agnóstico». Te has vuelto a identificar. Pero hay una discrepancia: ese pensamiento seguramente no tiene cuarenta años como tú y tu cuerpo, sino que es muy posterior, pongamos veinte años. ¿Por qué no dices que tienes veinte años si tú eres tus pensamientos? Porque para esa pregunta concreta de la edad te estas identificando con tu cuerpo, no con tus pensamientos.

También nos pueden interrogar: «¿Cómo estás de ánimo?», y puedes contestar: «Feliz». Realmente, es una **emoción, un estado de la mente.** Por cierto, poco duradero, quizá días o meses, pero no cuarenta años. Lo que pasa es que ahora te estás identificando con la mente, concretamente con las emociones que hay en ella, y no con el cuerpo. No dices: «La mente es feliz», sino: «Yo soy feliz».

Por último, te pueden preguntar «¿Qué deseas hacer por la

tarde?» Y puedes contestar: «Ir al cine». Ahora te estás identificando con los **impulsos o deseos de tu mente.** Por cierto, igual tu cuerpo está muy cansado, porque por la mañana has hecho deporte. Entonces no piensas que «el cuerpo prefiere quedarse en casa», sino que «tú estás muy cansado». Cuando decidas si vas o no, ¿quién decide?, porque tú eres el cuerpo y eres los pensamientos de la mente.

Alguien pasa corriendo a tu lado y te propina un intenso pisotón en el pie. En realidad, han pisado tu cuerpo, pero tú dices: «Me has hecho daño». La sensación de dolor, sobre todo si es intensa, hace que la aparición del yo sea automática. Ahora te has identificado con las **sensaciones,** que pueden ser tanto corporales (dolor, picor, hormigueo) como de los sentidos (sonidos, olores, sabores, objetos visuales y sensaciones táctiles).

En suma, el yo aparece por identificación con el cuerpo o con los cuatro fenómenos mentales o agregados, como los llama la tradición budista, que son:

1. Sensaciones (del cuerpo y de los sentidos),
2. Pensamientos,
3. Emociones y
4. Impulsos o deseos.

Por tanto, el yo tendría que ser uno de esos cinco elementos o, como alternativa, el poseedor/observador de esos elementos.

Ejercicio: entender la identificación del yo

Siéntate en una posición cómoda. Imagina cualquier pregunta que te pueda hacer otra persona sobre ti. Cuando respondes «yo... lo que sea», observa con qué elemento te estás identificando en ese momento.

Cuando buscas el yo, ¿puedes percibir que es EXCLUSIVAMENTE alguno de estos cinco elementos? ¿O notas que, a veces, se identifica con cada uno de ellos, pero no con solo uno, y que va cambiando continuamente la identificación?

¿Hay alguna vez que no te identifiques con ningún elemento y contestes de forma impersonal? Seguramente, vas a contestar que no. Si es así, intenta entender por qué no. Y si es que sí, ¿qué sensación te produce cuando contestas de una forma impersonal?

¿Hay algún otro elemento diferente de estos cinco con el que el yo se pueda identificar?

5. El yo biográfico y el yo existencial. ¿De qué está compuesto el yo biográfico?

> Lo que está dentro de mí,
> lo que está fuera de mí.
> Cuando estos pensamientos cesan,
> la libertad surge.
>
> *Mulamadhyamakarika*
> NAGARJUNA

Sintiendo la fuerza variable del yo

Para ver en qué consiste el yo, de qué está compuesto, resulta útil sentirlo, conectar con él. No siempre el yo es igual de intenso: hay momentos en que es casi imperceptible y existen otras circunstancias en que se percibe de forma muy evidente; y, por supuesto, existe un amplio rango de situaciones intermedias. Vamos a intentar experimentar la mínima y la máxima sensación del yo. El yo mínimo suele ir asociado a situaciones en las que nos volcamos en la actividad externa que estamos realizando y nos olvidamos de nosotros. Las situaciones de *flow* (fluir) son un buen ejemplo. Por el contrario, el yo es máximo cuando nos centramos en él para describirlo o para relatar alguna actividad en la que es protagonista.

Yo mínimo: experiencias de *flow*

Mihaly Csikszentmihalyi (1990) describió por primera vez la experiencia de *flow*, también conocida en castellano como fluir, flujo o experiencia óptima. Este concepto está enmarcado y forma parte de los fundamentos de la Psicología positiva, el estudio del bienestar y la experiencia subjetiva de felicidad. Csikszentmihalyi definió la experiencia de *flow* como aquella en que «la experiencia es placentera por sí misma, se da en actividades que las personas realizan a pesar de los costes o el cansancio que pudieran suponerles y se involucran en ellas plenamente, hasta el punto de perder la noción del tiempo». Decía que la felicidad no sucede al azar, que había que trabajarla, y relacionaba la felicidad con una alta frecuencia de estos estados de *flow*. Las condiciones que debe tener una actividad para que se dé el estado de flujo son las siguientes (Csikszentmihalyi, 1990):

- Tener metas claras y realistas.
- Una retroalimentación inmediata sobre la ejecución de la tarea.
- Equilibrio entre las habilidades personales y los retos o dificultades que presente la tarea.

Dándose estas condiciones, cualquier actividad de la vida podría dar lugar a una experiencia óptima; por ejemplo, la práctica de un deporte, una actividad artística o el estudio de algo interesante. Aparte de en estas actividades de ocio o de desarrollo personal, el concepto de *flow* también ha sido estudiado en el ámbito laboral. Según la teoría de la experiencia óptima, el lugar de trabajo puede ser un escenario perfecto para experimentar *flow*, y será más fácil llegar a este estado si existe una adecuada organización en el trabajo (Csikszentmihalyi, 1999).

La experiencia de *flow* en el entorno laboral fue estudiada en profundidad por Bakker (2008), quien describe la experiencia como momentánea y afirma que debe medirse en frecuencia y no en intensidad. Para medir esta frecuencia, diseñó un instrumento retrospectivo, el WOLF (Bakker, 2008), que definía el *flow* en el trabajo según tres componentes:

- Alta frecuencia de placer en la realización de las tareas.
- Alto nivel de concentración.
- Una elevada motivación intrínseca hacia la tarea.

Se sabe que los estados de *flow* mejoran el rendimiento en la tarea, producen numerosos beneficios personales y organizativos y, como comprobaron Kuo y Ho (2010), tiene una relación directa con una mayor calidad del trabajo realizado.

Hay que insistir en que *flow* y mindfulness, aunque tienen una relación positiva entre sí, no son lo mismo. Estos dos conceptos se solapan, a veces, en la literatura, por lo que pueden dar lugar a confusión, y es importante diferenciarlos. El estado de *flow* es momentáneo y se caracteriza por un alto nivel de atención, pero también por un bajo nivel de conciencia. Esto es más eficaz en situaciones que requieran actuaciones rápidas y automáticas. Mindfulness, no obstante, es considerado más como un rasgo duradero en el tiempo que como un estado momentáneo, y combina un alto nivel de atención y también un alto nivel de conciencia. Como dice Alvear (2015), podríamos enmarcar los estados de *flow* en el modo «hacer» con una serie de objetivos o pequeñas metas, y existiría la posibilidad de equivocarnos y hacer las cosas de forma errónea; sin embargo, mindfulness se encuentra en el modo «ser», donde no hay unos objetivos marcados, ni hay forma de cometer errores, se puede alcanzar o no un estado *mindful*, pero no hacerlo mal. Por otra parte, en «flow» la atención esta muy focalizada en la tarea, es de ángulo estrecho; por el contrario, en mindfulness, la atención tiende a estar más abierta, centrándose no solo en un objeto, sino en todo el entorno o contexto.

**Práctica: experiencia de *flow*:
yo mínimo**

Identifica alguna situación en que entres fácilmente en *flow*; quizá correr o algún otro deporte, alguna afición con la que disfrutes, o simplemente leer un buen libro o ver una película que te guste. Observa el proceso: partes de una cierta sensación de yo y, conforme vas realizando la actividad, toda tu atención se vuelca en ella. Hay una gran atención y te fusionas con la actividad, pero no hay consciencia, por lo que no hay sensación de yo. Se pierde la noción subjetiva del tiempo y podrías estar horas realizando la actividad sin ser consciente de nada más. Ves que aquí el yo es mínimo, pero no hay consciencia de lo que haces. Es un estado de piloto automático en algo agradable y que no te cuesta esfuerzo.

Yo máximo: el yo como protagonista

En psicología se utilizan dos técnicas para tener la máxima sensación de yo. Aunque siempre hay cierto nivel de percepción egoica, cuando focalizamos la atención en él, lógicamente, va a ser más evidente su fuerza. Dos son los momentos o situaciones «cumbre» en este sentido:

1. Cuando somos protagonistas de algo: si contamos a alguien o a nosotros mismos una situación, actividad o suceso en el que nosotros hemos sido los protagonistas, aunque la actividad sea de menor importancia (p. ej., ir a comprar al supermercado), la sensación del yo se dispara. Nos tomamos un gran esfuerzo para que se entienda por qué hemos hecho esto o aquello, los éxitos que hemos tenido, o lo que hemos hecho por otros y, si algo ha salido mal, cómo nos hemos sentido y cómo, en general, otras personas han sido responsables de aquello que nos ha ido mal.

2. Describirse uno mismo: la otra gran situación en la que el sentido del yo es máximo es cuando nos describimos a nosotros mismos, ya sea nuestras características físicas (como, por ejemplo, altura, rasgos faciales, color del pelo o de los ojos) o, sobre todo, nuestras características psicológicas o de personalidad (p. ej., carácter, valores, relaciones interpersonales). Otro de los grandes temas en este apartado es nuestra biografía. Cuando contamos lo que nos ha ocurrido en la vida, nuestra identificación es máxima. Lo que esperamos, con diferentes grados de intensidad, es que la gente entienda lo mucho que hemos sufrido, lo injusto que ha sido el mundo y las otras personas, lo bien que hemos reaccionado, y cómo los demás tienen que ser comprensivos con nosotros por todo lo que nos ha pasado.

Práctica: el yo como protagonista: yo máximo

Las dos prácticas que siguen puedes hacerlas con alguien, algún amigo o conocido que quiera escucharte, o puedes hacerlas solo, como si te lo estuvieses contando a ti mismo.

1. Empieza relatando una situación en la **que tú hayas sido protagonista.** Debe ser una situación especialmente positiva o negativa para ti por alguna razón. No hace falta relatar el mayor trauma de nuestra vida; si es algo negativo, basta con que sea una situación de intensidad intermedia. Intenta contarla de forma objetiva, neutra, sin apego. Como si estuvieses hablando de una tercera persona. Si estás con alguien, la otra persona no interviene, solo escucha los cinco minutos que dura la práctica. Ella te puede avisar cuando «te identifiques demasiado» con el protagonista. Cuando acabes, observa la tendencia natural a involucrarte con la historia.

2. En las mismas circunstancias, **describe alguna de tus características de personalidad o tu forma de ser** a otra persona amiga o a ti mismo. De nuevo, intenta contarla de forma objetiva, desapasionada, como si estuvieses describiendo a alguien conocido que no eres tú. Tras cinco minutos, observa la tendencia a identificarte, a justificarte, a desear ser entendido y querido.

Los dos yoes: biográfico y experiencial

La experiencia práctica en meditación permite identificar dos yoes diferentes. Al primero, del que todo ser humano es consciente y cree que es el único existente, se le denomina **«yo biográfico»,** y se encuentra continuamente presente cuando no existe experiencia meditativa o esta es mínima. Este yo, como veremos a continuación, va asociado a nuestra biografía, al nombre y a la memoria, y se mantiene por el diálogo interno. Este es el yo que se va a ir modificando con la práctica, como describen Hölzel y cols. (2011), al hablar de los mecanismos de acción de mindfulness. Este cambio en el yo es una de las principales causas de la eficacia de la meditación. Este es el primer yo que se va diluyendo con la práctica.

El segundo yo es mucho más sutil y solo es perceptible en las personas que practican meditación o en algunas situaciones de elevada conciencia muy especiales y se denomina **«yo experiencial».** Vemos que, ocasionalmente, puede aparecer cuando se empieza a meditar, pero se desarrolla de forma estable cuando la práctica meditativa está bien establecida. En ese momento evolutivo de la mente, apenas hay diálogo interno, por lo que las características biográficas no son mantenidas por la memoria. Este yo no tiene características de ningún tipo: género, edad, profesión u otro calificador, ya que no existe diálogo interno que las mantenga. Es la pura capacidad de conocer, sin juzgar, sin prejuicios sobre lo que ocurre, ya que estos vienen determinados por las categorías que ha estructurado el yo biográfico a lo largo de nuestra vida. La sensación de experimentar el yo experiencial, tanto en la meditación como en la vida diaria, se asocia a una gran sensación de paz, libertad y bienestar. Con la práctica, incluso este yo se diluye, dando origen a la experiencia de no-dualidad. En este capítulo nos centraremos en el yo biográfico.

Bases biológicas de los dos yoes

Se han realizado estudios de neuroimagen sobre autoconsciencia, comparando sujetos sin experiencia previa en mindfulness con individuos que habían completado un curso de MBSR (Mindfulness Based Stress Reduction, Reducción del estrés basado en la atención plena) (Farb y cols., 2007). Los autores distinguieron entre dos formas diferentes del yo:

- el «narrador o autobiográfico», caracterizado por un flujo de pensamientos no anclados al presente, y
- el «experiencial», que se focaliza en el presente y está atento en cada momento a pensamientos y sentimientos sin reflexionar sobre ellos. Aquí no hay diálogo interno.

En ambos casos, los sujetos que habían completado el curso sobre mindfulness mostraron una reducción de la actividad del córtex prefrontal medial (relacionado con el «narrador») y un incremento del procesamiento de la ínsula lateral (más relacionado con el córtex somatosensorial secundario del «experimentador de sí mismo»). Los autores notaron que los patrones de conectividad entre experiencias pasadas («narrador») y el presente («experimentador») pueden ser diferenciados y actúan independientemente después de practicar mindfulness. Un ejemplo es un estudio (Farb y cols., 2010) en el que se mostraron imágenes con contenido emocional a sujetos sin experiencia de meditación y a sujetos después del curso de mindfulness. Los que habían completado el curso mostraron una menor activación de las imágenes con contenido emocional triste y, a su vez, menores tasas de depresión, en comparación con los sujetos que no habían tomado el curso.

Por tanto, las bases neurobiológicas asociadas a cada yo son:

- Yo biográfico: la narrativa personal continua se ha ligado a la actividad del hemisferio cerebral izquierdo en pacientes con cerebro escindido (Gazzaniga 2005) y a la actividad del córtex prefrontal medio y el córtex cingulado posterior en las pruebas de neuroimagen (Denny y cols., 2012; Brewer y cols., 2013).

- Yo experiencial: es la experiencia de lo que ocurre en el momento presente sin elaboración conceptual. Este aspecto del yo se ha descrito como el «yo mínimo» (Gallagher 2000) o «yo fenoménico mínimo» (Blanke y Metzinger, 2009) y se cree que está asociado a la actividad de regiones relacionadas con la interocepción, como la ínsula (Craig, 2009; Seth, 2013; Critchley y Seth, 2012) y la unión temporoparietal (Ionta y cols., 2011; Damasio, 2012).

El yo biográfico

El yo es la biografía

Todos nosotros tenemos una idea muy estructurada de cómo somos. A lo largo de nuestra vida nos han ocurrido una serie de sucesos, y nosotros hemos intentado entender sus causas y consecuencias, dando sentido a todo lo que nos ha pasado. Ese relato explicativo de nuestra historia es lo que denominamos biografía. El diálogo interno, esa charla continua que mantenemos con nosotros mismos y que evalúa y comenta todo lo que nos pasa, actualiza y refuerza continuamente nuestra idea de cómo somos. Por eso, cuando nos enfrentamos a nuevas situaciones, ya casi sabemos lo que va a pasar, porque nos basamos en todo lo que nos ha ocurrido anteriormente. Este fenómeno se denomina en psicología «profecía autocumplida», es decir, lo que pensamos que nos va a pasar, sobre la base de nuestra experiencia biográfica, es, generalmente, lo que nos ocurrirá.

Sin embargo, nuestra biografía **no es lo que nos ha pasado,** sino la interpretación que hemos hecho de lo que nos ha pasado. No es lo mismo. De hecho, en cualquier psicoterapia, lo que intenta el terapeuta es «reescribir» la biografía del individuo de una forma más objetiva y menos negativa para la persona. En la tabla 1 tenemos un ejemplo de la diferencia entre «lo que nos ha pasado» y «lo que pensamos sobre lo que nos ha pasado», como ocurre en la biografía de cualquier persona. Son datos reales de una persona que vino a recibir psicoterapia a nuestra consulta. El ejemplo podría aplicarse a cualquiera de nosotros.

En la parte izquierda, se relatan los hechos desnudos, sin interpretación, de lo que le ha ocurrido a esta persona. En la parte derecha, esos hechos están interpretados y, además, la explicación de unos y otros está concatenada, ofreciendo un hilo de continuidad a la biografía. La diferencia es que una biografía «no interpretada» como la del lado izquierdo no implica que el individuo sea de una forma concreta y no presupone lo que va a ocurrirle en el futuro. Por el contrario, una biografía «interpretada», como son habitualmente las nuestras, como la que aparece en el lado derecho, implica que tenemos una forma de ser muy determinada y difícil de modificar, por lo que nuestro futuro va a estar muy predeterminado por esa forma de ser.

Tabla 1. Diferencia entre los sucesos biográficos objetivos y la autobiografía que hemos construido de nosotros mismos (mezclada con emociones e interpretaciones sobre los hechos)

EDAD	SUCESOS BIOGRÁFICOS (hechos desnudos)	AUTOBIOGRAFÍA (hechos interpretados)*
4 años	Mi padre se fue de casa	Mi padre se fue de casa *porque nunca me quiso*
Periodo escolar	Tuve bajos rendimientos académicos	Tuve bajos rendimientos académicos *por mi baja autoestima (porque no me quisieron de pequeño)*
15 años	Dejé de estudiar	Dejé de estudiar *porque pensaba que no valía para nada (por mi baja autoestima)*
Edad adulta	He cambiado mucho de trabajo	He cambiado mucho de trabajo *porque soy incapaz de hacer nada bien (por mi baja autoestima)*
Edad adulta	He tenido muchas parejas	He tenido muchas parejas *porque tengo dificultades para querer (porque no me ha querido nadie)*
CONSECUENCIAS PARA LA VIDA FUTURA	Es un conjunto de sucesos no necesariamente relacionados y que no prejuzga cómo será el futuro	Todo lo que me ha pasado en la vida *es porque mi padre me abandonó. Mi vida futura será un fracaso*

* En cursiva está lo que hemos interpretado de lo que nos ha ocurrido. Esto no es la realidad, sino una interpretación de la realidad. Podría haber otras (p. ej., mi padre se fue de casa por desavenencias con mi madre, pero me quería mucho). Cada interpretación genera nuevas interpretaciones concatenadas, estructura el yo y predice nuestro futuro («profecía autocumplida»).

Sobre estos mismos hechos, otra persona en otro contexto o, como en este caso, la misma persona después de vivir un proceso de psicoterapia (en este caso, terapia cognitiva) podría interpretarlos de otra forma completamente distinta. Vemos la modificación que se ha producido en la interpretación después de un proceso de terapia cognitiva semanal durante 6 meses.

EDAD	SUCESOS BIOGRÁFICOS (hechos desnudos)	AUTOBIOGRAFÍA (hechos interpretados)
4 años	Mi padre se fue de casa	Mi padre se fue de *casa porque en ese momento no estaba preparado para otra cosa, pero estoy convencido de que me quería a su manera*
Periodo escolar	Tuve bajos rendimientos académicos	Tuve bajos rendimientos académicos *porque entonces no me interesaba ese conocimiento*
15 años	Dejé de estudiar	Dejé de estudiar *porque quería buscar actividades que me llenasen más*
Edad adulta	He cambiado mucho de trabajo	He cambiado mucho de trabajo *porque siempre he intentado buscar algo mejor*
Edad adulta	He tenido muchas parejas	He tenido muchas parejas *porque no tenía claro lo que quería a nivel afectivo*
CONSECUENCIAS PARA LA VIDA FUTURA	Es un conjunto de sucesos no necesariamente relacionados y que no prejuzga cómo será el futuro	Todo lo que me ha pasado en la vida *es porque estaba desorientado. Ahora me entiendo mejor a mí mismo y al mundo, y creo que mi vida será mucho mejor a partir de ahora*

¿Cuál de estas dos versiones de nuestra biografía es la cierta? Los hechos objetivos son los mismos. Como se ve, toda autobiografía es una narración interpretativa de lo que nos ha ocurrido en la vida. Ninguna es absolutamente cierta, es solo una interpretación.

¿Cómo se cambia la perspectiva del yo? La herramienta principal (consecuencia de la práctica de mindfulness en general, y no de una psicoterapia concreta) es la disminución del diálogo interno. Cuando, por efecto de mindfulness, dejamos de comentar y evaluar todo lo que nos ocurre, no ponemos en relación nuestras experiencias del momento con nuestra biografía, sino que vemos cada suceso con la mente de principiante, como si fuese la primera vez que nos ocurre. No intentamos interpretar las causas y las consecuencias. En ese momento, no existe un yo estructurado e inamovible que modula la experiencia, sino que nos fundimos con la vivencia sin evaluarla, por lo que cualquier cosa es posible y el futuro no está predeterminado.

Práctica: tomar conciencia de que nuestra biografía es una interpretación

Adopta la postura de meditación. Elige dos sucesos de tu vida: uno negativo y otro positivo. Como siempre, de los negativos no selecciones el mayor trauma de tu vida, solo una situación de intensidad emocional media, para poder trabajar con ella. Imagina que se la estás contando a un amigo de total confianza que sabes que no te va a juzgar, que te entiende. Toma conciencia de la descripción literal que haces en ambas situaciones. La estructura de la frase o de la historia sería, más o menos, del tipo: «Cuando tenía X años me ocurrió tal y cual situación. Esto ha sido muy importante para mí por tal y tal». Podrías grabarla si quieres en el móvil o en una grabadora, mientras lo estás haciendo.

Cuando acabes, observa lo que has contado. Puedes escribirlo, como hemos hecho en la tabla anterior, y separar lo que es el hecho desnudo de lo que es la interpretación. Toma nota de ambas. Observa la interpretación: ¿Piensas que esa forma de ver esa situación concreta ha tenido algún impacto en tu vida posterior? Si la interpretación hubiese sido otra o, simplemente, si no hubiese existido una interpretación concreta, ¿tu vida habría sido diferente?

El yo es el nombre y la memoria.
El trastorno de evitación experiencial

En el budismo se dice que el nombre y la memoria son la gasolina que hace arder y mantiene la hoguera del yo. Vamos a analizar el papel de la memoria, al que va ligado el trastorno de evitación experiencial y, posteriormente, analizaremos el impacto del nombre.

Vamos con la **memoria.** Puedes ver que, en cada una de tus acciones, la memoria biográfica está interviniendo y modulando, alterando la experiencia que tienes en ese momento. Imagina que has tenido tres relaciones afectivas anteriores que, por lo que sea, no han resultado satisfactorias. Y empiezas a salir con otra pareja. ¿Crees que puedes verla como si fuese la primera vez que sales con ella? Lo que va a ocurrir es que durante, por lo menos, las primeras semanas de relación (sino es durante todo el tiempo de emparejamiento), tu mente va a recordarte las situaciones negativas que te ocurrieron con las otras parejas y las interpretaciones que hiciste sobre eso que ocurrió. Como sufriste mucho, la mente te va decir cuáles fueron los posibles errores y qué situaciones debes evitar. Esto es lo que se llama en la terapia de aceptación y compromiso (ACT en inglés) el **«trastorno de evitación experiencial» (TEE).** Se considera que es la causa de la mayor parte de nuestro sufrimiento. Cuando hemos tenido alguna experiencia negativas (y son miles las que tenemos en la vida), es tal el miedo a volver a sufrir, que la mente hace lo que sea para no sufrir. Lo que suele hacer, de forma inconsciente, es evitar cualquier situación en la que pueda repetirse lo que ocurrió.

El problema es que la forma que tiene la mente de intentar evitar nuevo sufrimiento es evitando la experiencia, lo cual suele producir aún más sufrimiento. Pongamos un ejemplo: como hemos comentado anteriormente, he tenido tres relaciones afectivas en las que las cosas no salieron bien. Una forma habitual que tiene la mente de evitar el sufrimiento, TEE, es, simplemente, no volver a tener ninguna nueva pareja. Otra forma es que, si salgo con otra persona, ante la mínima sospecha de que la relación puede tener problemas, yo rompo la pareja, para evitar que me dejen y no sufrir. Se puede comprobar que, en ambas ocasiones, el perjuicio que producen mis conductas para evitar sufrir (problemas de pareja) seguramente me va a producir más sufrimiento (me voy a quedar solo el resto de mi vida). La práctica de mindfulness resuelve este problema, porque, al disminuir el diálogo interno, no se manifiesta ese pasado biográfico sobre el presente, y puedo mantener más fácilmente la «mente de principiante»

El nombre sería otro de los aspectos que mantiene el yo biográfico. Desde el nacimiento, se nos asigna un nombre con el que nos identificamos. Todo gira en torno a él. En cuanto lo nombran, nuestra atención se dispara, como también nuestra sensación del yo.

**Práctica: la mente de principiante
y el efecto de la memoria**

Adopta la postura de meditación. Trae cualquier **comida** delante de ti: una fruta, una verdura, carne o pescado. Antes de llevártelo a la boca, ya tienes la idea de si te gusta o no, cómo sabe o no, etcétera. Pruébalo como si fuese la primera vez (esta práctica es la base de la «uva pasa» que se practica en el protocolo MBSR).

▶

Ahora cierra los ojos e imagina que vas a hacer alguna **actividad:** un deporte, una afición. De nuevo, comprueba todas las ideas preconcebidas que tienes sobre esa experiencia. Es imposible experimentarla con mente de principiante.

Piensa ahora en una persona que te caiga bien o mal, que no te sea indiferente. Observa que tu relación con ella está muy mediatizada por la imagen que ya tienes. Será difícil cambiarla en uno u otro sentido. De nuevo es imposible desarrollar esa mente de principiante.

Conecta las tres situaciones. Observa que la impresión previa se mantiene por el diálogo interno. Si no hubiese diálogo interno, sería como si fuese la primera vez que pruebas esa comida, realizas esa actividad o hablas con esa persona. Este es el fundamento de una práctica que veremos posteriormente: «En lo visto solo lo visto. En lo oído solo lo oído».

Las etiquetas desarrolladas a lo largo de nuestra vida

El «yo biográfico» es el personaje que hemos ido desarrollando a lo largo de nuestra vida para adaptarnos al mundo. De hecho, en algunas tradiciones contemplativas, para referirse al yo se le describe como «el personaje». Está compuesto por una serie de etiquetas y de pensamientos sobre nosotros mismos que hemos ido desarrollando a lo largo de nuestra vida y que constituyen nuestra visión de nosotros mismos.

Vamos a intentar conocerlo un poco mejor a través de estas etiquetas. Se calcula que hay unas 50 que son las más importantes y con las que más nos identificamos. Las principales están relacionadas con tres factores:

- Físicos: son nuestras características corporales, muchas de ellas no pueden cambiarse o es difícil. Las más obvias son: el sexo, la edad o nuestro grupo étnico. También incluirían todos los aspectos corporales que podamos imaginar: belleza física (atractivo o no, como una apreciación global), talla (alta o baja) y peso (gordo/delgado), calvo o no (en varones), así como cualquier rasgo o déficit evidente. El tamaño de los órganos sexuales, el color de los ojos y el cabello, la forma de la cara o de cualquier parte de nuestro cuerpo pueden constituir una etiqueta terrible. En la adolescencia, esta insatisfacción con nuestro cuerpo es especialmente evidente. Podemos ver que, por un lado, está el dato objetivo (altura 155 centímetros y peso 100 kilogramos) y, por otro lado, está la etiqueta que algunas personas pondrían ante esos datos como «bajo» y «gordo». Pero, con esas mismas características, uno podría no haberse autocreado una etiqueta concreta.

- Sociales: una de las etiquetas más relevantes en nuestra sociedad es la profesión, porque suele ir asociada a otras evaluaciones sobre el nivel cultural y económico. La gente se presenta así: «Me llamo Juan García y soy abogado». Otras etiquetas muy importantes son las creencias políticas o religiosas o el sentimiento de nacionalidad. También pueden ser relevantes otras etiquetas, como las deportivas (pertenencia a un equipo deportivo u otro, la práctica de deporte en general o un deporte específico); las de hábitos de salud (vegetariano o no, fumador o no, meditador o no).

- Psicológicos: finalmente, otras etiquetas destacadas son las relacionadas con los valores, con lo que es importante en la vida (p. ej., sinceridad, honradez, fidelidad) o rasgos de personalidad (tímido o no, extrovertido o no, confiado o no).

Conocer nuestras principales etiquetas, y hasta qué punto estamos apegados a ellas, es un tema importante en nuestro crecimiento personal y en nuestra meditación, porque nos permite saber sobre qué debemos trabajar.

Práctica: identificando las etiquetas del yo

Adopta la postura de meditación. Analiza las etiquetas con las que te identificas. Puedes empezar con las físicas: aspectos de tu cuerpo que te gustan o no te gustan, de los que presumes o intentas ocultar o cambiar. Puedes pasar luego a las etiquetas sociales: la profesión es clave, pero también tus creencias políticas, religiosas, nacionalidad. La adolescencia es una buena referencia para identificar etiquetas porque es un periodo de la vida en que intentamos estructurar nuestra identidad, y muchas de las etiquetas surgen entonces (aunque luego las hayamos cambiado). Termina con las etiquetas psicológicas: forma de ser, personalidad, valores. Intenta identificar cuáles son «nucleares» (sentirías que si las pierdes o cambias, dejas de ser tú mismo) y cuáles son más accesorias (podrías modificarlas).

La distorsión fundamental: las etiquetas del yo biográfico

Hemos visto que el diálogo interno evalúa el mundo de continuo, por lo que, lógicamente, también etiqueta y juzga a las personas. Pero ¿cuál es el punto de referencia, el patrón para juzgar a las demás personas y decidir qué está bien y qué está mal? Es lo que llamamos nuestro yo biográfico, el personaje que hemos desarrollado a lo largo de nuestra vida y con el que nos identificamos. Ese es el principal cristal que distorsiona la forma que tenemos de ver a las otras personas. Con la siguiente práctica vas a comprobar cómo esas etiquetas del yo biográfico no solo deciden qué tal te caen otras personas, sino que son una base importante para seleccionar parejas, amigos, etcétera.

**Práctica: comprueba el peso
de las etiquetas en tu vida**

Escribe en un papel en blanco cuáles son tus cinco principales etiquetas, aquellas con las que más te identificas, las que son las más importantes para ti. Pueden ser, por ejemplo: sincero, de tal partido político, de tal creencia religiosa, de tal nacionalidad, etcétera.

Si has hecho la práctica de forma adecuada, verás que esas etiquetas estructuran tu vida. Por ejemplo, si te defines como una persona muy sincera y fiel, tanto tu pareja como tus amigos tendrán que ser bastante sinceros y fieles; sino, no los seleccionarías como personas importantes en tu vida. Si para ti ser vegetariano, deportista o meditador son rasgos relevantes que te definen, muchas de tus relaciones lo serán también. Lo mismo ocurre con la ideología política o religiosa, o con tu profesión. Si son muy importantes para ti, vas a identificarte con las personas con las mismas características, mientras que te sentirás separado de los individuos con diferente forma de pensar.

Inicialmente, no vamos a poder quitarnos el sesgo de las etiquetas, aunque con la práctica de mindfulness pierden fuerza y se hacen más laxas; pero siempre podemos ser conscientes de que llevamos una lente encima y de cómo distorsiona la realidad.

Las etiquetas del yo son el origen
de las emociones negativas

La mayor parte de nuestro sufrimiento se origina en las emociones negativas. Piensa si es así o no. Si no tuviésemos emociones negativas, ¿qué sufrimiento quedaría? Básicamente el
existencial: miedo a la muerte, la enfermedad, la vejez. A su
vez, las emociones se producen en contextos interpersonales,
cuando estamos con otras personas. Observa, por ejemplo, en
la meditación qué pocas emociones se generan; solo si traemos
a la memoria situaciones interpersonales.

Ahora intenta entender qué pasa cuando alguien te produce
una emoción negativa. Vas a ver que lo que ocurre es que están
desafiando, negando, contrariándote en esa etiqueta que es tan
importante para ti. ¿Puedes verlo? Comprueba cómo una emoción negativa es el desafío de alguien externo a nuestras etiquetas. A la inversa, si alguien refuerza esa etiqueta, te hace sentir
bien. Lógicamente, la emoción positiva o negativa es mayor
según la importancia que le des a la persona que realiza el juicio. Si es tu padre, pareja o mejor amigo quien te dice algo muy
negativo, la emoción es mucho más intensa y duradera que si te
lo dice un compañero de trabajo con el que apenas tienes trato.

Por ejemplo, si yo estoy muy orgulloso de mi profesión de
ingeniero, de mi función de padre y de ser muy sincero, si otras
personas me dicen que soy un pésimo profesional, que soy un
mal padre que no quiere a sus hijos, o que soy un mentiroso
compulsivo, me voy a sentir fatal y voy a intentar convencer
a la otra persona de que no es así. Voy a intentar defender mi
etiqueta, mi «honorabilidad». Pero si la etiqueta que me critican

yo no siento que es mía, no estoy identificado con ella, no se genera una emoción negativa. Por ejemplo, si me dices «eres un pésimo torero» o un «astronauta inepto», no sentiré nada, porque no tengo ninguna identificación con esas etiquetas.

**Práctica: emociones negativas
por el desafío de las etiquetas**

Adopta la postura de meditación. Recuerda alguna situación interpersonal reciente en la que alguien te dijese algo que te generó una emoción negativa. Recuerda sus palabras con la mayor exactitud posible. Relaciónalo con el ejercicio de las etiquetas hecho anteriormente. Esa persona desafió alguna de tus etiquetas ¿Puedes identificar cuál? Puedes ver cómo, aparte de sentirte mal (porque no reconocen tus etiquetas), realizarías alguna maniobra para restablecer tu buen nombre en ese aspecto tan importante para ti. Observa el proceso. Si no te hubieses identificado con la etiqueta en cuestión, ¿podría generarse una emoción negativa? Ves que tampoco aparecería una emoción positiva si te halagasen en ese sentido. Es como si te dicen: «Eres un excelente torero». No es tu etiqueta.

En última instancia, la emoción negativa es el desafío de la etiqueta, pero, también, el reconocimiento de una necesidad profunda que tenemos todos nosotros. Esa necesidad profunda es el anhelo básico del yo, que consiste en ser querido, en ser reconocido, en sentirse unido a los otros para escapar de esa sensación de soledad inmensa que tiene el yo, porque se siente separado del mundo.

La historia de Wei

Para terminar, incluimos una parábola clásica oriental que describe la aceptación. La clave, cuando nos sucede alguna cosa en la vida, es no interpretarla. Primero, porque nos condiciona; y segundo, porque realmente nunca sabemos si lo que nos ocurre es bueno o malo. Las interpretaciones rápidas que solemos hacer pueden estar muy equivocadas. La recomendación es no juzgar y vivir con mente de principiante lo que nos ocurre. Esa es la clave:

Wei era un ganadero que vivía en la antigua China. Poseía algunas cabezas de caballos. Un verano, el rebaño se fue a la montaña cercana, con lo que parecía que Wei se había quedado sin ganado. Los vecinos del pueblo le dijeron:
    –Tiene que estar muy triste, señor Wei. Está arruinado.
    –Puede que sí, pero puede que no –contestó Wei.

Cuando llegó el invierno, el rebaño volvió al pueblo, pero muchas yeguas habían tenido crías, y su número era mucho mayor. Algunos del pueblo comentaron:
    –Señor Wei, tiene que ser muy feliz. Ahora es rico con tanto ganado.
    –Puede que sí, pero puede que no –volvió a contestar Wei.

Algunos meses después, el hijo primogénito del señor Wei (la cultura china tradicional priorizaba a los varones primogénitos) sufrió un accidente con los caballos y se lesionó la columna. Debía guardar cama durante muchos meses. Los vecinos le dijeron:

–Tiene que estar hundido, señor Wei. Su hijo primogénito no podrá trabajar durante meses. Qué gran desgracia.

–Puede que sí, pero puede que no –contestó otra vez más Wei, inmutable.

Pocos meses después, China entró en guerra con Manchuria, y el emperador ordenó la leva de los hijos primogénitos de todo el país, quienes deberían ir a la guerra. Las personas de la aldea le dijeron:

–Tiene que estar muy feliz, señor Wei. Su hijo se salvará, mientras que todos nuestros hijos morirán en la guerra.

–Puede que sí, pero puede que no –contestó, como siempre, Wei.

Uno nunca sabe si lo que le ocurre es bueno o malo. Cualquier etiqueta no es la realidad.

6. ¿Por qué creemos que el yo existe?

> El mundo es una ilusión.
> Solo *Brahman* es real.
> El mundo es *Brahman*.
>
> RAMANA MAHARSI

Las asunciones distorsionadas del yo

Creemos que el yo existe porque damos por buenas, de forma inconsciente, cinco asunciones distorsionadas en relación con el yo. Son las siguientes:

1. Continuidad: tenemos la idea inconsciente de que nuestro yo es una entidad que se crea en el momento en que venimos al mundo y desaparecerá cuando fallezcamos. Sentimos que es el actor de nuestras acciones, el pensador de nuestros pensamientos, el que siente nuestras emociones y nuestras percepciones y habita en este cuerpo. Y sentimos que, aunque pueda haber pequeños o grandes cambios, a lo largo de los años, en nuestra forma de ser, pensamientos y sentimientos, se mantiene una especie de «esencia básica», de algo inmutable, de principio a fin.

Si lo analizamos bien, podemos ver que esa sensación de continuidad se mantiene, básicamente, por la memoria. Ella es la que recuerda todo lo que nos ha pasado en la vida. Realmente, lo recuerda desde los 2-3 años, cuando aparece el lenguaje. Antes son memorias corporales: así, por ejemplo, si hemos sido abusados o maltratados, el cuerpo lo recuerda. La memoria es testigo de los hechos que han ocurrido y organiza una sucesión temporal de todas nuestras experiencias, lo que facilita esa sensación de continuidad.

Práctica: desafiando la continuidad del yo

Siéntate cómodamente e imagina por un momento que sufres un accidente y desarrollas un trastorno neurológico consistente en perder la memoria. Ya no tienes recuerdos de nada que te haya ocurrido.

Conecta con cómo sentirías tu yo en ese momento. No hay ningún recuerdo del pasado y nadie que te rodea te conoce, por lo que no pueden ayudarte a «recomponer» tu yo. ¿Cómo sentirías el yo en ese momento?

Puedes imaginar también que tres personas diferentes empiezan a comentarte tu pasado, pero las versiones no coinciden. Hay discrepancias sobre tu edad, dónde naciste, las cosas que te han pasado o cómo has reaccionado ¿Cómo sentirías el yo? Seguramente, te identificarías con el relato que más te gustase, pero los gustos están basados en la visión del yo. ¿Cómo sabes lo que te gusta?

Por último, imagina que te dan una versión única del yo, sin contradicciones, pero no te sientes identificado con ella. Te sientes como un impostor, como que no es verdad. ¿Cómo sentirías el yo?

2. Coherencia o sensación de un único yo: pero no basta solo con la continuidad, basada en la memoria. Esta tiene que ir acompañada de una sensación de coherencia biográfica. Si sintiésemos que estamos dando bandazos continuamente en nuestras acciones, sentimientos o pensamientos, creeríamos que estamos poseídos por otro yo o espíritu, o que coexisten varios yoes. Eso haría que se perdiese la percepción de continuidad. Nosotros tenemos la sensación de ser una única persona, no dos, tres o más.

Pero, claro, no somos coherentes. Hay contradicciones:

- En un momento dado: entre varios aspectos de nuestro yo. Ya hemos descrito anteriormente que yo puedo desear ir al cine, mi cuerpo me dice que está cansado y no tiene ganas, y mi pensamiento duda de si vale la pena el esfuerzo de desplazarse a la sala; por tanto, el yo no sabe qué hacer.
- A lo largo de la vida: han podido ser muy cambiantes nuestras emociones (p. ej., nos hemos enamorado de múltiples parejas de forma rápidamente secuencial), nuestros pensamientos (p. ej., hemos cambiado de ideología política bruscamente varias veces), nuestros deseos o conductas (p. ej., hemos cambiado muchas veces de trabajo, sin motivo claro).

Nuestra mente busca de manera compulsiva interpretar y dar explicaciones de lo que nos ocurre o de lo que hacemos, siempre basándose en nuestra historia biográfica previa. Todo lo que hacemos, pensamos o sentimos está interpretado por nuestra mente para que tenga coherencia con nuestra biografía. Así, nuestra biografía es el pasado interpretando el presente en busca de coherencia.

Esta contradicción biográfica, debida a la inexistencia del yo, es recogida por las tradiciones religiosas. Por ejemplo, en el cristianismo, cuando Jesús llega a la región de los gerasenos, un hombre endemoniado, que andaba por los sepulcros y al que no podían contener ni con cadenas, se acercó a Él para que lo liberase. Jesús le dijo: «Espíritu inmundo, sal de este hombre». Y le preguntó: «¿Cuál es tu nombre?». A lo que el demonio contestó: «Me llamo legión, porque somos muchos» (Marcos 5, 1-20).

También la psiquiatría lo reconoce, así el *Manual diagnóstico y estadístico de los trastornos mentales* o *DSM* por sus siglas en inglés (APA, 1995), la clasificación psiquiátrica de enfermedades más utilizadas a nivel internacional, describe el trastorno múltiple de personalidad como «la presencia de dos o más identidades o estados de personalidad, cada una con un patrón propio y relativamente persistente de percepción, interacción y concepción del entorno y de sí mismo».

**Práctica: desafiando la coherencia
del yo a lo largo del tiempo**

Siéntate en una posición cómoda. Piensa en algunas contradicciones a lo largo de tu vida en relación con sentimientos, acciones o pensamientos. Te pueden servir los ejemplos que hemos comentado anteriormente (cambios de trabajo; cambios de ideología del tipo que sea, no solo política; cambios afectivos en relación con parejas, amigos o familiares).

¿Cómo explicas esas variaciones? Habitualmente, solemos contestarnos que se ha producido por circunstancias externas que nos han

▶

influido. O a veces lo explicamos también por sucesos internos, como que cambiamos de forma de pensar, de forma de ver el mundo. Cuando ninguna explicación nos convence, la que solemos darnos es que «Yo soy así» (es decir, contradictorio, impredecible). En ese momento solemos identificarnos más con la originalidad del yo, que luego desarrollaremos, que con la coherencia, y nos sentimos bien.

Si no hubiese interpretación de los hechos, como ocurre en mindfulness conforme se va parando el diálogo interno, ¿qué pasaría?

3. Originalidad: otro aspecto clave es que nuestro yo se siente único. Yo me siento diferente a todos los demás y, en general, mejor que la mayoría, por lo menos en algún aspecto concreto. Si yo fuese exactamente igual que todos los demás, con las mismas etiquetas, la misma biografía y la misma formación, ¿por qué me aferraría a mi yo si es idéntico al resto de yoes? La diferencia, la separación, lo distinto es la esencia del individualismo y, en su expresión máxima, del narcisismo. La homogeneización, la igualdad en todo, la lucha contra la identidad personal es la base del comunismo, y es lo que han intentado dictaduras socialistas extremas como en Albania, Corea del Norte, Camboya o Cuba. El marchamo que estructura esta identidad única, esta diferencia, es nuestro nombre. La identidad con nuestro nombre es lo que certifica que somos únicos. En la Edad Media y en épocas posteriores, la gente moría en duelos solo por defender la honorabilidad de su nombre. Era preferible perder la vida a la honra.

Práctica: desafiando la originalidad del yo

Adopta la postura de meditación habitual. Puntúa la sensación del yo ente 0 (nada) y 10 (máxima).

1. Repite mentalmente tu nombre unas cuantas veces, de forma lenta, como si fuera un mantra. Observa cómo tu sentido del yo se exacerba y puntúalo de 0 a 10. Intenta que no aumente tu sensación de yo cuando piensas en tu nombre. Observa si puedes conseguirlo.
Imagina que no tuvieses un nombre. Que la gente te llamase simplemente «Tú», «Hombre» o «Mujer» u «Oye». Llámate a ti mismo con cualquiera de estas fórmulas. ¿Cómo está tu sensación del yo? Liga a «Tú» u «Oye» toda tu biografía. ¿Cómo te sientes? Puntúa de 0 a 10 el yo.

2. Imagina que todos nos llamásemos igual, que no tuviésemos nombres diferentes al resto. Imagina que toda la humanidad se llama como tú, con tus nombres y apellidos. Cuando dices tu nombre, piensa que todos se sienten aludidos, no solo tú. Tus amigos, familiares, todos los que conoces y no conoces se llaman como tú. Repite tu nombre, sintiendo que toda la humanidad responde ¿Exacerba tu nombre la sensación de un yo? Puntúalo de 0 a 10 en esas circunstancias.

3. Por último, piensa que en ese accidente en que has perdido la memoria, has olvidado tu nombre y te lo han cambiado. Ahora te llamas Juan(a) Pérez González. Repite ese nombre interiormente e identifícate con él. ¿Cómo te sientes? Puntúa la sensación del yo de 0 a 10. Termina la práctica cuando consideres.

---

4. Control: sentimos que el yo puede ejercer un intenso control, tanto sobre nuestro cuerpo como nuestra mente. Y, a menudo, en un rapto de locura, nos gustaría extender este control sobre las otras personas y sobre el mundo en general. El niño, en su desarrollo psicológico y emocional, hacia la edad de 2 años, presenta berrinches o rabietas, cuando ve que no puede controlar el mundo. Nuestras rabietas son similares.

En relación con el cuerpo, podemos recordar cuánto sufrimiento nos produce no poder controlarlo: querríamos que fuese de diferente forma a como es (altura, color de pelo, ojos), más bello (y por eso buscamos operaciones de cirugía estética), más delgado (y nos ponemos a dieta), más musculoso (e intentamos hacer ejercicio). Una enfermedad es el máximo ejemplo de no controlabilidad de nuestro cuerpo y de frustración y sufrimiento por padecerla.

Lo mismo podríamos decir en relación con la mente. Nos gustaría controlar nuestras emociones (a veces queremos a alguien que no nos quiere y desearíamos que no fuese así), pensamos cosas que no aceptamos (desear que fallezca nuestro padre que lleva años sufriendo alzheimer), o hacemos cosas que no queremos (las adicciones o la falta de seguimiento de una dieta son un buen ejemplo).

El cuerpo es más evidente que no lo controlamos, pero en la civilización occidental, siempre hemos querido pensar que la mente sí la controlábamos. De hecho, el Noveno Mandamiento de la ley de Dios dice: «No tendrás pensamientos ni deseos impuros». Este mandamiento no existiría en tradiciones como la budista, porque se asume que no podemos controlar nuestros pensamientos; por tanto, ¿cómo podría ser pecado? Incluso en el cristianismo se hace referencia a esta dificultad casi insoluble. Como dice el apóstol san Pablo en Romanos 7, 15: «Porque lo que hago no lo entiendo, pues no hago lo que quiero sino lo que aborrezco».

No podemos controlar nuestro yo, y el Buda enfatiza este hecho. *El Discurso menor a Saccaka* recoge un diálogo con Saccaka, un reputado maestro jainista de Vesali, que reproducimos a continuación.

Saccaka afirma: «Este cuerpo es mi ser, las sensaciones son mi ser, las percepciones son mi ser, las inclinaciones son mi ser y la consciencia es mi ser».

¿Qué opinas Saccaka –preguntó el Buda–, un rey ungido, como el rey Pasenadi de Kosala o el rey Ajatasattu de Magadha, ejercería el poder en su propio reino ejecutando a aquellos que deban ser ejecutados, sancionando a aquellos que deban ser sancionados y desterrando a aquellos que deban ser desterrados?

Saccaka responde que los gobernantes de cualquier comunidad tienen derecho a hacer este tipo de cosas. El Buda confirma que así deben actuar los reyes para proteger la integridad del reino frente a quienes intentan debilitarla. (Este discurso no trata sobre la ética o sobre la no violencia, por eso el Buda no entra a si es justo o no ejecutar, sino que compara el control que los reyes poseen sobre su comunidad con la afirmación de Sacakka de que su ser son los cinco agregados, porque aunque «son suyos», no los controla como un rey lo hace con su reino).

¿Qué opinas Saccaka? –pregunta el Buda–. Cuando afirmas que este cuerpo es mi ser, ¿ejerces tanto control sobre el cuerpo como para decir "que mi cuerpo sea así" o que "mi cuerpo no sea así"? Tras estas palabras Saccaka guardó silencio.

> (*Majjhima Nikaya 35. Nanamoli y*
> *Boddhi 1995,* págs. 325-26)

Tenemos una idea poco realista sobre el poder que ejercemos sobre nuestro cuerpo y nuestra mente cuando decimos que son «yo» o «míos». Realmente son fenómenos transitorios, cambiantes, impersonales y fuera de nuestro control. No podemos ordenar al cuerpo que esté sano, en vez de enfermo, ni ordenar a las sensaciones que sean agradables, en vez de desagradables. Como se ve, el control que ejercemos sobre nuestro yo es nulo, a diferencia del poder real que ejercía un rey de la antigüedad sobre sus súbditos.

**Práctica: desafiando la controlabilidad
de cuerpo y mente**

Siéntate en un lugar tranquilo. Trae a la mente una situación reciente en la que no controlaste algún deseo, que situamos básicamente en el cuerpo (adicción, sexo, pereza). ¿Cómo ocurre ese proceso de lucha? ¿Quién intenta controlar? ¿Dónde está el controlador? ¿Por qué no pudiste controlarlo?

Ahora trae a la mente una situación reciente en la que no controlases tus emociones o tus pensamientos (la mente genera pensamientos rumiativos que no deseas, aparecen emociones tristes que no quieres que surjan). ¿Cómo ocurre ese proceso de lucha? ¿Quién intenta controlar? ¿Dónde está el controlador? ¿Por qué no pudiste controlarlo?

---

5. Independencia o no-dualidad: este último aspecto es más difícil, no solo de experimentar, sino siquiera de imaginar, y suele requerir la práctica de la meditación. Hemos hablado del yo como observador. Cuando lo observado es interno, como pensamientos, emociones o impulsos, el observador es más difícil de ver, porque se fusiona con el objeto observado, en este caso el fenómeno mental, y no existen diferencias, a menos que haya metacognición. Al observador es más fácil sentirlo cuando observamos objetos «externos» a la mente: cuando vemos una casa u oímos a un pájaro. La casa y el pájaro están «ahí afuera», mientras que el observador esta «dentro» de nosotros, en una posición que sentimos como detrás de los ojos.

Sin embargo, la idea que tienen mindfulness y las tradiciones contemplativas es que observador y observado no son independientes sino interdependientes. Como decía el místico hindú Jiddhu Krishnamurti: «El observador es lo observado». Esto tendría múltiples interpretaciones, algunas erróneas según mindfulness; por eso, podríamos transcribirlo como «el observador no existe de forma independiente de lo observado». Si observamos el sol, el objeto influye en el observador. Si observamos la ira, somos parcialmente la ira y nos modifica. En antropología y ciencias sociales es bien conocido que el observador de un fenómeno sociológico cambia el fenómeno. Si un antropólogo occidental observa una tribu con apenas contacto con la civilización, no están actuando como lo harían habitualmente, porque hay un extraño observando. Considerar que el yo es independiente de lo observado es pensar que puede existir una entidad aparte que pueda observar lo que sea sin mezclarse y sin influenciarse por ello.

Práctica: desafiando la independencia del yo, la dualidad observador-observado

Adopta la posición de meditación. Pon atención a los sonidos. Dependiendo del entorno, oirás pájaros, coches, personas hablando... Da igual, no generes juicios ni ninguna cognición. Observa dónde aparecen los sonidos. Generalmente, uno siente que es en la zona de los oídos, justo en el límite de nuestro cuerpo, en la zona donde tenemos esos órganos.

Sin embargo, siente ahora que tu conciencia se expande y que no se limita al cuerpo. Siente como si pudieses lanzarla al lugar donde se está produciendo el sonido: donde canta el pájaro, chirría el coche o habla la gente. Es posible que tengas la percepción de que el sonido se genera allí, en ese lugar, y no en nuestros oídos. ¿Qué explicación le darías a esa experiencia?

Reflexionando sobre la sensación del yo

Según todo lo que hemos contado sobre por qué creemos que el yo existe, ¿cuál es nuestra experiencia?

El cuerpo da la sensación de ser claramente un continuo desde que nacemos hasta que morimos. Aunque, en realidad, está constantemente cambiando, como lo demuestra el proceso de envejecimiento o las enfermedades. Los estudios dicen que cada siete años cambian casi todas las células del cuerpo. Respecto al control, es evidente que no tenemos ninguno: enferma cuando quiere y no hemos podido conseguir el aspecto físico que deseamos. No es uno, porque está compuesto de muchas partes, y no es independiente, porque requiere de continuo aporte de agua y nutrientes, porque, si no, moriría.

Los pensamientos, emociones e impulsos no muestran continuidad, están siempre cambiando. No están bajo nuestro control: no pensamos, sentimos o actuamos como queremos, sino que estamos peleando continuamente con estos tres aspectos, sin éxito. No son independientes, sino que surgen basándose en estímulos externos o en la memoria. Y no son uno solo, tenemos múltiples emociones encontradas entre sí, pensamientos diferentes y contradictorios e impulsos divergentes entre ellos.

Por último, si creemos, como la mayoría de las personas, que el yo es el observador, el ensamblaje de todos estos elementos, vemos que no podemos encontrar el lugar donde está, con lo cual la continuidad no se sostiene. El yo no está bajo nuestro control, la mayor parte del tiempo depende de las circunstancias externas (los sucesos que nos ocurren) e internas (pensamientos y mociones sobre todo), y es múltiple; en cada situación (como padre, esposo, trabajador, amigo) y en cada momento, generamos yoes distintos.

En suma, y como dice el Buda, el yo está vacío. Le explica a Saccaka, el maestro jainista con quien ya había hablado sobre el control del yo, que buscar el yo es como un hombre que va en busca del corazón de un platanero y corta con un hacha el gran tronco del árbol. «Entonces lo talaría desde las raíces, cortaría su corona y desenrollaría las vainas. Pero, al desenvolverlas, nunca llegaría a encontrar ningún duramen en el núcleo». Con esta analogía, reflexiona sobre la imposibilidad de encontrar un yo nuclear, absoluto. Darse cuenta de esto, «Esto no soy yo, esto no es mío, esto no es mi ser», facilita soltar y desapegarse, conseguir la no reactividad, alcanzando «una visión sin igual que lleva a recorrer el sendero que conduce a la libertad» (*Majjhima Nikaya 35. Nanamoli y Boddhi 1995,* pag. 328).

7. ¿Cómo se genera el yo?

Mientras se moría, Ramana Maharsi
dijo a sus preocupados discípulos:
«Dicen que me muero, pero ¿acaso
podría ir a alguna parte?».

La creación del yo

Vamos a intentar entender cómo la sensación de ser un yo o de tener un yo está tan incrustada en el ser humano. ¿Cómo hemos llegado a creer tan intensamente en algo que es una falacia? Es más, ¿cómo es posible que una gran parte de la humanidad, toda la civilización occidental, ni siquiera se haya planteado seriamente el tema durante miles de años?

Desde la perspectiva budista, se considera que la generación del yo surge por el siguiente proceso:

1. El contacto con percepciones sensoriales y objetos mentales crea la proliferación mental.
2. La proliferación mental crea la sensación de yo. En esta

sección analizaremos los cuatro factores que disminuyen la proliferación.

3. El yo se apega a los objetos y se reifica.

Posteriormente entenderemos el modelo del yo desde la perspectiva budista y acabaremos con una cita del Buda, cuando alcanza la Liberación, que nos indica cuál es la base sobre la que se estructura el yo.

El contacto crea la proliferación mental

Según el *Abhidhamma Pitaka* (Narada Maha Thera 1987; Mendis 2006), que describe de forma exhaustiva las bases de la filosofía budista, la actividad mental en el ser humano se estructura de la forma que sigue. Lo que relatamos aquí es una versión simplificada y basada en el modelo de Grabovac y cols. (2011).

Según este modelo, la toma de conciencia (*awareness*) se produce cuando un objeto sensorial (p. ej., un sonido) entra en nuestro campo de percepción y hace contacto con un órgano de los sentidos (p. ej., el oído), produciendo una impresión sensorial; o cuando un objeto de cognición (emoción, pensamiento) surge en la mente. Recordemos que, en el budismo, la mente es el sexto sentido, y funciona exactamente igual que los otros cinco sentidos, no existiendo diferencia entre la toma de conciencia que se produce con las impresiones sensoriales y con las cogniciones. Por eso se trabajan igual en la meditación. Igual que no nos identificamos con los objetos sensoriales, no deberíamos identificarnos con pensamientos y emociones.

En el budismo se considera que los recursos atencionales son limitados y que el individuo solo puede ser consciente de un objeto en cada momento. La experiencia de una corriente continua de conciencia ocurre por la rápida serie de impresiones sensoriales y objetos mentales que surgen y desaparecen, de forma similar a los fotogramas seguidos en una película de cine, que transmiten la sensación de movimiento. Este proceso es extremadamente rápido y, a cada segundo, pueden aparecer docenas de estos fenómenos.

En cuanto aparece cualquiera de estos fenómenos, necesariamente se genera un tono afectivo hacia cada uno de ellos, que puede variar entre agradable (me gusta), desagradable (no me gusta) o neutro (ni agradable ni desagradable). El tono afectivo no es una emoción del tipo alegría, tristeza, ira o miedo, sino cómo catalogamos la toma de conciencia de ese fenómeno: agradable, desagradable o neutro. Como el proceso es tan rápido, tanto las impresiones sensoriales y objetos mentales como sus tonos afectivos pueden pasar desapercibidos a nuestra conciencia, pero pueden constituir desencadenantes de otros pensamientos o emociones que nos pueden producir sufrimiento. Nuestra reacción habitual es perseguir aquello que nos gusta y evitar lo que no nos gusta, lo cual se denomina, en el budismo, apego y aversión, respectivamente. Los tonos afectivos neutros nos generan indiferencia. Estas «reacciones» al tono afectivo se expresan como nuevos fenómenos mentales: emociones, pensamientos o deseos. La asunción que predomina en la mayoría de seres humanos y culturas es que es el OBJETO el que nos produce atracción o rechazo, pero, desde la perspectiva del budismo, la clave no es el objeto, sino el tono afectivo hacia el objeto.

Por ejemplo, imaginemos que vemos un pastel. Para la mayoría de las personas, basándose en sus experiencias y condicionamientos previos, esa percepción sensorial del pastel va unida a un tono afectivo agradable. Casi inevitablemente, se generará apego, el deseo de conseguirlo, y los fenómenos mentales (pensamientos, emociones e impulsos) destinados a conseguirlo. Por el contrario, para una minoría de personas, también basándose en sus experiencias y condicionamientos previos, esa percepción del pastel se asociará a un tono afectivo desagradable: esto generará rechazo, que se expresará como fenómenos mentales (pensamientos, emociones e impulsos) tendentes a evitarlo. Cada uno de estos fenómenos mentales generados como reacción, a su vez, serán catalogados como agradables o desagradables y serán semilla de nuevos fenómenos mentales en un proceso sin fin. En pocos segundos, los fenómenos mentales que estén apareciendo en la mente habrán sido producidos, pero no tendrán ya ninguna relación con el fenómeno sensorial primario que los ha producido. Por ejemplo, el pastel me ha producido apego, ha generado el deseo de comprarlo, soy consciente de que no tengo dinero porque llevo meses en paro, y me siento culpable y fracasado por mi negativa situación laboral y económica. Esto ha ocurrido en menos de 30 segundos en mi mente, y lo que me está produciendo ahora sufrimiento (ser consciente de mi situación económica) es una sensación desagradable que, originalmente, se produjo por la sensación agradable que generó apego hacia el pastel. Como se ve, ya no existe ninguna relación respecto al contenido entre el deseo del pastel y el sufrimiento por mi situación económica; pero el sufrimiento se ha generado.

A todo este proceso se le denomina en el budismo «proliferación mental», y define los fenómenos mentales desencadenados por una percepción sensorial o un fenómeno mental inicial. No ser consciente de cómo se produce todo este proceso hace que se convierta en habitual, en nuestra forma normal de funcionar, constituyendo la base del diálogo interno. Veremos, cuando hablemos de la práctica de la meditación deconstructiva, que la clave de lo que el Buda llamaba «morar en la vacuidad» es evitar este proceso de proliferación mental. Y, en la sección de prácticas deconstructivas, tanto cuando hablemos de «Morar en la vacuidad» (práctica informal) como en las «Prácticas deconstructivas como tales», hablaremos de que una de las habilidades clave que permite la no proliferación mental es hacerse consciente en todo momento, y ante la percepción de cada objeto, de las tres marcas de la existencia: el sufrimiento, la impermanencia y la sustancialidad. Esta enseñanza budista nuclear la desarrollaremos en capítulos posteriores.

Práctica: el contacto conduce a la proliferación mental

Adopta la postura de meditación. Pon la atención en los contenidos mentales (pensamientos, emociones e impulsos, principalmente). Observa que algunos pensamientos aparecen, tomas conciencia de ellos y desaparecen. Eso sería morar en la vacuidad. Vas a observar que otros pensamientos generan nuevos pensamientos y emociones y resulta muy difícil hacerse consciente de ello por la fusión cognitiva de la conciencia con estos procesos. Observa el proceso: ¿por qué unos procesos sensoriales y fenómenos cognitivos producen proliferación mental y otros no? En parte, por la atracción/repulsión que nos producen y, en parte, porque baja el nivel de atención y cedemos a ese proceso. Mantén el ejercicio unos minutos e intenta extrapolarlo a la vida diaria, fuera de la práctica formal.

La proliferación mental crea
la sensación del yo

Esta inadecuada gestión de los fenómenos sensoriales y cognitivos produce la proliferación mental. Tenemos la experiencia de que estamos meditando, por ejemplo, poniendo la atención en la respiración, y percibimos una respiración, pero, a menudo, ocurre que no notamos la siguiente hasta 2-3 minutos después. En ese intervalo, nuestra mente ha caído presa de una sucesión de pensamientos que se han generado de manera pasiva, no los hemos pensado voluntariamente nosotros. Ahí nos damos cuenta de que nosotros no controlamos la mente, de que nuestro deseo, que es la base del «modo hacer», no sirve en este proceso de entrenamiento mental.

En este momento, sentimos que más interesante que prestar atención a la respiración, a los fenómenos sensoriales o cognitivos, es observar pensamientos y emociones del pasado o del futuro, de la familia o del trabajo, fantasear sobre nuestra realidad, o centrarnos en nuestra autoimagen. Estos trenes de pensamientos no ocurren de forma lineal, lógica y ordenada, sino de forma absolutamente caótica, saltando salvajemente de un pensamiento a otro aunque no tengan relación. Cuando esto nos ocurra, no debemos pensar que es un fallo de nuestra meditación, sino la forma de funcionar estándar que tiene la mente. En ese momento, lo que conviene hacer es volver la atención a la respiración o al cuerpo, y esa es la forma en la que podremos progresar.

Hay que tener claro que los pensamientos no son nuestros enemigos. El objetivo de la meditación no es tanto tener menos pensamientos, sino entender cómo funciona la mente. Y cuando más lo entendemos es cuando aparecen menos pensamientos y emociones. La meditación consiste en darse cuenta de lo importantes que son los pensamientos en nuestra vida: todas nuestras decisiones están basados en ellos; sin embargo, cuando los observamos, son simples fenómenos mentales que aparecen y desaparecen, sin tener consistencia sólida.

El Buda describió el proceso de la proliferación en un discurso llamado *La bola de miel* (*Majjhima Nijkaya* 18). En él, un hombre se acercó al Venerable y le preguntó en tono agresivo qué enseñaba. El Buda contestó que lo que enseñaba era que no vale la pena discutir con nadie en el mundo y que la percepción adecuada daba soporte a esa forma sabia de pensar. El hombre se fue frustrado porque no había podido tener una discusión, pero los discípulos le pidieron que explicase qué había querido decir. Así, el Buda dio uno de los discursos más importantes respecto a cómo se produce el apego y se genera el yo:

Dependiendo del ojo y de las formas, surge la conciencia visual. La coincidencia de los tres es el contacto.* Con el contacto como condición, surge un tono afectivo.** Lo que uno siente es lo que

---

* Este fenómeno del «contacto» en el budismo, que surge de los seis sentidos (incluyendo la mente como un sentido más), es la fuente de todo el proceso de proliferación mental si no se gestiona bien.

** El impacto puede ser leve (p. ej., el canto de un pájaro en la lejanía) o intenso (el ruido de una sirena de policía). Los contactos leves pueden ser obviados por la mente. Aquellos que decidimos observar generan un tono afectivo. Ya hemos dicho que esto no es una emoción (alegría, tristeza, etc.), sino la evaluación de si esa sensación o fenómeno mental (pensamiento, emoción) nos resulta agradable/desagradable (me gusta/no me gusta) o neutro. Del tono surge el apego o la aversión.

percibe.* Sobre lo que uno percibe, piensa.** Sobre lo que uno piensa, surge la proliferación mental.*** Con lo que uno ha proliferado como fuente, los pensamientos y las emociones surgidas de la proliferación nos acosan y nos llevan al pasado, al futuro y al presente, generando nuevas percepciones sensoriales y fenómenos cognitivos»****

(*Majjhima Nikaya 18,16; Nanamoli y Bodhi 1995*, pág. 203)

Está claro con este texto del Buda cómo surge la proliferación, pero ¿cómo la proliferación genera el yo? Vemos que la proliferación mental es el sinónimo de una mente que divaga. Y todas estas divagaciones mentales tienen como centro un

---

* Una vez que surge el tono afectivo, nuestra atención vuelve hacia el objeto, al menos por un momento. La mente trata de reconocer el objeto e incluirlo en una categoría ya conocida (p. ej., canto de pájaro, alarma). Esto ocurre de manera automática, sin ningún esfuerzo por nuestra parte. Ocasionalmente, si el objeto es desconocido, la mente no reconoce, no categoriza el objeto, por lo que intenta situarlo en una categoría conocida.

** Una vez que hemos reconocido el objeto, pensamos sobre él: desde nuestras experiencias previas con ese objeto, hasta intentar explicar la realidad (por qué canta el pájaro, dónde va la policía) u otros pensamientos relacionados. No hacemos esto con cada objeto sensorial, pero sí ocurre que todo lo que pensamos está relacionado con alguno de los muchos objetos que hemos percibido.

*** Aunque los pensamientos iniciales están relacionados con el objeto (p. ej., ¿dónde irá la policía cuando hemos oído la sirena?), de pronto la mente va por pensamientos asociados que, en pocos segundos, no tienen nada que ver con el objeto (p. ej., pensamiento 1: seguro que ha sido un crimen; pensamiento 2: hay demasiada inseguridad en este país; pensamiento 3: tengo que emigrar a otro país). Esto es lo que llamaría Freud «asociación libre», y en el budismo se denomina «proliferación mental».

**** Esta es la clave. Los pensamientos que se generan continuamente nos llevan al pasado y al futuro, y empiezan a estructurarse de forma independiente, hasta que nos acosan y no podemos dejar de pensar en ellos. Tenemos la experiencia de que, por ejemplo, un pequeño pensamiento sobre la pareja puede llevarnos a replantearnos algún aspecto de la relación y a querer hablar con ella sobre tal o cual tema, en una rumiación que no podemos quitarnos de la cabeza. A su vez, estos pensamientos son la fuente de nueva proliferación, en un proceso inacabable.

único tema: el «yo»; lo que me gusta y no me gusta, lo que quiero y no quiero, lo que temo, lo que odio, lo que creo. Y es un proceso que no se puede parar y que genera un discurso mental continuo. Este diálogo interno empieza a aparecer hacia los 2 años de forma inicial, y se va estructurando con el tiempo, hasta que, hacia los 7 años, está completamente establecido y ya no nos abandonará nunca. Estos pensamientos son los que generan la idea de que existe un yo caracterizado por lo que me gusta, lo que quiero, lo que creo. Con el tiempo, esa idea del yo genera nuevos pensamientos y estructura el mundo. Genera un patrón de percepción basándose en sus ideas preconcebidas. Le gustan unos alimentos u otros, unas personas u otras, unos pensamientos u otros, según todas las etiquetas que ese supuesto yo ha ido creando sobre sí mismo y sobre lo que le gusta y no le gusta, quiere y no quiere. Y todo esto se mantiene por el diálogo interno continuo autocentrado. Nos contamos continuamente nuestra historia, la historia del yo, desde que nacimos hasta ahora, y es lo que llamamos biografía, que también es una distorsión.

La pregunta sería: si todo este proceso de pensamiento sin fin es la causa de tanto sufrimiento, ¿por qué seguimos pensando de forma compulsiva? Seguramente, la respuesta es porque la alternativa la sentimos como peor. ¿Cuál es la alternativa? Tomar conciencia de la realidad, de la ausencia del yo, de la no-dualidad. Aunque realmente es liberador, en el inicio puede producirnos terror y preferimos morar en el engaño.

Práctica: observar pensamientos

Adopta la postura de meditación. Focaliza la atención en la respiración y, desde allí, monitoriza los objetos mentales. Nos centraremos en los pensamientos. Disecciona el tiempo de práctica en pequeños intervalos, por ejemplo medio minuto; por ejemplo, tres respiraciones. Intenta observar tres pensamientos que hayan aparecido durante ese periodo. Si lo consigues tres veces, intenta ahora identificar todos los pensamientos que aparecen en ese periodo, sin perderte en ellos. Podrías tomar conciencia de la cadena, cómo uno ha hecho surgir a otro, etcétera. Repite este proceso varias veces. Si lo consigues en varias, puedes ir alargando los tiempos: seis respiraciones, luego diez respiraciones, etcétera. Intenta hacerlo también de vez en cuando en la vida normal, en la práctica informal.

Elementos que regulan la proliferación mental

La proliferación mental viene determinada, según el modelo budista, por cuatro variables principales. Aunque la más importante es la práctica de la meditación *vipassana*, las otras tres son útiles también y deben ser tenidas en cuenta. Son las siguientes:

1. Meditación introspectiva o *vipassana*: Ya hemos insistido en que es la variable más importante. Desde la perspectiva budista, *vipassana* es, como luego veremos, la meditación que se centra en identificar las tres «marcas de la existencia» en cualquier objeto sobre el que se posa. Estas tres marcas, que en capítulos posteriores desarrollaremos, son: 1) la impermanencia; 2) el sufrimiento, y 3) la insustancialidad o la ausencia de yo. Poder comprender experiencialmente estas tres características desarrolla la ecuanimidad. Se define como una cualidad de la conciencia que permite ver el objeto sensorial o cognitivo sin apego ni aversión. Es un estado equilibrado de la mente que observa lo agradable, desagradable y neutro con el mismo interés. La ecuanimidad previene la identificación con la experiencia y, por tanto, que se desarrolle apego o aversión. Permite observar experiencias agradables sin gratificación, lo que evita la reificación del yo. Un error que a menudo se transmite a los estudiantes de mindfulness es que, si uno practica adecuadamente, no experimentará sensaciones o cogniciones desagradables, y esto es un error. Los tonos sensoriales (*vedanas* en sánscrito) se mantienen hasta alcanzar la Iluminación, según el budismo. La ecuanimidad también podría alcanzarse mediante la regulación atencional, pero, si se consigue de esta forma, es mucho menos duradera y difícil de mantener en la vida diaria.

2. Meditación para la regulación de la atención o *samatha*: durante la práctica formal, dirigir la atención a las sensaciones de la respiración corta, para cortar la proliferación mental. En la vida diaria, la práctica informal, prestar atención a las sensaciones corporales, corta la proliferación mental. El efecto, en ambos casos, es puntual y poco duradero, ya que, cuando la atención disminuye, la proliferación vuelve a aparecer. Ahora bien, es una técnica útil cuando la proliferación nos hace sufrir. Una crítica que se ha hecho al mindfulness estándar, por ejemplo al MBCT, es que usar a menudo la regulación emocional, mediante el espacio o práctica de los tres minutos, cuando se experimenta una sensación o pensamiento desagradables, puede reforzar las reacciones aversivas a las sensaciones desagradables, y no se trata de eso, sino de desarrollar la ecuanimidad.

3. Aceptación: la aceptación permite disminuir toda la prolife-ración mental que surge del tono afectivo de la aversión, porque el experimentador no tiene que evitar aquello que no le gusta. También se evita toda la proliferación mental relacionada con la no aceptación del yo, como los pensamientos y emociones de culpa y autocrítica.

4. Ética: el budismo preconiza un código ético que incluye: 1) no matar; 2) no robar; 3) no tener sexo ilícito; 4) no mentir, y 5) no tomar intoxicantes. La razón es porque estas actividades nublan nuestro juicio (Thanissaro, 1997). Desde la perspectiva budista, una vida ética facilita que haya menor proliferación mental, porque el meditador experimentará menos culpa, preo-cupaciones y dudas, que constituyen una fuente inagotable de diálogo interno. Lógicamente, la ética a su vez puede ser una fuente de conflicto por la pelea interna entre el bien y el mal; algo de lo que siempre han alertado las doctrinas no-duales.

Práctica: la ética disminuye la proliferación mental

Adopta la postura de meditación. Piensa en alguna situación en los últi-mos años en la que tuviste la sensación de que no actuaste de una forma ética, por la razón que sea. Observa cómo te sentiste, qué pensaste y cómo se resolvió aquello. Y viceversa, piensa en alguna situación similar en la que sí actuases con ética. Observa de nuevo los pensamientos y emociones. ¿Hay diferencias? Un mínimo marco ético es imprescindible para disminuir la proliferación mental, ya que la falta de ética suele provo-car preocupación y culpa.

El yo se apega a los objetos y se reifica

Otro de los aspectos clave en la estructuración del yo es el apego a las cosas. En el budismo, esto significa las relaciones que establecemos con aquello que experimentamos y que se caracterizan por no querer que pasen y desaparezcan; en suma, por no aceptar su impermanencia. Nos apegamos a las personas, a los objetos, a los lugares y a las experiencias. La lista puede ser interminable: la salud, el buen nombre, el cuerpo, la pareja y familia, los amigos, la situación económica, el trabajo, la apariencia física. La duración del apego puede ser desde toda la vida, como es el caso de nuestro cuerpo y nuestra imagen, hasta solo segundos, como puede ser una puesta de sol o un rostro bonito. Como diría Goethe en *Fausto*: «Détente instante, eres tan hermoso». El problema es que, cuando nos apegamos a algo, somos dependientes de ello y nos apoyamos en ello. Cuando la impermanencia y el cambio afectan a uno de nuestros objetos de apego, el sufrimiento es máximo.

El proceso por el que se produce el apego es el que hemos descrito al principio del capítulo: el contacto con un objeto sensorial produce un tono afectivo, eso lleva al deseo de que vuelva a repetirse y genera el apego y las conductas que nos llevarán a ese deseo. Un ejemplo simple lo tenemos cuando vamos a un restaurante y tomamos una buena comida (contacto), que nos produce una sensación agradable, del tipo: «Me gusta» (tono afectivo). Esto genera el deseo de volver a tomar esta comida en el futuro, y tomamos nota de los datos del restaurante para volver (apego). Este es un ejemplo sencillo y menor, pero es igual en todo lo demás. El yo, finalmente, es el conjunto de todos nuestros apegos y aversiones que hemos ido desarrollando a lo largo de la vida, siendo el mayor apego el que generamos por esa propia idea de nosotros mismos.

Este apego al yo es tan intenso que, en los últimos años, nuestro grupo ha considerado que se trata de una auténtica adicción, y lo hemos denominado «adicción ontológica». Hemos insistido en su parecido con otras adicciones, con y sin sustancia, así como en el hecho de que cumpla los criterios diagnósticos que exigen las clasificaciones psiquiátricas; sin embargo, el tratamiento sería diferente, ya que está basado en la meditación deconstructiva (Van Gordon y cols., 2018).

Uno de los ejemplos de desapego aparece en el Canon Pali, de la mano del discípulo del Buda Sariputra, quien, tras salir de un retiro de meditación, comparte su experiencia con los otros monjes:

Amigos, cuando estaba solo en reclusión, surgió esta reflexión en mi mente: «¿Hay algo en el mundo cuyo cambio y alteración produciría en mí pesar, lamentación, dolor, displacer o duelo?». Entonces se me ocurrió: «No hay nada en este mundo cuyo cambio y alteración produciría en mí pesar, lamentación, dolor, displacer o duelo».

(*Samyutta Nikaya 21: 2, Bodhi (2000),* pág. 714)

Hay que aclarar que, en la psicología occidental, se habla de «apego» refiriéndose al vínculo afectivo que se desarrolla ente los hijos y sus padres, sentimiento que es necesario para desarrollar sentimientos de seguridad en uno mismo y de confianza hacia las otras personas. Obviamente, este apego infantil es sano y necesario. De adulto, este vínculo es más laxo y, con la práctica de mindfulness, surge la ecuanimidad, como ocurre con los otros vínculos afectivos.

Práctica: el apego a las personas, los objetos y las experiencias

Adopta la postura de meditación. Selecciona a las cinco personas a las que más quieras, los cinco objetos que más te importen y tus cinco facetas, experiencias o habilidades a las que más apegado estés.

Imagina ahora que ocurre una catástrofe natural o una guerra en tu país que va a cambiar la vida de todo el mundo. Por alguna razón extraña del destino, a ti te dan la opción de elegir. Puedes elegir cuál de esas personas, cuál de esos objetos y cuál de esas habilidades/experiencias desaparecería de tu vida, perderías para siempre. Observa el apego en estado puro, cómo genera sufrimiento. Piensa ahora, después de experimentar la pérdida, cómo cambiaría tu vida y, más tarde, tu «yo», la imagen de ti mismo, tras estos cambios.

Como puede verse, desde la perspectiva budista, la clave del proceso para deconstruir el yo y desmontar la dualidad consiste en disminuir la sensación de apego/aversión, porque esto disminuirá la proliferación mental. Lo más importante para que no haya estas sensaciones es la práctica de la meditación *vipassana*, porque permite la comprensión de las tres marcas de la existencia, que nos van a apartar del apego. Con menos proliferación mental, ayudado por la aceptación, la ética y la meditación atencional o *samatha*, el yo va a tener menos tendencia a apegarse a los objetos y se va a ir diluyendo la sensación del yo.

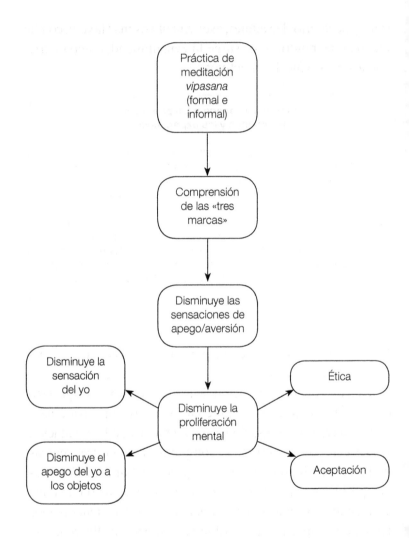

MODELO BUDISTA DEL YO
(modificado y simplificado de Grabovac y cols., 2011)

El discurso del Buda cuando alcanzó la Iluminación

La noche en que el Buda alcanzó la Iluminación se dice que experimentó cuatro vigilias, y en cada una de ellas tuvo experiencias, progresivamente más profundas, de no-dualidad y de disolución del yo. Según la tradición Teravada, se dice que el Buda, tras alcanzar la Iluminación, dijo las siguientes palabras:

> Tras haber buscado al constructor de la casa,
> he errado en el vórtice del samsara durante incontables vidas.
> Sin poder escapar de la muerte,
> el sufrimiento se repite siempre,
> en este volver y volver a nacer.
> ¡Oh, Arquitecto, has sido descubierto!
> Nunca más volverás a levantar el edificio de la ilusión.
> Todas las vigas se han quebrado y se ha desplomado el techo.
> Todo el conjunto se ha deshecho.
> Mi mente ha alcanzado la destrucción de los apegos.

Se considera que el arquitecto que mantiene el edificio de la ilusión es el apego, quien a su vez genera el diálogo interno y la proliferación mental. Apego que es producido por el contacto y los procesos que hemos descubierto y que, a su vez, construye la ilusión del yo.

8. Efectos adversos de la existencia del yo

El que sabe, no habla;
El que habla, no sabe.

Tao-te-king
LAO-TSÉ

Son muchos los efectos negativos que produce el yo, aunque no seamos conscientes de ello, porque llevamos toda la vida conviviendo con él y no concebimos una existencia sin el yo. La mayor parte de nuestros miedos, preocupaciones, emociones negativas, en suma, de nuestro sufrimiento, van ligados a la sensación e idea del yo. Vamos a analizar algunos de estos efectos.

La sensación de carencia o vacío

Una de las frases que más oímos los profesionales de la salud mental en la consulta es: «Lo tengo todo y no me falta de nada, pero me siento vacío por dentro». Seguro que todos nosotros hemos tenido más de una vez ese pensamiento o emoción. El sentimiento de vacío y la soledad que lo acompaña suelen ser dolorosos e insoportables. La persona no sabe cuál es la causa, no puede atajar ese problema y lo habitual es que realice todo tipo de actividades para no conectar con esa sensación e intentar mitigar ese dolor. En el rango más adaptativo, practica deporte compulsivamente, busca las relaciones sociales de forma desenfrenada, o se enfrasca en el trabajo más allá de lo razonable. En los casos más patológicos, puede buscar el consumo de alcohol o drogas, cometer actos antisociales o cometer suicidio. Los psicólogos van a intentar explicar este sentimiento basándose en una carencia afectiva infantil con gran necesidad de atención y aprobación, en relaciones sociales insatisfactorias o en expectativas vitales poco realistas. Sin embargo, los profesionales sabemos que, más allá de esas situaciones de carencia afectiva o de personalidades inmaduras, este sentimiento es tan generalizado en los seres humanos, y difícil de resolver, que escapa de las soluciones que pueda ofrecer la psicoterapia, ya que constituye un problema existencial.

Algunos filósofos occidentales han abundado en esto. Schopenhauer, en toda su obra, pero sobre todo en *El mundo como voluntad y representación*, defiende que el mundo está dominado por una voluntad ciega e insaciable, que se individualiza en múltiples seres y que produce sufrimiento. Esa es la realidad última del mundo, pero lo que vemos de él solo son representaciones en la mente, a la vez que sentimos y sufrimos el pulsar de esa esencia última y agónica, frente a la cual hay que practicar la renuncia a la voluntad de vivir, con la ayuda de una vida ascética y del arte. Una hermosa metáfora que utiliza es que «igual que nos esmeramos en inflar una burbuja de jabón a pesar de que sabemos que tarde o temprano, debido a su condición efímera, estallará, nosotros nos esmeramos en vivir». Su filosofía pesimista radical se considera un puente entre la filosofía occidental y el budismo, el taoísmo y el vedanta. Así mismo, Sartre, y todo el movimiento existencialista, nos hablaba de este sentimiento de vacío existencial. Quizá donde más claramente se percibe es en su novela *La náusea*. Defiende que la vida del hombre es esencialmente vacía. Cuando el ser humano es consciente de esa evidencia siente una insoportable sensación de repugnancia y de náusea. Milan Kundera, el famoso escritor checo, describe muy bien esta sensación en su novela de tintes filosóficos *La insoportable levedad del ser*. Habla del vacío de la existencia, de su levedad, del sinsentido de la vida, acuñando frases como «La vida es un boceto para nada, un borrador sin cuadro».

El teólogo cristiano Paul Tillich, en su obra *Teología sistemática*, describe un sentimiento continuo de alienación, de ser extraño, como extranjero en este mundo. Considera que procede de comprender que estamos separados de todo lo demás que existe, así como de nuestra propia experiencia. Tillich llegará a decir que el no ser, la nada, está inscrita en lo más profundo del ser ya que, como sostenía Hegel, no se puede entender un concepto sin el otro. Es el mismo tema del que habla el experto en budismo y meditador David Loy, en su obra *Lack and Trascendence: The problem of Death and Life in Psychotherapy, Existentialism, and Buddhism*. El ser humano sufre de un sentimiento continuo, que lo invade todo, de «carencia», de no estar completo, de que le falta algo. Esto es independiente de sus creencias religiosas. Sería una forma de hacernos conscientes, aunque sea subliminalmente, de que no somos permanentes, independientes ni unitarios, como asumimos de forma inconsciente.

En este contexto tiene sentido el concepto de religión como procedente de la palabra «religare», posición que defiende el escritor latino Lactancio (250-317 d.C.) en su obra *Divinae Institutiones* 4, 28, 2. Según él, «la religión sería la forma de religar al hombre con Dios», con lo absoluto, con lo eterno. Esta interpretación, también compartida por san Agustín y por san Isidoro de Sevilla, enfatiza la carencia que tenemos los seres humanos. En este sentido, cualquier religión ayudaría a intentar superarla. Como luego veremos, Freud, el padre del psicoanálisis, ratifica esta visión de que la religión surge para calmar la ansiedad ante la muerte en su libro *El porvenir de una ilusión*.

Otros autores: el también filósofo, escritor y orador romano Cicerón (106-43 a.C.) considera, en su libro *De Natura Deorum* II, 72, que la palabra religión procede de «relegere» (releer atentamente, repasar escrupulosamente), ya que la religión romana estaba basada en unas reglas que había que observar muy escrupulosamente para que, esa relación casi contractual entre dioses y hombres, funcionase de forma adecuada. En cualquier caso, comprobamos que, según múltiples autores occidentales, el origen de la religión podría estar relacionado con esa sensación de carencia.

**Práctica: contactando con la sensación
de carencia**

Adopta la postura de meditación habitual. Piensa en alguna ocasión en la que hayas visto algo muy hermoso o hayas experimentado algo sublime, una sensación positiva fuera de lo normal. ¿Cuál fue tu impulso inicial? En general, existe el deseo de contarlo a alguien. Más allá de a quién(es) quisieses contarlo, ¿por qué lo querías contar?, ¿qué buscabas? ¿No podías disfrutarlo tú solo sin haberlo contado nunca a nadie?

Selecciona alguna circunstancia negativa que te haya ocurrido en la vida. No tiene que ser un trauma, puede ser algo inesperado, con lo que no contabas y que te perturbó. Piensa de nuevo: ¿cuál fue tu impulso inicial? Generalmente, es contárselo a alguien. Piensa: ¿por qué? ¿Qué se gana con eso? ¿Podías haber gestionado esa emoción tu solo? Realmente, ¿por qué necesitamos compartir todo con alguien? Permanece unos minutos con la práctica.

El miedo a la muerte

Para algunos estudiosos de las emociones, el miedo estaría en la base de todas ellas, sería la emoción primordial, la que estructura el resto de emociones. En relación con el miedo, el más intenso y universal que experimentamos los seres humanos es el miedo a la muerte. Este miedo se considera que es consustancial a la naturaleza humana y son excepcionales las personas que no lo experimentan.

Desde una perspectiva evolutiva, puede entenderse como un mecanismo de defensa inconsciente, que comparten todos los seres vivos, para no exponerse de forma excesiva a situaciones que pondrían en peligro la vida. Cuando este miedo se lleva al extremo e impide el desarrollo de una vida normal y satisfactoria, se considera que se sufre un trastorno psiquiátrico denominado tanatofobia. Este es un tipo de fobia que experimenta el 2% de la población y que parece tener su causa en traumas infantiles relacionados con la muerte, como presenciar el fallecimiento de algún familiar muy cercano. Se asocia a síntomas físicos de ansiedad, como se manifiesta cualquier otra fobia (ataques de ansiedad, temblores, insomnio), y a un miedo irracional a la muerte, con rumiaciones continuas sobre el tema. Suele evolucionar hacia la evitación de estímulos que recuerdan la muerte, como cementerios, y hacia la necrofobia, que consiste en el miedo a ver cadáveres, tanto animales como humanos. Como otras fobias, su tratamiento sería fundamentalmente psicológico, siendo de elección las técnicas cognitivo-conductuales.

Pero aquí nos centraremos en el miedo «normal» a la muerte, el que experimentamos, en mayor o menor intensidad, todos los seres humanos. Aunque existen importantes diferencias en relación con el miedo y los rituales sobre la muerte en las diferentes culturas y grupos étnicos (Irish, 1993), se considera que este rechazo natural a la muerte se produciría por un miedo a lo desconocido, a no saber qué ocurre después de esta vida (Lehto y Stein, 2009). Sigmund Freud defiende en su obra *El porvenir de una ilusión* que las religiones surgen para calmar al hombre del miedo que le produce no controlar la naturaleza y, sobre todo, la incertidumbre sobre la muerte. Llega a decir que las religiones....

> ... son ilusiones, cumplimientos de los deseos más antiguos, más intensos, más urgentes de la humanidad; el secreto de su fuerza es la fuerza de estos deseos. Sabemos que la impresión terrorífi-

ca que provoca al niño su desvalimiento ha despertado la necesidad de protección –protección por amor–, proveída por el padre; y el conocimiento de que ese desamparo duraría toda la vida causó la creencia en que existía un padre, pero uno mucho más poderoso (Dios).

Ese Dios que crean las religiones es lo que nos da tranquilidad ante lo desconocido, ante la muerte. Pero, en última instancia, lo que realmente tememos en el momento de la muerte no es lo desconocido, sino la disolución del yo (Tomer y Eliason, 1996). ¿Qué pasará con cada uno de nosotros, con nuestra personalidad, recuerdos, planes y todo lo que nos caracteriza? ¿Dónde irá a parar todo eso? Se cree que una de las razones por las que las religiones orientales, como el budismo o el hinduismo, han llegado a ser tan populares en Occidente tiene que ver con este tema; con el hecho de que el renacimiento conserva el «yo», que pasa de una vida a otra, generalmente con mejores circunstancias externas si uno ha obrado de forma ética, por lo que ese miedo a la muerte, realmente a la disolución del yo, se mitiga. Pero, según el budismo, lo que pasa de una vida a otra no es exactamente el yo o el alma, sino que es bastante más complejo y que la mayoría de los occidentales, en el proceso de asimilación a Occidente y simplificación que ha sufrido el budismo, desconocen.

Práctica: entendiendo el miedo a la muerte

Adopta la postura de meditación. Imagina que vas conduciendo solo por la autopista y tienes un accidente de tráfico. Tu coche ha salido despedido a la cuneta. Sientes que estás herido de forma muy grave y te encuentras atrapado entre los hierros. Eres consciente de que te quedan pocos minutos de vida. Piensas que vas a morir de una forma completamente inesperada. Eres consciente de todos los temas que tenías pendientes en ese momento, todos los importantes. Piensas que es uno de los peores momentos de tu vida para morir, pero te das cuenta de que va a ser inevitable. Con tus creencias actuales sobre la muerte y lo que hay después de ella, valora tu miedo a la muerte en ese momento de 0 (nada) a 100 (máximo). Quédate unos segundos reflexionando sobre la práctica.

Imagina ahora la misma situación, pero piensa que tú tienes una convicción intensa, una fe ciega, en la reencarnación. Sabes que vas a renacer, casi de forma inmediata, en una situación que será mejor que tu vida actual, ya que tu comportamiento general durante esta vida ha sido bastante ético. Valora tu miedo a la muerte en ese momento de 0 (nada) a 100 (máximo). Quédate unos segundos reflexionando sobre la práctica.

Plantéate a qué es a lo que tememos en la muerte: a lo desconocido, a la disolución del yo. Eso es independiente del duelo que tengamos que hacer por todo lo que dejamos en esta vida.

La interpretación del mundo
y la separación de todo lo demás

Como hemos visto a lo largo de los anteriores capítulos, el yo puede describirse como una sensación o idea vinculada a una serie de etiquetas en relación con el cuerpo y aspectos físicos, cualidades psicológicas, percepciones sociales, gustos, aficiones y otras características. Todas esas etiquetas que forman nuestro yo, ligadas a nuestro nombre, a nuestra memoria (elementos imprescindibles para que se mantenga), se actualizan continuamente e influyen en todas nuestras actividades, mediante el diálogo interno.

Nuestro «yo» interpreta el mundo continuamente. Por eso veremos que una de las prácticas meditativas esenciales es la «enseñanza del Buda a Bahiya», que se resume como «en lo visto, solo lo visto; en lo oído, solo lo oído, y en lo percibido, solo lo percibido». Hablaremos de ella en un capítulo posterior. Todo aquello con lo que nos relacionamos acaba siendo etiquetado en una de las tres grandes categorías: 1) lo que me gusta; 2) lo que no me gusta, y 3) lo que me es indiferente. En el capítulo 5 hemos realizado la práctica de las etiquetas. Hemos identificado algunas de las más importantes (p. ej., ser sincero, ser fiel), y comprobamos cómo estructuran nuestras vidas. Si nosotros somos muy sinceros, nuestra pareja y nuestros amigos deben tener esa característica necesariamente, de lo contrario, no podríamos estar con ellos. Identifica también cómo las actividades que dan origen a aficiones, la comida, la ropa, cualquier objeto con el que te relacionas, están etiquetadas. Existen preferencias y aversiones que has ido desarrollando a lo largo de la vida, que son absolutamente subjetivas y que estructuran todas tus decisiones.

Ahora bien, otra de las consecuencias del yo es que te alejas de las otras personas. Las etiquetas que hemos descrito que configuran el yo, cuando nos sentimos intensamente identificados con ellas, hacen que rechacemos a las personas que no muestran esas particularidades. Las guerras, a lo largo de la historia, se explican no solo por el control de los recursos, sino también por la supremacía de las ideas, es decir, de las etiquetas. Si me identifico profundamente con la religión A, las personas que no la profesan no pertenecen a mi grupo de «elegidos». En el extremo más fanático, considero que están equivocados, en el más inclusivo, los respeto, pero es difícil que no exista cierta sensación de superioridad por nuestra parte. Lo mismo ocurre en la política o respecto a la nacionalidad: si me identifico intensamente con el partido X o con tal país, es difícil evitar cierta sensación de superioridad por estar en el grupo que considero «acertado».

La compasión, los valores, la ética se desarrollan en las religiones como antídoto a este sentimiento de separación y, por tanto, de superioridad hacia los demás, que producen las etiquetas del yo. Si el yo disminuye, todo esto no es necesario. De una forma espontánea, que no requiere entrenamiento, surge una conexión profunda con todos los seres humanos, con todos los seres vivos y con el universo que nos rodea.

Práctica: el yo que estereotipa a las personas

Adopta la postura de meditación. Identifica a alguna persona con la que no tengas mucho trato, pero que, desde el mismo momento en que la conociste, ya te cayese mal. Recuerda ese instante del primer contacto con ella. Conecta con esa sensación de desagrado, de crítica. Observa que no hay ninguna razón objetiva. Es una sensación inconsciente, casi primitiva. Si reflexionas, es posible que identifiques alguna razón por la que la etiquetaste negativamente. Quizá algún gesto, su aspecto físico, vestimenta, su discurso o alguna característica suya te recordasen a alguien que te desagrada, o, simplemente, que esa característica suya no te gusta. Es posible que considerases que tiene algún rasgo de personalidad o quizá algunas de sus ideas o valores que desapruebes. Observa que el juicio que has realizado es: a) precipitado (no conoces suficientemente a la persona para confirmar que tiene alguna de esas características.

▶

son solo proyecciones de tu ego); b) subjetivo (que esa característica te disguste no es un fenómeno universal, seguro que a ciertas personas les gusta), y c) global (aunque sea cierto que tiene esa característica, un ser humano es mucho más, y casi cualquier defecto puede ser compensado por otras muchas características positivas que seguro tendrá). Observa cómo el yo y sus etiquetas distorsionan el mundo.

Ausencia de fluir con el mundo

El diálogo interno es una especie de niebla que opaca nuestra visión del mundo. Cuando no existe, en el «estado ser» de la mente, percibimos la realidad con absoluta claridad y entramos en estado de *flow* con el mundo, nos sumergimos en él. Este estado, típico de mindfulness, convierte todo lo que hacemos en una experiencia gozosa. Esa es la razón de que un proverbio japonés rece: «El mundo es una perla brillante». Porque, para la persona que practica mindfulness, cualquier acción es fascinante, desde estar en plena naturaleza a lo que consideramos una acción vulgar como lavar los platos. Lo que hace brillante al mundo no es el mundo como tal, sino la mente. Cuando se enfoca con toda su atención en algo, le transmite brillo. Por eso se dice, en las tradiciones orientales, que la luminosidad es una característica de la mente.

Sin embargo, aferrado a la mente discursiva, al diálogo interno, el silencio interior de la mente en modo ser o *mindful* nos aterra. Como decía el famoso maestro zen chino Huang-po:

Los hombres temen olvidar sus propias mentes, por miedo a caer en el vacío, sin nada donde agarrarse. Ignoran que el vacío no es realmente el vacío, sino el verdadero reino del *Dharma*… No se puede buscar o perseguir, ni comprender mediante la sabiduría o el conocimiento, ni explicar en palabras, ni tocar materialmente, ni alcanzar mediante obras meritorias.

(Chu Cha'n, 1947)

**Práctica: captando el fluir con el mundo.
Modo hacer y modo ser**

Cualquier situación en la vida puede vivirse en modo hacer o en modo ser. Por ejemplo, ver una obra de arte o un paisaje bonito, escuchar una canción o el canto de un pájaro.

El modo hacer implica intentar «entender» el mundo, preguntándose continuamente cosas como: ¿quién y cuándo pintó este cuadro o compuso esta canción?, ¿qué influencias ha recibido este cantante o pintor?, ¿qué tipo de paisaje y de rocas son estas?, ¿qué animales habrá?, ¿en qué época del año canta este pájaro?, ¿cuándo será el periodo de crianza?

El modo ser simplemente se sumerge en la experiencia visual o auditiva, disfruta con ella y no genera preguntas. No quiere conocer, controlar ni comparar. El único objetivo es experimentar la realidad y disfrutarla, fundirse con ella.

Realiza dos experiencias (p. ej., escuchar una canción y ver un paisaje) en ambos modos, secuencialmente. Sé consciente de cómo funcionas en la vida diaria.

La profecía autocumplida

Como hemos visto en el capítulo 5, todas las experiencias que nos ocurren a lo largo de la vida son interpretadas de forma individual a) como positivas o negativas y b) respecto al impacto que producen en nuestras vidas. Y todas las experiencias son también interpretadas como dentro de un hilo narrativo congruente, de forma que las experiencias, conductas y rasgos de personalidad, aunque sean cambiantes, siempre se asocian a una causa o argumento explicativo.

Sin embargo, una consecuencia de esto es que el yo se identifica con el argumento y, por tanto, siente que no puede cambiar su forma de ser. Por ejemplo, no decimos: «he tenido varias relaciones que no han funcionado», sino «no funciono bien en las relaciones de pareja». Si «yo soy así», seguiré funcionando así. Esto es lo que se denomina profecía autocumplida. Si me ha ido mal en el trabajo, los futuros trabajos serán un fracaso también; o, por lo menos, eso es lo que yo temo y que, subconscientemente, espero, para confirmar mi biografía, mi personaje. Hay estudios clásicos en este sentido que confirman cómo nuestras expectativas sobre nosotros mismos y sobre los demás facilitan que se cumplan. Un ejemplo de profecía cumplida sobre otros ocurre con los profesores y médicos, quienes, al poco de conocerlos, auguran cómo les irá a sus alumnos o pacientes en los estudios o en la recuperación de la enfermedad, y tienden a acertar (Rosenthal y Jacobson, 1968). Sin embargo, una parte importante de ese acierto ocurre porque los alumnos y pacientes son conscientes de lo que se espera de ellos y, por tanto, inconscientemente, tienden a cumplir la expectativa; es lo que se ha denominado «efecto Pigmalión».*

Por eso Sigmund Freud decía que «la biografía es el destino». En última instancia, son las expectativas del yo, manteni-

---

* Hace referencia al mito de Pigmalión y Galatea, descrito por Ovidio en *La Metamorfosis*. Pigmalión era un varón soltero que esculpió en marfil la figura de una mujer tan bella que se enamoró de ella. La vestía, le hacía regalos y la besaba. Cuando llegó la fiesta de Venus le pidió que le concediese una mujer tan hermosa como la estatua; y Venus le concedió el deseo dando vida a la estatua.

das en todo momento por el diálogo interno, quienes originan la profecía autocumplida. Si el yo se diluye, el diálogo interno desaparece y la profecía también se diluye, porque no hay nadie que espere que el mundo sea de una determinada forma.

Práctica: identificando la profecia autocumplida

Adopta la postura de meditación. Recuerda las principales profecías que te transmitieron tus padres y profesores en la infancia o alguna otra persona importante para ti. Analiza hasta qué punto se cumplieron. Identifica también hasta qué punto las hiciste tuyas, las internalizaste. Observa si hay relación entre hacerlas tuyas y que luego se cumplan.

Observa las profecías que haces con otras personas: hijos, amigos, familiares. ¿Por qué generamos profecías? ¿Ayudamos a la otra persona trasmitiéndoselas o pensándolas?

9. ¿Qué efectos beneficiosos se producen cuando no existe el yo?

–¿Podría decirme, por favor, hacia dónde debo dirigirme desde aquí? –preguntó Alicia.

–Eso depende en gran medida del lugar al que quieres llegar –dijo el Gato.

–No me importa mucho a dónde llegar –dijo Alicia

–Entonces no importa qué camino escojas –dijo el Gato.

–Siempre y cuando llegue a alguna parte –añadió Alicia como una explicación.

–Oh seguramente harás eso –dijo el gato– siempre y cuando camines lo suficiente.

Alicia en el país de las maravillas
LEWIS CARROLL

¿Cómo se produce la deconstrucción del yo?

Hemos visto de qué está hecho el yo, cómo se construye y qué efectos adversos tiene. ¿Pero qué ocurre cuando se trasciende?¿Qué experiencia produce?¿Qué efectos positivos conlleva?

El Buda dice: «Cualquier corriente de las que se generan en el mundo, la atención las bloquea. Son detenidas por la sabiduría» (*Sutta Nipata*, 1035). El flujo de pensamientos que produce la sensación del yo, la meditación puede detenerlo y se produce la comprensión. Para muchos, es un proceso instantáneo, que ocurre una sola vez, como una explosión que lo cambia todo. Frente a los casos de grandes *insights*, hay personas que consideran que es un fenómeno progresivo, que se produce a través de pequeños *flashes* durante años de estudio, reflexión y meditación, hasta que, al final, surge la experiencia.

El fenómeno de tener comprensiones de la ausencia del yo no suele ocurrir en la práctica diaria, sino durante los retiros. En nuestros modelos de formación insistimos enormemente en la importancia de los retiros, porque se sabe que los cambios que producen son muy superiores a los que ocurren con la práctica diaria normal fuera del retiro (García Campayo, 2018); y no en cualquier tipo de retiro, sino en los que fomentan el silencio. El Noble Silencio, como se denomina en la tradición a los periodos sin hablar en los retiros, no está pensado para disparar en ese tiempo nuestro diálogo interno y seguir con nuestros pensamientos autocentrados, que «reifican» el mundo y al yo. El objetivo del silencio externo no es reflexionar sobre nosotros mismos, sino facilitar el silencio interno, porque ya hemos explicado en el capítulo anterior que lo que crea el «yo» son los pensamientos, el diálogo interno. Realmente, lo que se tiene no es una experiencia de «no-yo», como si hubiese desaparecido en ese momento, porque lo que está continuamente es el «no-yo». Simplemente han sido conscientes de ese «no-yo» que siempre está, y han conseguido deshacer la ilusión de ese «yo» que nunca está, pero parece que está. Por otra parte, esos *insights* pueden ser progresivos. La toma de conciencia de la ausencia de yo es un tema muy amplio, y cada vez se van descubriendo nuevas capas de la cebolla.

De hecho, cuando se tienen esos destellos de comprensión es cuando uno suele hacerse preguntas del calibre de «Si no existe un yo...». «¿Quién toma las decisiones?». «¿Qué es lo que muere?» (y renace, si es que se cree en la reencarnación). «¿Sobre quién recae el resultado de las acciones o karma?».

Veremos que, como siempre, el error es tomar uno de los agregados por el yo.

Como decíamos en el título del capítulo, ¿qué beneficios o qué descubre uno cuando el yo desaparece? Los principales «hallazgos» serían estos:

1. La impermanencia.
2. La percepción del espacio.
3. La calma y la incapacidad de fantasear.
4. La no-dualidad y la ausencia de sufrimiento.

1. La impermanencia

Existe una clara conexión entre percibir la impermanencia, es decir, percibir el cambio continuo, y ser consciente de la ausencia del yo. Recordemos que una de las características básicas del yo, que percibimos así erróneamente, es la continuidad. Si el yo es impermanente, no hay un yo tal como lo tenemos conceptualizado, porque el yo es la historia que nos hemos contado de nosotros mismos desde que nacimos.

En el budismo, la impermanencia es la característica central de la existencia. Uno de los tres sellos que definen el mundo según esta tradición, como ampliaremos en el capítulo sobre el budismo. La impermanencia es algo que parece evidente y lo es, pero nuestra mente funciona sobre el error fundamental de que todo es permanente. Todos sabemos que vamos a morir, pero en el día a día partimos de la base de que somos inmortales. Todos sabemos que nuestras relaciones acabarán desapareciendo por fallecimiento o por discusión, pero funcionamos sobre la base de que nuestras amistades son eternas.

En el budismo tibetano, una de las cuatro prácticas preliminares comunes que se requieren antes de aprender cualquier otro tipo de meditación consiste en reflexionar sobre la impermanencia en todas las características personales. Podríamos decir que esto es una reflexión sobre la impermanencia «burda», ya que es más que evidente, tomando la perspectiva de años o siglos. Incluimos, a continuación, una versión de esta práctica.

Práctica: observando la impermanencia burda
(primer preliminar común del budismo tibetano)

Adopta la postura de meditación y calma la mente con unas cuantas respiraciones.

En primer lugar, toma conciencia de la impermanencia; inicialmente, del entorno: reflexiona sobre el universo, las galaxias o nuestro propio planeta Tierra, y observa cómo han tenido un principio, se mantendrán durante millones de años y, posteriormente, desaparecerán. Puedes pasar luego a las civilizaciones que han existido en la historia de la humanidad: egipcios, persas, griegos, romanos, imperio carolingio, imperios colonizadores de la edad moderna. Todos han tenido un principio, se han mantenido décadas o siglos y luego han desaparecido. Pero, mientras estaban en su apogeo, las personas que vivían en aquella época jamás pensaron que ese imperio podría llegar a desaparecer.

Piensa ahora en todo lo que te ha rodeado o te rodea en la vida. Personas que has conocido y que han fallecido o se han ido y ya no estáis juntos. Lugares donde has estado y que han cambiado con el tiempo. Actividades que has realizado que ya no podrías llevar a cabo. Expectativas que tenías que ya has olvidado. Todo eso ya no está aquí. Ha desaparecido.

Lo mismo ocurrirá con nosotros. Mira tu cuerpo: continuamente cambiando, envejeciendo, deteriorándose. Mira tus pensamientos, muy diferentes a los que tenías de joven. Todo lo que te rodea desaparecerá, incluyendo tus seres queridos; tú mismo desaparecerás y no quedará ni rastro. Sé consciente de que la impermanencia es el núcleo de nuestra existencia.

Pero existiría también una impermanencia a corto plazo, mucho más sutil y aún más enfatizada por el budismo; es el hecho de que todo fenómeno físico o mental aparece, se mantiene unos segundos y desaparece. Este es un proceso tan difícil de apreciar que, al fenómeno de constatarlo, el Buda lo llama «la sabiduría»:

¿Y cuál es el logro de la sabiduría? Una persona es sabia si discierne el surgimiento y la cesación de los fenómenos, lo que la convierte en una persona noble y con visión penetrante, y conduce a la completa destrucción del sufrimiento. A esto se le llama el logro de la sabiduría.

(Anguttara Nikaya 8: 54; en Boddhi 2012, pág. 1196)

Darse cuenta de esta impermanencia sutil se considera un paso clave para la Iluminación, como se afirma en el *Visuddhimagga*. Algunos maestros budistas lo llaman «la pequeña iluminación», porque una vez que esta se alcanza, la Gran Iluminación está asegurada. Esta impermanencia sutil no es un concepto teórico, sino experiencial. Y no basta con tener algún pequeño *insight* ocasional, sino que constituye una forma habitual de ver el mundo. Surge de la observación de la experiencia momento a momento. A cualquier lugar donde el meditador dirija la atención, observa el surgimiento y la cesación de los fenómenos. Cuando esto se aplica sistemáticamente a los cinco sentidos y a los procesos mentales, es evidente que no hay continuidad de la experiencia, sino simple surgimiento y cesación continuos, sobre lo que no puede estructurarse un yo permanente.

Todos los fenómenos mentales están sujetos a ese cambio. En la meditación es más fácil verlo con los pensamientos: cómo aparecen, se mantienen 3-4 segundos en el campo de conciencia y desaparecen. Pero aún es más fácil percibirlo con los sonidos naturales (p. ej., el canto de un pájaro, el susurro de una rama azotada por el viento): comprobamos que aparecen, se mantienen unos segundos y desaparecen. Es un proceso que nosotros no podemos controlar (hacer que cese antes, por ejemplo). Es tan potente que, en la literatura zen, muchos monjes que alcanzaron la Iluminación lo hicieron mientras estaban escuchando un sonido, y algunos de los *koan* incluyen este contenido, como el del «sonido de una mano». Los sonidos y los pensamientos se consideran muy parecidos, porque en ambos es posible ver el surgimiento y la cesación, y ambos son incontrolables por nosotros. Incluimos a continuación una práctica.

**Práctica: observando la impermanencia sutil
de sonidos y pensamientos**

Adopta la postura de meditación habitual. Tras unos segundos de mindfulness en la respiración para calmar la mente, pon la atención en los sonidos naturales: canto de pájaros y ruido de otros animales, ruido del viento, etcétera. También, si hay ruidos de personas que están hablando o moviéndose, préstales atención, pero no te centres en ruidos permanentes, generalmente artificiales (ordenador, aire acondicionado). Toma conciencia de cómo el ruido aparece, permanece unos segundos y desaparece. Es un proceso sobre el que no tenemos ningún control. Observamos la reactividad, intentamos que no se generen fenómenos mentales (pensamientos y emociones) como respuesta a esas sensaciones. Nos mantenemos unos cinco minutos o más.

Pon la atención ahora en los pensamientos. Es un fenómeno exactamente igual que los sonidos: aparecen, se mantienen unos segundos en el campo de conciencia y desaparecen. De nuevo, es un proceso sobre el que no tenemos control (no hablamos de pensamientos voluntarios, sino de lo que surge involuntariamente durante la meditación). Y también aquí intentamos que no haya reactividad: cuando observemos un pensamiento, intentaremos que no se generen más en respuesta a ese pensamiento. Nos mantenemos otros cinco minutos aproximadamente y damos por terminada la práctica.

Tendemos a pensar que la impermanencia es algo necesariamente negativo. Si nunca hubiese ningún cambio, o si fuésemos inmortales, la existencia sería insoportable. El escritor argentino Jorge Luis Borges en su cuento *El inmortal*, escrito en 1947, relata la historia de un anticuario que entrega seis volúmenes de la *Ilíada* de Pope a la princesa Lucigne. En el último volumen se relata la historia de un tribuno romano, Marco Flaminio Rufo, a quien un soldado moribundo le informa de la existencia de un río cuya agua otorga la inmortalidad. El tribuno, con más de doscientos soldados y mercenarios, va en busca de ese lugar. Tras muchas penalidades, solo él queda vivo y consigue alcanzar el río y beber el agua, produciéndole una sensación compleja: «Ser inmortal es baladí –dice– menos el hombre, todas las criaturas lo son, pues ignoran la muerte. Lo divino, lo terrible, lo incomprensible es saberse inmortal». Sin embargo, tras años de inmortalidad se siente asqueado y busca el río de la mortalidad. Asegura que: «La muerte hace preciosos y patéticos a los hombres […]. Cada acto que ejecutan puede ser el último. Todo, entre los mortales, tiene el valor de lo irrecuperable y azaroso. Entre los inmortales, en cambio, cada acto es el eco de otros que en el pasado lo antecedieron y el fiel presagio de otros que en el futuro lo repetirán hasta el vertigo». Al final, el soldado encuentra el río de la inmortalidad en la India, casi dos mil años después.

La siguiente historia clásica en el mundo oriental apostilla esta vision de que la inmortalidad y la ausencia de cambio son el peor castigo:

PREFIERO EL INFIERNO

Cuenta una leyenda oriental que un hombre falleció y fue a un lugar donde le recibió un encargado que le dijo, mostrándole el más hermoso palacio imaginable: «A partir de ahora vivirás aquí. Aquí tienes las habitaciones más increíbles, con los jardines más bellos que puedas imaginar, varios cocineros te harán las comidas más deliciosas que hayas conocido, y decenas de mujeres te harán compañía y te cuidarán en lo que necesites. Tu única función es disfrutar al máximo de todo esto».

El hombre pensó: «Lo he conseguido. Estoy en el cielo. Me merecía tanto bienestar». Y empezó a disfrutar de su destino. La sensación de placer y bienestar no tenía límite y era muy superior a lo que hubiese podido imaginar en la Tierra. Pasó días y días explorando todo el inmenso palacio, probando las diferentes y deliciosas comidas y disfrutando de las múltiples parejas que le acompañaban en el palacio. Así pasaron los días, las semanas y los años. Cuando ya llevaba unos dos años empezó a sentir un cierto aburrimiento y pidió hablar con la persona que le recibió cuando llegó y le preguntó:

—¿Cuál es el plan? Me gustaría hacer alguna actividad, trabajar en algo, dedicarme a algo…

—No es posible —le respondió su interlocutor— tu única función aquí es disfrutar de todo lo que tienes.

—Ya… pero estoy empezando a cansarme. Después de estar aquí ¿iré a algún otro lugar, haré alguna otra cosa?

—No, no. Estarás aquí disfrutando de todos estos placeres para siempre jamás.

—Pero… —comentó aterrorizado el hombre— eso es… horrible. Casi hubiese preferido ir al infierno…»

—¿Dónde crees que estás? —preguntó asombrado el encargado.

La percepción del espacio

A veces, en la vida diaria, cuando llevamos tiempo meditando, podemos tener una sensación de espacio infinito a nuestro alrededor, sobre todo cuando estamos en la naturaleza. Por ejemplo, en la cima de una montaña, mirando al mar infinito o, simplemente, escuchando los sonidos del bosque. Uno tiene la sensación de inmensidad, de conexión. También durante la práctica, cuando llevamos años de meditación, aprendemos a no centrarnos tanto en los contenidos de la mente (pensamientos, emociones, impulsos, sensaciones) sino en el Vacío, en el espacio de la mente donde aparecen los fenómenos mentales.

La percepción del vacío como consecuencia de la práctica se encuentra en todas las tradiciones meditativas. Quizá el taoísmo, en su libro sagrado *Tao-Te-King*, es la escuela que más lo enfatiza. Así, en el capítulo 11, «La Esencia es más útil que la Apariencia», de este auténtico manual de sabiduría podemos leer:

Treinta radios convergen en el centro de una rueda,
pero es su vacío
lo que hace útil al carro.

Se moldea la arcilla para hacer la vasija,
pero de su vacío
depende el uso de la vasija.

Se abren puertas y ventanas
en los muros de una casa,
y es el vacío lo que permite habitarla.

En el Ser centramos nuestro interés,
pero del No-Ser depende la utilidad.

La percepción del espacio tendría dos grandes utilidades:

1. Permite poner todas nuestras preocupaciones en perspectiva. Nuestros problemas personales, e incluso nuestro sentido del yo, se perciben como cosas pequeñas dentro de la vastedad del espacio. El espacio nos otorga la verdadera perspectiva del pequeño tamaño de nuestros problemas en relación con el mundo.

2. Cuando se desarrolla mediante la meditación, facilita la aparición del *insight*. El apego que surge cuando nuestros sentidos contactan con algo y lo etiquetamos como agradable o desagradable se siente menos intensamente si, en ese momento, se percibe la sensación de espacio. En un contexto de tanto espacio, es como si se suavizase o adelgazase nuestra experiencia, con lo cual habría menos «materia» a la que el yo se podría agarrar. Una cucharada de azúcar endulza una taza de té, pero si se arroja al mar, es inapreciable. La sensación del yo es como el azúcar, si se tiene la perspectiva del espacio infinito, el yo es imperceptible.

El Buda habla del gran poder del espacio cuando instruye a su hijo Rahula:

Rahula desarrolla una meditación que sea como el espacio, porque cuando lo haces así, los contactos agradables o desagradables que hayan surgido no invadirán tu mente y no permanecerán. Así como el espacio no está establecido en ninguna parte (sino que está en todas partes, es decir, todo es vacuidad), así tú también desarrolla una meditación que sea como el espacio.

(Majjhima Nikaya 62, 17; Nanamoli
y Bodhi, 1995, pág. 530)

Práctica: la percepción del espacio

Esta práctica está tomada de Bikkhu Analayo (Analayo 2017, pág. 196) que, a su vez, está basada en los pasos para la entrada gradual en la vacuidad que se describen en el *Culasuññata Sutra*.

En la meditación formal, la percepción del espacio sirve como un modelo de deconstrucción de la solidez de todos los aspectos de la experiencia material. El espacio no es solo la visible ausencia de cosas, sino que impregna todo fenómeno que visual y tangiblemente percibimos como sólido. Sabemos por la física cuántica que todos los fenómenos aparentemente sólidos no son sino procesos de energía en un vasto espacio.

Una forma en la que esto puede ser cultivado es abriendo los ojos brevemente para tomar conciencia del espacio entre nosotros y cualquier objeto que se encuentre en nuestro campo de visión. Posteriormente, llevamos la atención al resto del espacio, el que nos rodea a nosotros y a los objetos que están en nuestro campo visual. Cerramos los ojos mientras mantenemos el sentido del espacio, dejando que los objetos vistos anteriormente se disuelvan en el espacio. Ellos ocupan espacio y su verdadera naturaleza es, sobre todo, que están constituidos por espacio. Finalmente, visualizamos que nosotros estamos sentados rodeados de espacio, nuestro propio cuerpo está constituido básicamente por espacio, y dejamos que se disuelva progresivamente en el espacio.

Esta meditación de la percepción del espacio sin límites es bueno combinarla con la clara comprensión de que todos los fenómenos son vacíos por naturaleza. Por tanto, todo apego a las cosas materiales, incluidos cualquier discriminación y prejuicio en relación con las propiedades físicas de los cuerpos humanos, carecen de un fundamento sólido, ya que están vacíos.

En la vida diaria, esta visión es también útil. Si alguien nos dice palabras insultantes, un momento de atención al espacio entre nosotros y el ▶

agresor ayuda a generar el espacio para encontrar la forma más hábil de responder, sin generar una emoción negativa que complique todo. Puede reforzarse, percibiendo el espacio que existe entre nosotros y todos los demás seres, y la abundancia de espacio que existe alrededor. De forma similar, cuando estemos perturbados por demasiadas tareas y responsabilidades, solo un poco de atención al espacio enfrente de nuestros ojos, así como alrededor de nosotros, puede ayudarnos a restablecer el grado de distancia interna para poder cumplir con ellas de forma equilibrada, sin caer en la ansiedad. No hay límites a los cambios que puede producir en nuestras vidas la sensación de vivir en la vacuidad si se practica de forma genuina y con dedicación.

La calma y la imposibilidad de fantasear

Uno de los cambios más espectaculares que se producen con la meditación es la aparición de la sensación de calma; lo que vamos a notar con la práctica es:

- **A nivel físico:** enlentecimiento de todos los procesos. Disminuye la frecuencia cardíaca, la respiratoria, la tensión arterial, la actividad electroencefalográfica. Todo ello produce una gran sensación de descanso.
- **A nivel psicológico:** el proceso de meditación produce:
  - Disminución de los procesos de pensamiento: hay menos pensamientos y, cuando se producen, lo hacen de forma más lenta. Si los pensamientos tienen forma verbal, de frase, las palabras aparecen más lentamente; y si muestran forma de imagen, se encuentran más ralentizadas.
  - Existen más huecos entre pensamientos, más espacios sin actividad mental. Esos espacios se consideran

el auténtico funcionamiento de la mente, la verdadera realidad. Estos espacios coinciden con una disminución de la frecuencia respiratoria, con espacios de apnea.

– Se produce una desreificación de los fenómenos mentales. Se toma conciencia de que los pensamientos y emociones no son la realidad, sino simples productos de la actividad de la mente; es como tener una radio funcionando de fondo (el discurso mental) sin hacer caso a los contenidos.

Todo esto se asocia a una gran sensación de calma y a un debilitamiento de la idea del yo. A veces puede producir cierta ansiedad y miedo esa sensación de debilitamiento del yo. En el anexo «Estructura de la mente» puede verse cómo esta calma nos indica que estamos acercándonos a la pantalla 3, donde el yo experiencial observa el vacío de contenidos mentales. Cuando el yo está deconstruido no hay sujeto (está deconstruido) ni objeto (que surge por oposición al sujeto).

El practicante se pregunta «¿Qué hay que hacer ahora?». La respuesta es que hay que seguir haciendo lo mismo, sin forzar, sin aferrarse, sin perseguir resultados.

**Práctica: observando la calma
o el enlentecimiento de la mente**

Adopta la postura de meditación habitual. Anclado en la respiración (bien sea en fosas nasales, en pecho o en abdomen), observa los procesos de la mente, es decir, practica la monitorización abierta anclado en la respiración. Puedes observar la velocidad con que aparecen los fenómenos

▶

mentales y, dentro de cada fenómeno, principalmente los pensamientos, la velocidad con que estos se manifiestan. Es decir, la velocidad a la que aparecen las frases, si son verbales, o las imágenes, si aparecen de esta forma. De vez en cuando, monitoriza la sensación de tener un «yo», de ser un yo. Observa que cuando aparecen pensamientos asociados a emociones, ese sentimiento es intenso. Cuando apenas hay pensamientos, no hay emociones y hay cierta desrealización de los fenómenos mentales; el sentimiento del yo es muy ligero. Y, cuando hay huecos entre pensamientos, esa sensación egoica es casi inexistente. Quédate unos minutos observando esas fluctuaciones de la sensación del yo, cuando la mente se calma.

La no-dualidad y la ausencia de sufrimiento

Vivimos en un estado de distracción continua, saltando de un foco de atención a otro de forma sistemática. El proceso es tan intenso que ni siquiera nos damos cuenta de que estamos distraídos. Y los objetos que ocupan nuestra atención no son especialmente relevantes, son trivialidades del día a día: noticias de los medios de comunicación, nuestro éxito en redes sociales, o pequeñas preocupaciones mundanas.

Otra de las consecuencias de la desaparición del yo es que la atención no fluctúa continuamente entre sujeto y objeto, como ocurre habitualmente, sino que está absoluta y unipuntualmente situada en la experiencia del momento presente. No hay espacio para pensamientos, proyecciones, fantasías o procesos inconscientes. En el Canon Pali se describe que muchas personas que se relacionaron con el Buda, realizándole preguntas o, simplemente, escuchando sus enseñanzas, alcanzaron grados de Despertar muy elevados en ese momento. Algunos maestros de meditación creen que es por la gran capacidad de desarrollar la atención que poseían sus palabras y su sola presencia. Esa atención tan intensa facilita la experiencia del «no-yo».

Cuando la mente está unificada y el yo está diluido, aparece la no-dualidad, porque la mente se ha hecho una, no hay separación entre el yo y el otro, entre sujeto y objeto, entre dentro y fuera. Se dice que existe la visión del objeto sin nadie que vea, se produce la audición del sonido sin nadie que escuche, y se genera la acción sin que exista un actor. Esta es una experiencia sistemática en los meditadores con cierta experiencia.

Lógicamente, **si no hay dualidad, no hay sufrimiento.** No hay un sujeto que sufra, no hay un yo autobiográfico que piense que está sufriendo. Solo existe la sensación, pero nadie que la sienta y, aún menos, alguien que la etiquete como sufrimiento. Puede experimentarse dolor de una forma no egoica, pero el sufrimiento, que implica la elaboración del daño que produce al yo lo que está ocurriendo, no podría generarse.

Yasutani Hakuun, en un *dokusan* (preguntas y respuestas) mantenido con un discípulo, describe de forma muy clara la sensación de no-dualidad:

Normalmente, cuando escuchamos el tañido de una campana, pensamos consciente o inconscientemente: «escucho una campana». En ese caso existen tres elementos que hay que considerar: el yo, la campana y el acto de escuchar. Pero cuando la mente está madura, es decir, cuando está tan despejada de pensamientos discursivos como un papel en blanco, solo existe el tañido de la campana. Esto es *kensho* (la iluminación o autorrealización).

(Kapleau, 1980)

Un famoso *koan* de la escuela zen japonesa dice así:

¿Quién es aquel que recita el nombre del Buda?

El poeta taoísta del siglo VIII Li-Po lo describe perfectamente (Hamill, 2000):

Los pájaros han desaparecido en el cielo,
ahora la última nube se desvanece.
Nos sentamos juntos, la montaña y yo,
hasta que solo la montaña permanece.

Práctica: contactando con la no-dualidad

Elige un lugar abierto donde puedas ver el horizonte. Adopta la postura de meditación habitual, y mantén los ojos abiertos, pero no demasiado, para minimizar en lo posible el parpadeo, que produce distracción. Enfoca tu mirada en un objeto natural: una montaña, un árbol, una nube. Pon la atención en el objeto, no en la respiración. Los ojos tenderán a desenfocar la mirada, mantente así. Permanece unos minutos realizando la práctica. Es fácil que puedas sentir la experiencia de observar sin observador, de que solo existe el objeto.

La impermanencia, clave en la deconstrucción del yo

Acabamos este capítulo enfatizando la importancia de la impermanencia en la comprensión de la deconstrucción del yo y de la no-dualidad. La impermanencia es lo único permanente. En el capítulo 23 del *Tao-te-king* se dice:

Lo único permanente es el cambio

Hablar poco es lo natural.

Un huracán no dura toda la mañana.

Un aguacero no dura todo el día.

¿Quién hace estas cosas?

El cielo y la tierra.

Si las cosas del cielo y la tierra

no pueden durar eternamente,

¿cómo pretende el hombre que sus cosas sí lo hagan?

Pero más allá de darse cuenta de que la impermanencia existe, una de las meditaciones más potentes es darse cuenta de cuándo aparece, momento a momento, y de que es la Fuente Primordial, aquello de donde todo surge y a donde todo va, porque todo desaparece. En las meditaciones tibetanas, cuando se visualiza una deidad, aparece «surgiendo desde la Vacuidad» y, una vez que se ha desarrollado la visualización y se ha cantado su mantra, la divinidad se transforma en el mantra y, desde ahí, se funde en la Vacuidad, retorna a ella. Deberíamos poder estar siempre conscientes de la Vacuidad, intensamente asociada a la Impermanencia. Las enseñanzas del maestro Shinzen Young enfatizan continuamente la percepción de la impermanencia, de cómo todo vuelve a la «Fuente», la Vacuidad.

Práctica: ¿dónde van las cosas
cuando desaparecen?

Adopta la postura de meditación habitual. Observa cómo los fenómenos mentales, los pensamientos, impulsos, sensaciones (sobre todo auditivas), aparecen, se mantienen unos segundos y desaparecen. Generalmente, nos damos cuenta de cuándo aparecen, pero no somos tan conscientes de cuándo desaparecen, porque acostumbra a aparecer otro fenómeno a la vez y nos centramos en la nueva aparición. Dedica unos minutos a concentrarte en la desaparición de los fenómenos, no en las apariciones.

Cuando lo hayas hecho, pregúntate ¿dónde va lo que desaparece? ¿Va a la Vacuidad, como todo lo que es impermanente? El mismo sitio de donde surge todo lo que aparece y se muestra; de donde surgimos nosotros y a donde volveremos al final de nuestra vida: a la Fuente Universal. Quédate unos segundos meditando en ello.

10. ¿Por qué es insoportable la vacuidad? Remedios para sobrellevarla

> Vacuidad, como cualidad de los *dharmas*, significa que uno no puede identificarlos como uno mismo, o tener algo relacionado con el propio yo...
>
> Vacuidad, como estado mental, significa un modo de percepción en el que uno no agrega nada ni quita nada de lo que está presente.
>
> *The Buddhist Religions:*
> *An Historical Introduction*
> Thanissaro Bhikku

Introducción

Hemos visto los aspectos positivos asociados a la visión de la ausencia del yo; son importantes y liberadores. Ahora bien, seamos objetivos, no es así para todo el mundo y no es así durante todo el tiempo. Sobre todo, al principio, los aspectos negativos van a ser muy relevantes, y producirán miedo y descorazonamiento. Algunos de ellos se pueden solapar parcialmente con los efectos adversos asociados al yo (que hemos descrito en el capítulo 7). El yo es el principal proyecto u objetivo en el que los seres humanos estamos embarcados en esta vida y, si creemos en la reencarnación, en todas las anteriores y posteriores; es el centro sobre el que gira toda nuestra existencia. Todas nuestras decisiones y acciones se sustentan en el yo. Si su propia existencia se duda, todo el rompecabezas se destruye, todo el castillo de naipes se derrumba. Cuando los meditadores de larga duración sienten esta experiencia, suelen valorarla de modo muy ambivalente: junto a la gran sensación de libertad descrita, puede haber la certeza de que el suelo se derrumba bajo nuestros pies y caemos en una especie de vacío insondable; y no es un pensamiento racional o teórico, sino que es una certeza visceral que irrumpe desde el centro de nosotros mismos y lo tambalea.

En todas las tradiciones espirituales se habla de este fenómeno. En nuestro contexto cristiano, san Juan de la Cruz escribió un poema y, posteriormente, un tratado haciendo comentarios sobre el poema, ambos titulados *La noche oscura del alma*. En ellos se describe el viaje del alma desde el cuerpo hasta su unión con Dios. Considera que este proceso, que es una experiencia dolorosa, una especie de purgatorio, incluye dos etapas: 1) la purificación de los sentidos y 2) la purificación del espíritu. En ellas, la práctica espiritual pierde sentido y uno se siente abandonado por Dios. Incluso Jesucristo habría sufrido este proceso cuando exclama en la cruz: «Dios mío, Dios mío, ¿por qué me has abandonado?» (Mateo 27; 47).

En el sufismo también existe el concepto, y algunos autores consideran que esta experiencia la tomó san Juan de la Cruz del místico andalusí Ibn Abbad al-Rundi (Asin Palacios, 1941). En el budismo, sobre todo en el Vipassana, se considera que el practicante atraviesa dieciséis etapas del pensamiento o «nanas» en su búsqueda del despertar. De la cinco a la diez son especialmente dolorosas, y estudiosos como Daniel Ingram (2008) las han comparado con la noche oscura del alma de san Juan de la Cruz.

Algunos de los elementos que pueden convertir en insoportable la experiencia de la vacuidad son:

1. El miedo.
2. La ausencia de sentido.
3. El duelo por la visión de nosotros mismos.

En este capítulo veremos también en qué podemos apoyarnos cuando vislumbramos la ausencia del yo, la cual suele ser una experiencia, a veces, demoledora.

El miedo

El miedo es uno de los efectos adversos o no esperados que relatan los meditadores cuando llevan tiempo practicando (Cebolla y cols., 2017). Cuando empezamos a tener la experiencia de momentos sin diálogo interno, sin objetos mentales, al principio, duran milisegundos; luego, segundos y, posteriormente, sobre todo en periodos de retiro, minutos. En un primer momento, la percepción de esos huecos en el funcionamiento del diálogo interno, esa sensación de vacío, puede producir miedo. Los meditadores lo describen físicamente como «un salto en el vacío», «un agujero negro», o que «no hay suelo bajo los pies». Suele ir acompañado de un sobresalto, palpitaciones, sudores, necesidad de tocarse o abrazarse y, a veces, de detener la meditación. Con lo que se está contactando en ese momento es con el vacío, con la ausencia de yo, con aspectos de la no-dualidad. Todo eso se mantiene oculto por el diálogo interno, por el juego continuo de la mente.

Estos son los primeros atisbos, pero, conforme sigue la práctica, las sensaciones suelen ser más intensas. El *Visuddhimaga* habla de un estado de meditación, denominado «disolución», en el cual el meditador experimenta el rápido paso de los fenómenos donde quiera que se dirija su atención, comprendiendo un aspecto más profundo de la vacuidad desde su propia experiencia. Dice el texto que el meditador puede experimentar ansiedad, miedo e incluso terror al hacerse consciente de la insustancialidad de todo lo que existe.

Hay una sensación primaria en ese miedo. Todos anhelamos la seguridad, pero sabemos que nuestro universo es incontrolable e impredecible. El ser humano, en todas las épocas, ha intentado resolver este miedo mediante la religión, la filosofía, la ciencia o la psicología. Freud llegó a decir que la neurosis era «el rechazo al sufrimiento» (citado en Feldman 2001, pág. 60). De alguna manera podríamos decir que el yo es el mecanismo de defensa ante la vacuidad. Chogyam Trunpa, el famoso maestro tibetano, decía que cuando el meditador llega a este punto es como una serpiente que se ha introducido en un largo tronco hueco de bambú; ya no puede volver atrás aunque quiera, hay que llegar hasta el final. Una vez que se toma contacto con la vacuidad, no hay marcha atrás, hay que experimentarla completamente.

Práctica: sintiendo el miedo a la vacuidad

Adopta la postura de meditación. Enfoca la atención en la respiración. Desde allí, monitoriza los contenidos de la mente. Si tienes cierta práctica, empezarás a observar los huecos de la mente. Es frecuente la percepción de un vacío, de un espacio ilimitado, de un color homogéneo, generalmente negro o gris. Observa la sensación que experimentas. A menudo, sobre todo en las fases iniciales, la sensación de que no hay nada bajo los pies, de que uno se diluye en un espacio ilimitado, puede producir cierta sensación de miedo. Para algunas personas resulta desagradable. Es una fase del proceso. La sensación desaparece si uno deja de meditar. Pero si uno se abandona, suele experimentar la conexión, la libertad, la sensación de bienestar.

La ausencia de sentido

Todo lo que hacemos en la vida, todo lo que deseamos, todo lo que perseguimos, lo hacemos por nosotros mismos, por el yo. Aunque sea una ilusión, es el motor de nuestra vida. Seguro que hemos intentado ser ricos, famosos o poderosos. Hemos decidido casarnos o no, tener hijos o no, ejercer tal profesión o tal otra, vivir en tal país o ciudad. Si resumimos, veremos que nuestras metas siempre han sido básicamente: 1) los placeres de los sentidos (sexo y lo que se puede comprar con el dinero) y 2) llegar a ser alguien. Todo esto nos otorga dirección y sentido.

Ahora bien, cuando empezamos a percibir que el yo no existe, todo eso se pone en cuestión. Es probable que todos esos proyectos y objetivos que daban sentido a nuestra vida se derrumben como un castillo de naipes. Lo más frecuente es que, entonces, surja un nuevo sentido de nuestra vida, algo con un mayor significado. El Dalái Lama dice que: «Somos visitantes de este planeta y que, como mucho, estaremos aquí noventa o cien años. En este periodo deberíamos intentar hacer algo útil con nuestras vidas. Si contribuimos a la felicidad de otros, seguramente habremos encontrado el verdadero sentido de nuestras vidas».

**Práctica: observando el sentido
de la vida asociado al yo**

Adopta la postura de meditación. Piensa en tus principales objetivos en la vida, lo que te ha movido a luchar hasta este momento. Lo más probable es que sean objetivos autocentrados, para nuestro beneficio personal; temas relacionados con los placeres sensoriales o con el éxito personal. Intenta conectar con la ausencia de yo, pero no como un concepto teórico, sino como una sensación vivencial profunda. Si eso es así, ¿siguen teniendo sentido estos objetivos?, ¿sigues teniendo la misma energía, el mismo impulso para pelear por ellos?, ¿o tendrás que buscar otros?

Duelo por la vieja imagen del yo

Muy ligado a lo anterior está el hecho de tener que hacer el duelo por nuestro yo; por las etiquetas a las que tanto nos habíamos aferrado (profesión, éxito económico, familia, prestigio) y por el esfuerzo dedicado a conseguirlas y mantenerlas. Es posible que seamos conscientes de contradicciones que siempre habían estado allí, pero que se han ocultado o negado, para no tener que asumir las consecuencias y actuar. Un trabajo demasiado exigente, o que no nos gusta, pero que nos produce una alta remuneración; una pareja que no nos llena, pero que es coherente con nuestro estatus y con la imagen que queremos dar; una vida dedicada a satisfacer a la galería, pero que sentimos como vacía. En estos momentos, todo eso chirriará y, seguramente, saltará por los aires. Somos mucho más capaces de ver lo que es auténtico y lo que es falso, lo que es coherente y lo que es incoherente.

Perderemos algunos amigos, porque ya no conectamos con ellos, y haremos otros nuevos que sentimos que están en nuestro camino. Las aficiones y entretenimientos que antes nos llenaban empiezan a sentirse como vacíos. Los temas relacionados con la enseñanza y las prácticas empiezan a ser más importantes. La gente que nos conoce sentirá que estamos cambiando y, sin embargo, no podemos evitar ser coherentes con nosotros mismos.

Estos tres elementos que hemos descrito suelen aparecer simultáneamente. Cada uno se producirá con mayor o menor intensidad y rapidez, pero es seguro que elementos de cada uno de los tres aspectos aparecerán. Son momentos de transición, de duda, de inseguridad. La sensación puede ser una suma de falta de sentido, nostalgia por el yo y por los placeres perdidos, o miedo. Todo ello es una parte del proceso de la disolución del yo. Es una sensación de tristeza, confusión y miedo, que meditadores expertos, como el lama tibetano Chogyam Trumpa, denominan «la nostalgia por el samsara».

Práctica: la nostalgia por el samsara

Adopta la postura de meditación. Recuerda el día de hoy o el de ayer y se-lecciona los objetos a los que te has apegado. Seguro que no podrás iden-tificarte absolutamente con aquello con lo que te apegas, porque la prácti-ca de la meditación ha generado la figura del observador y mantienes cierta distancia. Observa a la mayor parte de la gente que conoces o, incluso, a ti mismo hace unos años, antes de practicar. En esos momentos, o en las personas que conoces, la identificación es absoluta. La felicidad, cuando las cosas les van bien, parece muy intensa; pero eso va asociado a que el sufrimiento, cuando las cosas les van mal, es también muy intenso. Observa tu «nostalgia del samsara», de aquella identificación a lo que te apegabas.

Como se ve en esta práctica, lo que llamamos placer, o incluso felicidad, solo es cesación del sufrimiento. Como veremos al hablar de las tres marcas del budismo, la felicidad y el su-frimiento son las dos caras de la misma moneda, que están vinculadas a la impermanencia. Lo que nos hace felices, como es impermanente y desaparecerá, será causa de sufrimiento. Platon también se refiere a este asunto en el *Fedón*, que relata los últimos momentos de su maestro Sócrates. Cuando a este le quitan los grilletes de los tobillos, lo que antes le hacía sufrir, posteriormente, en su ausencia, le produce placer.

Ayudas para soportar la vacuidad

La dificultad para soportar la vacuidad es un estado que puede durar más o menos tiempo, pero es solamente una fase más, un periodo más. Como todo en esta vida, es impermanente y pasará. ¿Cuáles son las ayudas que pueden facilitar esta tran-sición? Son básicamente tres:

1. La fe.
2. La compasión.
3. La paciencia.

Fe

El budismo no es una religión revelada y, por tanto, la fe, tal y como se entiende en las religiones teístas, no ocupa un lugar en él. El mismo Buda recomendaba, en el *Discurso a los kalamas*, examinar con cuidado todo lo que él dijo. La fe sería creer que tanto el Buda como sus enseñanzas son una fuente fiable para escapar del sufrimiento y que la *sangha*, la comunidad de practicantes, puede ser un buen apoyo; es lo que clásicamente se denomina las Tres Joyas: el Buda, *Dharma* o sus enseñanzas, y la *sangha*, que es la comunidad espiritual con la que realizamos el camino. De alguna forma, como dice el dicho, «hay que ver para creer», lo que implica tener experiencia para confiar en la práctica; pero también hay que creer para ver, es decir, que para iniciarse en la práctica se requiere una mínima confianza en que esta será eficaz.

En estos momentos de crisis y dificultad, es importante tener un maestro o un referente que ya haya pasado este proceso y que nos pueda indicar qué hacer, cómo superarlo. La clave es seguir practicando, seguir profundizando. La dificultad es tener la energía para hacerlo.

Compasión

El concepto de compasión que se usa en psicología sería el de Goetz y cols. (2010), quienes la describen como «el sentimiento que surge al presenciar el sufrimiento de otro y de uno mismo y que conlleva un deseo de ayudar». Cuando las cosas nos van mal, cuando sufrimos en la vida, muchas veces las situaciones no tienen solución, no se pueden modificar. En esos momentos de sufrimiento, el afecto y la compasión hacia nosotros mismos nos pueden ayudar a sobrellevar mejor las dificultades. Es lo que haríamos con un niño que está llorando o con un amigo que sufre: abrazarlo, consolarlo, escucharlo. Solo eso hará que se sienta mejor, aunque la situación no cambie.

Es importante ser consciente de que la idea no es la autocompasión para estar mejor. No hay que tener la expectativa de que la compasión va a resolver nuestro malestar de forma inmediata, no es ese el objetivo, sino que nos damos autocompasión porque estamos mal, porque sufrimos. Una práctica típica de autocompasión es el «Afrontamiento compasivo ante las dificultades», que incluimos al final de esta sección.

Paciencia

En el budismo, se define la paciencia como la cualidad que nos permite enfrentarnos a las circunstancias adversas y desagradables con un corazón tranquilo. En los idiomas occidentales, paciencia suele asociarse a resignación cuando no a irritación, aunque externamente se muestre aparente calma y tranquilidad. No sería esta la idea, no tendría que haber esta disociación. Se mantiene una sensación tierna, acogedora en el corazón, aunque lo que ocurra no nos guste; es como afrontar lo que está pasando sin reservas, sin rechazos, porque es lo que nos ofrece la vida en ese momento.

Práctica: el afrontamiento compasivo ante el sufrimiento

Adopta la postura de meditación habitual. Trae a tu mente las experiencias en relación con el yo o la vacuidad que hacen que te sientas mal. Reconstruye la situación de la forma más completa posible: cómo se generó malestar, qué sensaciones y pensamientos surgieron. Podemos evocar la emoción que sentimos e intentamos describirla. Recordamos qué diálogo interno acompañó a la emoción. Vamos a decirnos un discurso más amoroso, ya que nos sentimos mal. Seguiríamos un esquema en 4 fases:

1. RECONOCER EL SUFRIMIENTO. No tiene sentido negar el dolor porque, de lo contrario, no podremos darnos afecto. Lo reconocemos mediante una frase del tipo «Esto duele, lo estoy pasando mal». De esta forma, tomamos conciencia del sufrimiento.

2. HUMANIDAD COMPARTIDA. Lo que me ocurre no me pasa solo a mí, sino que le ha ocurrido a otros seres humanos que han buscado el camino. No es que «estemos mal hechos» o hayamos obrado mal, sino que este sufrimiento es consustancial a la naturaleza humana. Lo reconocemos con una frase del tipo: «Otras personas han experimentado este sufrimiento anteriormente, igual que yo; otras lo sufren ahora y otras más lo experimentarán en el futuro».

3. IMPERMANENCIA. Todos los fenómenos mentales y todo lo que hay en este mundo es impermanente. Tiene un principio, un desarrollo y un final. Lo hacemos explícito con una frase del tipo de «Esto pasará, como todas las cosas en la vida, y con el tiempo estaré mejor».

4. CUIDARNOS. Dado que estamos sufriendo y pasándolo mal, no vamos a aumentar aún más nuestro sufrimiento autocriticándonos ni autocastigándonos, como suele ser habitual, sino que adoptamos el compromiso de cuidarnos y querernos, hasta que volvamos a estar bien. Realizamos el gesto compasivo que más nos tranquilice, por ejemplo, abrazarnos a nosotros mismos, y utilizamos algunas frases compasivas que sintamos adecuadas para las circunstancias (por ejemplo, «Que pueda alcanzar la paz», «Que pueda estar libre de este sufrimiento», «Que pueda sentirme mejor»).

PARTE II

La visión de las tradiciones contemplativas

11. Las enseñanzas fundamentales del budismo

La forma es el vacío.
El vacío es la forma.

Sutra del Corazón

Las Cuatro Nobles Verdades
(Dalái Lama, 2013)

Constituyen las primeras palabras que el Buda pronunció después de la Iluminación y se consideran la enseñanza clave del budismo. Siddharta Gautama, el Buda, las describió de tres formas diferentes. Primero, a nivel individual:

Esta es la verdad del sufrimiento,
este es el verdadero origen del sufrimiento,
esta es la verdadera cesación del sufrimiento,
este es el verdadero camino para la cesación.

Y, posteriormente, en una segunda serie de afirmaciones, describe cómo debe aplicarse:

El sufrimiento debe ser reconocido.
Su origen debe ser eliminado.
La cesación debe ser realizada.
El camino debe ser cultivado.

La Primera Noble Verdad. Toda existencia es insatisfactoria* (**dukkha**). La vida es imperfecta: el sufrimiento y la insatisfacción son continuos y universales. Hasta aquí, el budismo no es original, ya que todas las religiones consideran el sufrimiento del ser humano «el gran tema», el problema eterno. De hecho, se considera que las religiones nacen para dar explicación a este tema (Freud, 2016). El budismo describe los cuatros principales sufrimientos que tiene que experimentar el ser humano: el nacimiento, la vejez, la enfermedad y la muerte. Los tres últimos sufrimientos se relacionan con tres de los cuatro encuentros clave que experimentó el Buda y que motivaron su renuncia a la vida mundana y su búsqueda de la espiritualidad. Esta noble verdad incluye las «Cuatro Marcas de la Existencia» que, posteriormente, analizaremos.

---

* Aunque en muchos libros *dukkha* se traduce como sufrimiento, algunos autores como Analayo prefieren traducirlo como insatisfacción o decepción. El Buda no quería insistir en el sufrimiento, ya que en la vida hay también felicidad. El problema es que todo es impermanente, por lo que cualquier felicidad desaparecerá. Esto es lo insatisfactorio, lo decepcionante.

La Segunda Noble Verdad. El sufrimiento proviene del deseo (*samudhaya*). Este caso sí que es diferente al resto de filosofías, ya que la causa no es un pecado original, un error cometido por los ancestros de la humanidad, como es habitual en las religiones monoteístas. El sufrimiento está causado por las emociones perturbadoras originadas por el apego, la sed o el deseo hacia los objetos placenteros de este mundo y por el rechazo hacia los desagradables. El apego está relacionado con una fuerte creencia en un yo separado del mundo, que persigue compulsivamente lo que le gusta y rechaza sistemáticamente lo que no le gusta. Ese proceso de búsqueda y rechazo se asocia a una serie de acciones que, con independencia de que sean positivas o negativas, generan «karma», es decir, la ley de acción y consecuencia, que produce la tendencia a que ese yo separado del mundo se mantenga renaciendo de manera indefinida. Sin embargo, la percepción que tenemos del yo es solo una ilusión de la mente. Como se ve, existe una gran diferencia con la ética monoteísta, donde las acciones deben ser virtuosas para ir al cielo. En el budismo, las acciones virtuosas llevan a un cielo que sigue estando dentro del samsara o ciclo de renacimientos, por lo que tampoco permiten alcanzar la Liberación. La única forma de escapar del sufrimiento es realizar nuestras acciones sin deseo por realizar la acción, sin la sensación de que somos el agente y sin expectativa de resultados. Esta noble verdad incluye el «Surgimiento Condicionado» (*pratiyasamutpada*), que analizaremos en el siguiente capítulo.

La Tercera Noble Verdad. El sufrimiento puede ser vencido (*nirodha*). El sufrimiento puede cesar cuando hacemos que sus causas cesen. Si fuésemos conscientes de que el yo solo existe de forma condicionada pero no intrínseca, no generaríamos acciones basadas en el yo, aunque sean virtuosas. La tendencia a adherirnos al yo y a creer que existe está profundamente arraigada en nosotros.

La Cuarta Noble Verdad. El camino para liberarnos del sufrimiento es el Noble Óctuple Sendero (*magga*). Este sendero incluye: 1) comprensión correcta; 2) pensamiento correcto; 3) palabra correcta; 4) acción correcta; 5) ocupación correcta; 6) esfuerzo correcto; 7) atención correcta, y 8) concentración correcta. El Óctuple Noble Sendero se divide en tres pilares: ética (*shila*), concentración (*samadhi*) y sabiduría (*prajna*).

Al final del proceso, no hay nada que alcanzar, ni nadie que lo haya alcanzado, porque el «yo» se ha disuelto. El Buda lo expresa claramente al volver a reformular las Cuatro Nobles Verdades de esta forma:

> Aunque el sufrimiento deba ser reconocido, no hay ningún sufrimiento que reconocer;
>
> aunque su origen deba ser eliminado, no hay ningún origen que eliminar;
>
> aunque la cesación deba ser realizada, no hay ninguna cesación que realizar;
>
> aunque el camino deba ser cultivado, no hay ningún camino que cultivar.

Los Cuatro Sellos o Marcas de la Existencia

Se considera que constituyen la base del budismo, junto a las Cuatro Nobles Verdades. Son los siguientes (Dalái Lama, 2004):

Todos los fenómenos condicionados
son temporales y transitorios
(PRIMER SELLO: LA IMPERMANENCIA)

La impermanencia se considera la clave de la existencia en el budismo, la enseñanza más importante. En la tradición tibetana es el primero de los preliminares comunes, es decir, la primera enseñanza. Todos los fenómenos son pasajeros porque todos atraviesan un proceso de cambio, compuesto de diferentes momentos, y no requieren ninguna otra causa externa a sí mismos para su desintegración: su propia naturaleza es impermanente. Todos los fenómenos dependen de causas y condiciones que, a su vez, son también impermanentes.

Se habla de dos tipos de impermanencia: burda y sutil. La burda es visible fácilmente, porque la destrucción/desaparición es inmediata. Así, un sonido natural desaparece en pocos segundos, el día y la noche o las estaciones del año se suceden continuamente. Incluso las vidas de muchos seres vivos, como también las de los humanos, son evidentemente breves. Sin embargo, la impermanencia sutil no es fácil detectarla. Una montaña es la representación de la estabilidad, pero, con el transcurso de millones de años, se destruye. Nuestro planeta o el universo tendrán un final, aunque su duración es inimaginablemente larga para nuestra mente. En otro orden de cosas, nuestro cuerpo, aparentemente estable, cambia las células de continuo y, en siete años, casi todas ellas han sido sustituidas. Esto ocurre a nivel externo pero también interno: nuestros pensamientos, sensaciones y emociones duran un tiempo y desaparecen, cambian continuamente. Incluso nuestra sensación o idea del yo es también cambiante.

Todos los fenómenos contaminados son,
por naturaleza, sufrimiento
(SEGUNDO SELLO: EL SUFRIMIENTO)

Puesto que todo aquello con lo que contactamos en este mundo va a desaparecer, se destruirá, no puede ofrecernos una paz o felicidad estable. Estamos sistemáticamente autoengañándonos buscando objetos externos que nos den la felicidad. Pero, aunque, de manera excepcional, esos objetos nos produzcan cierta sensación de bienestar, sabemos que es ilusoria, porque siempre podemos perderlos y, con ellos, la felicidad que, supuestamente, nos producen.

Por eso, en el budismo tibetano, se habla de tres tipos de sufrimiento:

- **El sufrimiento de sufrir:** es el evidente, el que ocurre cuando algo nos va mal, como la muerte de un familiar, una enfermedad o un revés económico.
- **El sufrimiento del cambio:** es más sutil y está ligado a este sello. Incluso aquellas situaciones positivas que nos hacen felices, como un buen trabajo o posición económica, una familia maravillosa o una buena salud, son

la semilla del sufrimiento. Si esos objetos nos producen bienestar, cuando los perdamos, proceso que ocurrirá inexorablemente en algún momento de nuestra vida, serán causa de sufrimiento.

- **El sufrimiento omnipresente condicionado:** se encuentra en la naturaleza de todo lo que existe. La causa son los tres primeros sellos.

También podemos ver que no hay nada en este mundo intrínsecamente bueno o malo, que, en consecuencia, nos produzca a todos sufrimiento o felicidad, sino que la causa de esa interpretación está en nosotros mismos. Así, algunas plantas son venenosas para ciertas especies, pero para otras, no; hay alimentos agradables para unas personas, pero para otras son desagradables; y todos nosotros tenemos amigos y enemigos simultáneamente que no lo son para otros.

Todo fenómeno está vacío de existencia propia
(TERCER SELLO: LA VACUIDAD, INSUSTANCIALIDAD O AUSENCIA DE UN YO)

La vacuidad es un concepto sistemáticamente mal entendido en Occidente. Cuando en el budismo se habla de la vacuidad, no quiere decir que nada exista. Si nos damos un golpe contra una pared, de inmediato confirmamos que existe. A lo que se refiere es a que no existe como a nosotros nos parece, es decir, de una forma independiente de los demás fenómenos o inherente. Nosotros nos aferramos a los objetos en cuanto se presentan y, a partir de ese momento, generamos emociones que nos producen malestar; pero los objetos solo existen en dependencia de causas y condiciones, en dependencia de sus partes. En el siguiente capítulo formulamos más a fondo este tema.

El nirvana es la verdadera paz

Este sello no siempre se incluye y, por eso, a menudo se habla de los tres sellos: impermanencia, sufrimiento y ausencia de yo. Comprender el sufrimiento omnipresente y condicionado hace que nos decepcionemos de todos los fenómenos y experiencias mundanas; si se comprende eso, no habrá aferramiento. De esta manera, surge el deseo genuino de librarse de la ignorancia, del sufrimiento. Esto es lo que conduce a la cesación o nirvana, que es la verdadera paz.

Práctica: el aire eterno, el agua eterna, la tierra eterna

Adopta la postura de meditación. Toma consciencia de la interconexión que tenemos todos los seres que vivimos en la actualidad y que hemos vivido a lo largo de la historia de la humanidad. El aire que respiramos lo respiramos todos los seres que estamos vivos en este momento, pero también es el mismo que respiraron nuestros antepasados, incluyendo a Cristo, el Buda o Mahoma; y es el mismo que respirarán todos los que nos sigan. Lo mismo pasa con el agua que bebemos. La compartimos los seres vivos actuales y es la misma que bebieron nuestros antepasados, y también será la misma que beban nuestros descendientes. O la tierra que pisamos y que produce los alimentos que comemos: es la misma tierra que compartimos ahora y que disfrutaron nuestros antepasados y que transmitiremos a las nuevas generaciones. Siente el milagro y el misterio de la interconexión que nos producen este aire eterno, esta agua eterna, esta tierra eterna. En última instancia, estos fenómenos eternos serían también impermanentes, continuamente cambiantes pero aparentemente estables.

Verdad relativa y verdad absoluta

Nagarjuna fue un filósofo hindú que vivió entre los años 150 y 250 d.C. y que fundó la Escuela del camino Medio o Madhyamaka. En su libro principal, titulado *Tratado fundamental de la vía mediana* (Nagarjuna, 2003), afirma (*Mulamadhyamakarika*, XXIV, estrofa 8):

> El *Dharma* que enseñan todos los budas
> se apoya totalmente en los dos niveles de verdad:
> el nivel convencional mundano de la verdad
> y el nivel último de la verdad.

Todo lo que es susceptible de ser conocido, todos los fenómenos y todo lo comprendido en la mente y en el cuerpo de cada ser, está integrado en estos dos niveles de verdad, el convencional y el último. La vacuidad es la verdad última, la textura de la realidad; todo lo demás son verdades relativas. Las distinciones de espacio, temporalidad o identidad son algo no objetivo: un suceso del pasado es presente cuando ocurre y futuro antes de que acontezca. Las palabras no son la realidad, el significante no es el significado. Para Nagarjuna no hay distinción entre samsara y nirvana, porque ambas son palabras vacías. Que todas las cosas sean vacías podría producir una postura de desesperanza, pero eso solo ocurre porque hemos desarrollado la idea, también vacía, de que las cosas deben tener sentido y esencia.

Todos los fenómenos son falsos, porque la forma en que aparecen no se corresponde con la forma en que existen. Cualquier objeto, por ejemplo un libro, parece existir de manera inherente e independiente, pero depende de sus partes, de sus causas y de la mente que lo aprehende. La mente los percibe de una forma verdadera en cuanto a sus características (color, forma, posición), pero de forma errónea en cuanto a su naturaleza última. Sería como un sueño en el que robamos un diamante; aunque todo el sueño es una creación de nuestra mente, si nos preguntan si hemos robado en el sueño, tendríamos que decir que sí, ya que esa es la verdad (aunque relativa); si dijésemos que no hemos robado, mentiríamos. Así es todo el universo: una creación de la mente universal (Kelsan Gyatso, 2006). Cualquier acción que ocurra en él es una verdad relativa, ya que la verdad última es que todo es vacuidad.

Aunque la vacuidad es una verdad última, tampoco existe de manera inherente. No es algo separado y que ocurra por detrás de los objetos, sino que es la ausencia de existencia inherente; por tanto, para que exista, la vacuidad necesita una base, un objeto del que se niegue su existencia inherente. Solo la sabiduría de una mente estabilizada por la meditación puede atisbar la vacuidad. Mientras existan los pensamientos conceptuales, el mundo se percibirá como si existiese de una forma inherente.

La vacuidad se puede comparar con el cielo y nuestro cuerpo, con el color azul. Igual que el color azul es una manifestación del cielo y no puede separarse de él, nuestro cuerpo es una manifestación de su vacuidad y no puede separarse de ella. Lo mismo podríamos decir de la vacuidad de la mente o de la de nuestro yo. Todos esos aspectos de nosotros mismos están vacíos. Si podemos percibir todo esto claramente, el apego por nosotros desaparece. La vacuidad del yo, de la mente, del cuerpo, es la misma vacuidad que la de los objetos del mundo.

Todas las vacuidades son la misma e interpenetran todo. Mientras sintamos que nuestra mente está «aquí» y la vacuidad está «allí», no podremos mezclarnos con ella.

En la vida diaria aparecen múltiples objetos y unos nos resultan agradables, otros desagradables y otros neutros. Creemos que tienen una existencia inherente y nos apegamos o los rechazamos, no somos ecuánimes con ellos. De esta forma, la mente no puede mezclarse con la vacuidad. Todos los objetos, aunque parezcan muy diferentes, poseen una única realidad que es igual para todos: la vacuidad. Nuestra mente y la vacuidad tienen también el mismo sabor.

En el día a día tendríamos que reconocer todas las apariencias como un sueño, como el engaño de un mago, carentes de realidad. Somos un actor que ha tomado la identidad de un personaje, que es nuestro propio yo: nuestro nombre, personalidad e historia biográfica, pero que sabe que todo es una función que acabará con la muerte (verdad última). Pero, a la vez, actuamos en el mundo ateniéndonos a las normas sociales, siendo amigos de nuestros amigos y ayudando a que el mundo vaya mejor (verdad relativa). Mantener en la mente ambas realidades es el objetivo de la meditación.

El autor budista más citado al hablar de no-dualismo es Nagarjuna y su obra *Mūlamadhyamakakārikā* (Garfield, 1995), así como su gran comentador Chandrakirti (Westerhoff, 2009). Nagarjuna (2003, pág. 255) asegura: «Cuando las presunciones de yo y mío desaparecen, desaparece el renacer». Pero también realiza otras afirmaciones aparentemente contradictorias como: «El Buda no enseñó ningún *Dharma* en ningún tiempo, en ningún lugar, a ninguna persona».

Quizá la estrofa más compleja de su obra magna, y que resume sus enseñanzas, sea esta (Nagarjuna 2003, pág. 125):

Todo es verdad y nada es verdad.

Y todo es verdad y no verdad.

Y no es verdad ni no verdad.

Esa es la enseñanza de los budas.

Práctica: contemplar las dos verdades

Adopta la postura de meditación. Las dos verdades se estructuran en nuestra mente cuando todo lo que nos rodea lo consideramos de la naturaleza de los sueños. Por un lado, «seguimos la corriente del sueño», de la forma más eficaz posible. Pero, por otro lado, somos conscientes de que solo es un sueño. Deberíamos realizar la práctica con todo aquello a lo que estamos muy apegados. En nuestro trabajo, deberíamos tener el compromiso de realizarlo lo mejor posible, pero sin perder la perspectiva de que solo es un sueño. Con nuestros amigos y familia, el compromiso es ser un excelente padre o amigo, pero siendo consciente de que todo es un sueño. En nuestra vida diaria, nunca perder la perspectiva de que nada es realmente agradable o desagradable, bueno o malo. Todo es un sueño, con un único sabor: la vacuidad.

El verdadero enemigo

La quintaesencia de la filosofía budista es que todo nuestro sufrimiento es el resultado de una mente indisciplinada. La mente ignorante, que interpreta el mundo de una forma errónea, tomando lo impermanente por permanente, y lo que depende de causas y condiciones, por intrínsecamente existente; todo ello genera emociones negativas. La solución solo puede ser interna: técnicas meditativas que permitan a la mente eliminar la ignorancia y revertir el ciclo. Debido al énfasis que pone el budismo en la mente y a que no confía en un ser divino o en una teoría de la creación, el Dalái Lama ha dicho que el budismo «no es una religión, sino la ciencia de la mente».

El disfrute de la belleza

Contrariamente a la idea extendida sobre el pesimismo y la visión negativa del budismo, el desapego o la no-dualidad no están reñidos con disfrutar del mundo y su belleza. El único requisito, si se quiere evitar el sufrimiento, es no generar el deseo y el posterior apego. Vemos algunos ejemplos, en la propia vida del Buda, de cómo disfrutaba de la belleza del mundo:

- **La belleza de la naturaleza** (*Mahakassapa-theragatha*, Th 1063, 1065 y 1070)

  Esas rocas me encantan, el color de las nubes azules, hermosas, frescas con agua, con arroyos puros…

  Las hermosas superficies están cubiertas de lluvia; las montañas son agradables para quienes las ven. Hechas para resonar con los pavos reales, esas rocas me deleitan.

  Con agua clara y anchos peñascos, pobladas por monos y ciervos, cubiertas de musgo que rezuma, esas rocas me deleitan.

- **La belleza de los seres humanos, tanto física como espiritual** (*Sujatta-sutta*, SN II 278)

El Bendito vió al Venerable Sujata venir en la distancia y, tras haberlo visto, se dirigió a los monjes: «Monjes, este hombre del clan es hermoso en ambos aspectos. Es apuesto, atractivo, agradable de contemplar, posee una belleza suprema de tez. Y es uno de los que, al darse cuenta por sí mismo (de la realidad del sufrimiento), con conocimiento directo, en esta misma reencarnación, entró en esa insuperable meta de la vida santa, por la cual los miembros del clan salen directamente de la vida familiar a la indigencia.

- **La belleza de vivir, cuando sabes que vas a morir** (Arnau, 2011, pág. 178)

Al final de su vida, el Buda pasó por los lugares donde había nacido y, sabiendo que iba a morir, se despidió de ellos para siempre:

Pasearon por algunos de sus lugares favoritos en los alrededores de Vaisali. Ananda […] preparó un asiento y dijo: «[…] El color de la piel del Tathagata* ya no brilla, sus miembros están flácidos y débiles, la mirada cansada, terco el oído y tembloroso el tacto».

–Así es mi querido Ananda. Está en la naturaleza de todo lo compuesto el descomponerse. La juventud envejece; la salud enferma; la vida muere.

---

* Tathagata: término que emplea el Buda para referirse a sí mismo. Se traduciría como «el que así ha venido» o «el que así se ha ido».

El sol del atardecer calentaba su espalda. El Tathagata tenía la mirada perdida en el horizonte y dijo: «Magnífica y resplandeciente es la tierra de Jambu y dulce la vida de los hombres. Magnífica es […] la Ermita de las Ardillas, el Parque de los Venados […] y dulce es la vida de los hombres».

–¿Por qué sonríes, maestro?

–Esta es la última vez que el Tathagata contempla Vaisali.

12. El budismo y la noción del yo

> Si un hombre puede vaciarse a sí mismo durante su estancia en el mundo, ¿quién podrá dañarle?
>
> ZHUANGZHI

La doctrina del yo

A continuación, intentaré resumir algunos aspectos de esta compleja doctrina. No pretende ser exhaustiva, aunque incluye los conceptos principales, siempre siguiendo las palabras directas del Buda, tal y como se cuenta en el *Potthapada Sutra* o *Discurso con Potthapada*, un asceta mendicante (*Digha Nikaya* 9,2,2, págs. 428-441).

Cuando al Buda le preguntaron cómo era el yo, lo que contestó fue:

> –Potthapada, existen tres tipos de yo adquirido: el yo adquirido superficial, el yo adquirido creado por la mente y el yo adquirido sin forma.

El yo y la identificación con el cuerpo

–¿Qué es el yo adquirido superficial? Tiene forma, está compuesto de los cuatro grandes elementos y se alimenta de alimentos materiales.

Evidentemente, a lo que se refiere el Buda es al cuerpo, que está compuesto de los cuatro elementos, según la tradición hindú (tierra, agua, aire y fuego), y que se alimenta de materia. Trascenderlo es complicado, porque es necesario comprender claramente el sufrimiento que nos produce.

Por sus características, el cuerpo está necesariamente ligado al deseo, y una gran parte de nuestro tiempo en la vida está destinada a satisfacer sus necesidades:

- Alimentarse: lo que conlleva conseguir y preparar la comida.
- Necesidades fisiológicas: nuestras casas están preparadas para este tema.
- Salud: se ha convertido en una obsesión de la sociedad moderna.
- Descanso: la industria del turismo y el ocio es parte integrante de esta necesidad.

La sociedad moderna ha desarrollado toda una tecnología para satisfacer estos aspectos, de manera que las limitaciones y miserias del cuerpo no se perciban y tengamos la sensación de cuerpos perfectos. De esta forma, el cuerpo podrá estar siempre joven, bello, con peso y musculatura adecuados. Mantenemos una relación ambivalente hacia el cuerpo: por un lado, cuando no nos produce sufrimiento y todo va bien con él, estamos encantados de ser este cuerpo, pero cuando hay enfermedades, limitaciones o problemas estéticos y nuestro cuerpo no está impecable, nos enfadamos con él.

En realidad, nuestra relación no es tanto de «yo soy este cuerpo» como de «tengo este cuerpo». El Buda enseñó que el cuerpo, con sus constantes exigencias, nunca nos puede satisfacer del todo. Es el soporte de nuestros sentidos y clave para la práctica meditativa, pero debemos mirarlo como algo impersonal, no como algo que poseamos, ya que la idea de propiedad choca con la realidad de su impermanencia. Por otra parte, como vimos en el capítulo 6, con el *Discurso del Buda a Saccaka*, nosotros no tenemos la capacidad de controlar el cuerpo. Ahora bien, la prueba de fuego es mirarnos a un espejo: vemos este cuerpo, nuestra cara y rasgos en general, y la identificación es total. Automáticamente, siento que yo soy esa persona, ese cuerpo reflejado, y cualquier suceso que le ocurre al cuerpo siento que me ocurre «a mí».

Práctica: la desidentificacion del cuerpo

Adquiere una postura cómoda y sitúate delante de un espejo. Pon atención a la respiración y al cuerpo con los ojos abiertos, viéndote reflejado en el espejo. Observa lo que te gusta y lo que no te gusta de ese cuerpo y nota el apego y el rechazo. Intenta dar un salto, no sentir que ese cuerpo es tuyo, que ese eres tú. Míralo como algo impersonal, como el cuerpo de otra persona, como un objeto sin dueño que aparece delante de ti.

Siente que es un objeto prestado, como si te dejasen un coche que no es tuyo y que tienes que devolver. No sentirías apego ni rechazo al coche, porque no forma parte de ti, no es tuyo. Intentarías devolverlo igual que te

▶

lo dejaron, por eso lo cuidarías pero sin sensación de propiedad. El cuerpo es un vehículo prestado para estar en este mundo y poder alcanzar nuestros objetivos espirituales, ya que sin él no podríamos alcanzarlos. Pero, como en la parábola budista de la balsa, cuando hayamos alcanzado la otra orilla tendremos que abandonarlo. No hay necesidad de tener apego ni de identificarse con él.

El yo y la identificación con la mente

A continuación, el Buda describe el segundo yo supuesto creado por la mente

> ¿Qué es el yo creado por la mente? Tiene forma, es perfecto en todas sus partes, sin ningún defecto en los órganos sensoriales.

Este yo es, inicialmente, los contenidos de la mente: pensamientos, emociones, sensaciones e impulsos. Si seguimos la estructura de la mente que hemos descrito en el Anexo, antes de practicar cualquier tipo de meditación, nos identificamos –en psicología decimos que «nos fusionamos»–, con todo aquello que aparece en nuestra mente. Nuestro yo se convierte en cualquier deseo, emoción o pensamiento que predomine en la mente en ese momento. Lógicamente, como pueden coexistir varios fenómenos mentales en pocos segundos, nuestros deseos o pensamientos suelen ser contradictorios. Por ejemplo: deseo ir a ver a una persona, pero mi cuerpo está cansado para desplazarse, por lo que el yo no sabe qué hacer y está molesto. O deseo tener relaciones sexuales con alguien, pero siento miedo de las consecuencias, si se descubre mi infidelidad, y, de nuevo, el yo está molesto e inquieto porque no sabe qué hacer.

En una fase posterior, cuando empezamos a practicar meditación, nos damos cuenta de que no somos nuestros pensamientos y emociones, sino lo que observa esos contenidos mentales. En la meditación, el yo se identifica con ese observador. No estamos tan dependientes de nuestros contenidos mentales, pero el yo sigue perfectamente estructurado y puede existir el riesgo de vanagloriarnos con la práctica de la meditación y sentirnos superiores a las personas que no meditan; es lo que hemos denominado «la enfermedad de los meditadores». Todo lo que hacemos y todo en lo que creemos, aunque sean obras virtuosas, siempre está dirigido por y centrado en el yo, ya que toda acción contiene deseo. El deseo y las acciones volitivas son la expresión del yo. A partir de ese deseo, según la filosofía budista, se crea karma, y esto es lo que nos liga a la reencarnación continua y al samsara.

La enseñanza de la ausencia del yo es radical, es una verdad absoluta; y choca con la visión relativa, que se nos hace tan evidente. Desde la perspectiva relativa, desde las primeras dos pantallas de la mente, la pregunta que surge rápida es: «Si no existe el yo, ¿quién está sentado aquí meditando?», o «¿a quién le duelen las rodillas?». A nivel relativo, la respuesta es «yo» o «a mí», pero a nivel absoluto la respuesta es «a nadie».

La creencia en un yo, que está «aquí», frente a un «mundo», que está allí, y que hay que controlar con nuestro diálogo interno, para que responda a nuestras expectativas, es el origen de nuestro sufrimiento. Esta visión del yo como problema se encuentra en todas las religiones. En el cristianismo, es muy frecuente la expresión de «abandonarse a sí mismo a la voluntad de Dios». El problema es que, en la mayoría de las tradiciones espirituales, el proceso para desidentificarse del yo apenas está explicado.

**Práctica: la desidentificación
de la mente**

Adopta la postura de meditación. No ancles la atención en ningún punto, como la respiración, sino déjala flotar libremente en la propia mente, como en la monitorización abierta sin anclaje. Cuando aparezca un pensamiento, fusiónate intencionalmente con él. Observa el yo, cómo sentimos que es el actor del pensamiento. Intenta desidentificarte de ese yo, fusionado con ese objeto de la mente.

Ancla ahora la atención en la respiración y observa los fenómenos mentales: sensaciones, pensamientos, emociones, impulsos. Ahora no estás identificado con los objetos mentales, porque eres el observador. Pero sigue existiendo el yo identificado con el observador de la mente. Es también mente, es también un yo identificado. Incluso en las concentraciones más elevadas, va a haber sensación de yo, aunque sea un yo sin forma y sin límites.

Fuera de la meditación formal, intenta observar el primer momento tras despertarte del sueño nocturno. Observa el yo en ese momento. Todavía no está «conectado». Inicialmente, hay sensaciones inconexas, sin diálogo interno que las estructure. Pero, en dos o tres segundos, ya empieza la actividad de la mente, ya sea en forma de pensamientos o emociones, ya en forma de un yo que observa esos objetos mentales.

El yo sin forma

El Buda prosigue:

¿Qué es el yo sin forma? No tiene forma y está hecho de percepción.

Este yo no es accesible a la mayoría de las personas. Aparece tras mucho tiempo de meditación, en las concentraciones superiores, cuando no hay forma física ni mental. En ese nivel, trascendido hace tiempo el deseo y, posteriormente, superada la forma, en la infinidad del espacio y la conciencia, no hay nada que tenga ningún tipo de límite, pero hay percepción. En ese momento, superada la identificación con el cuerpo (ya que se percibe claramente que la mente no está constreñida en él), y sin posibilidad de identificarse con los contenidos de la mente y ni siquiera con el observador (ya que todo eso ha desaparecido), sigue existiendo un último agarre del yo: la conciencia, la percepción, la atención. Siento que mi yo es «la consciencia» y permanezco todavía en la dualidad, aunque en ese momento no aparezca ese pensamiento.

Mientras exista el yo, habrá comparación y sufrimiento, porque habrá dualismo. Hay una parábola de los tiempos del Buda en la que se ilustra este aspecto:

Unos ladrones secuestraron a tres monjes y decidieron pedir rescate al monasterio por uno de ellos, pero no sabían cuál sería el más «valioso» para la comunidad. Así que preguntaron al monje más anciano de los tres con cuál debían quedarse. El anciano no respondió, ni siquiera cuando volvieron a preguntar una segunda vez. Enfadados, le amenazaron, mientras le preguntaban por qué no respondía. Él contestó que no sabría qué decir. Si señalaba a uno de los jóvenes, parecería que el joven era más valioso; mientras que si se señalaba a sí mismo, parecería que él era más valioso. Pero no existían diferencias entre ellos, por eso no podía responder nada. Se dice que la historia impresionó tanto a los ladrones que los dejaron libres.

Mientras creamos en un yo separado de los demás, existirá la comparación y el sufrimiento.

¿Cuál de estos tres yoes
es el yo auténtico?

En esta conversación entre Potthapada y el Buda interviene Chitta, el hijo del domador de elefantes.

> Entonces Chitta, el hijo del domador de elefantes, le dijo al venerable: «Venerable, cuando el yo adquirido superficial está presente, ¿es incorrecto suponer la existencia del yo adquirido creado por la mente o del yo adquirido sin forma?¿En ese momento solo existe realmente el yo adquirido superficial? ¿Y lo mismo puede decirse del yo adquirido creado por la mente y del yo adquirido sin forma?

La pregunta es si, cuando está presente un yo, pueden o no estar los otros simultáneamente. Todos podemos identificarnos con esta pregunta. Si voy andando y me tropiezo y me hago daño en el pie, esa sensación de dolor, de identificación con el yo corporal, lo invade todo. ¿Dónde están los otros dos yoes en ese momento? El Buda le responde:

> Chitta, cuando el yo adquirido superficial está presente, en ese momento no hablamos de un yo adquirido creado por la mente, ni de un yo adquirido sin forma; solo hablamos de un yo adquirido superficial. Cuando el yo adquirido creado por la mente está presente, solo hablamos de un yo adquirido creado por la mente.

Y cuando el yo adquirido sin forma está presente, solo hablamos de un yo adquirido sin forma.

Es decir, solo somos conscientes de un yo a la vez. Nos identificamos con el cuerpo, sobre todo cuando hay una sensación de dolor o placer. Excepcionalmente, el cuerpo tiene sensaciones neutras. Cuando la sensación corporal es algo más intensa, nos identificamos con él. Cuando nos duele algo o estamos enfermos, nos es casi imposible pensar «el cuerpo está enfermo», porque lo que sentimos es «yo estoy enfermo».

Cuando lo corporal no predomina, el yo identificado con la mente es el prioritario; sobre todo, porque siempre tenemos el diálogo interno funcionando. Así, cuando quiero meditar y la mente está preocupada por algo, por ejemplo por una pareja que me ha abandonado, no digo: «la mente está preocupada», sino «yo estoy preocupado». El yo creado por la mente es de gran importancia, porque incluye dos aspectos muy relevantes: el observador y la memoria. El yo creado por la mente es el más difícil de abandonar, porque siempre está presente «por defecto», excepto cuando el yo corporal lo sustituye ante una intensa sensación de dolor o placer.

El yo del pasado, del presente y del futuro

Podemos acordarnos de cómo éramos, es decir, de nuestro «yo», hace diez años. Aquí lo que ocurre es que un yo creado por la mente (el «yo del presente») recuerda otro yo anterior («el yo pasado de hace diez años»), por lo que acabamos teniendo dos yoes. Por supuesto, no lo percibimos así, sino que sentimos que alguien está recordando un yo, así que tengo que ser yo. No somos conscientes de que la memoria es simplemente memoria, no es un yo.

Lo mismo ocurre con el futuro. Siempre estamos haciendo planes valiosos para este yo, consolidando el «yo del futuro». Lógicamente, los hace el yo del presente basándose en pensamientos en el presente sobre el futuro, ya que el futuro no existe. De nuevo aparecen dos yoes, pero yo estoy convencido de que este yo, que siento que existe en este momento presente, está ayudando al yo del futuro. Por supuesto, darse cuenta de cómo creamos el yo no nos permite abandonarlo inmediatamente, pero sí es un gran paso.

El Buda reflexiona sobre este tema y le pregunta a Chitta:

Chitta, supón que te preguntaran «¿En el pasado existías o no, en el futuro existirás o no, ahora existes o no?».

Chitta respondió: «Venerable, si me pusieran esta pregunta diría: "En el pasado existía, no es cierto que no existiera. En el futuro existiré, no es cierto que no existiré. Ahora existo, no es cierto que no exista". Venerable, esta sería mi respuesta».

Chitta, igual que nosotros, no duda un momento de que su yo tiene un pasado, un presente y un futuro. Ahora bien, el yo pasado son nuestros recuerdos generados en el presente: si perdiésemos la memoria, ese yo desaparecería. El yo futuro son nuestras expectativas y planes generados en el presente. Si no tuviésemos diálogo interno, ese yo desaparecería. Casi nunca estamos en contacto con el yo presente, porque estamos pensando en otra cosa diferente a lo que hacemos. Sentimos que tenemos un yo dividido en un marco temporal dividido en pasado, presente y futuro.

El Buda sigue reflexionando:

> Pero Chitta, si te preguntaran «El yo adquirido pasado que tuviste ¿es tu único yo verdadero, siendo el presente y el futuro falsos? ¿O el que tendrás en el futuro es el único verdadero, y los que has tenido en el pasado y el presente son falsos? ¿O el yo del presente es el verdadero, y los que tuviste en el pasado y tendrás en el futuro son falsos?».

Chita contesta:

> Si me preguntaran eso diría: «El yo que tuve en el pasado fue el único verdadero en ese momento, y entonces los yoes presente y futuro eran falsos. Mi yo futuro será en su momento el único verdadero, y entonces los yoes pasado y presente serán falsos. Y el yo presente en este momento es el único verdadero, y los yoes pasado y futuro serán falsos».

Todos pensamos en términos de tres yoes. Cuando miramos un álbum de fotos (por ejemplo de nuestra boda o de otra ceremonia que haya ocurrido hace años), vemos nuestro yo pasado. Por eso hacemos fotos, para que no se nos escape el pasado, el tiempo en última instancia. Las fotos dan la sensación de que atrapamos el tiempo. De hecho, hay un yo de cada año de nuestra vida que es distinto, incluso de cada mes y, en última instancia, de cada día, de cada instante, porque cambia continuamente.

El yo es el que genera el deseo de existencia, y el deseo de existencia es lo que mantiene la ilusión del yo. Incluso en los estados meditativos más elevados, se mantiene ese deseo de existir, que es lo que el Buda denomina el «yo sin forma». Pero (la ilusión de) el yo pasado genera (la ilusión de) el yo presente, y este (la ilusión de) el yo futuro. Aunque en cada momento solo podemos observar uno de ellos, son solo una formación mental, el Buda termina este *sutra* con una metáfora:

> Chitta, del mismo modo que de la vaca se obtiene leche, de la leche se obtiene crema, de la crema se obtiene […] mantequilla y de esta se obtiene *ghee*; cuando hay leche, no hablamos de crema, de mantequilla o de *ghee*. Y cuando hay crema, no hablamos de mantequilla o de *ghee* […].
>
> Igualmente, cuando el yo adquirido superficial está presente, no hablamos del yo adquirido creado por la mente o del yo adquirido sin forma; cuando el yo adquirido creado por la mente está presente, no hablamos del yo adquirido superficial ni del yo adquirido sin forma […]. Pero Chitta, esto son solo nombres, expresiones, formas de hablar, convenciones de uso común en el mundo, que el Tathagata usa sin tergiversar.

De nuevo usa aquí el nivel de enseñanza relativo (las palabras que utiliza la gente comúnmente) y el nivel absoluto (la ausencia de yo). Pero el Buda no puede profundizar más, porque ni Potthapada ni Chitta han desarrollado suficiente práctica como para poder entender la enseñanza absoluta.

**Práctica: la desidentificación
de los yoes de los tres tiempos**

Adopta la postura de meditación. Escoge un momento importante de tu vida adulta que haya pasado al menos hace cinco años: una ceremonia tipo boda, un viaje, una graduación de un estudio. Seguramente, tendrás una foto de ese momento. Además de ser consciente de cómo la relación con las personas que aparecen en la foto se ha podido modificar, intenta conectar con tu «yo» de ese pasado concreto. ¿Qué era lo que pensabas y sentías en ese momento? ¿Cuáles eran tus valores, tus ilusiones, lo que era importante para ti en la vida entonces? Observa las enormes diferencias (sobre todo si han pasado 20 años o más) entre ese yo del pasado y el actual. ¿En qué se parecen? Solo porque la memoria crea la ilusión de continuidad y porque el nombre es el mismo, surge la idea de que eres el mismo yo, pero no tienen nada que ver el uno con el otro.

Lo mismo ocurrirá con tu yo futuro de dentro de 20 años. Si estudias ahora una carrera, el beneficiario será otra persona distinta, tu yo de 5 años después. El yo que «busca» algo en el futuro es diferente del yo que lo «encuentra» cuando ese futuro se convierte en presente.

Ni tu ni yo somos los mismos

El tema de la desidentificación con el yo del pasado queda claramente reflejado en esta anécdota de la vida del Buda.

El Buda tenía un primo, Devadatta, que le tenía una gran envidia y que quiso matarlo varias veces. En una ocasión, mientras el Buda paseaba por un camino, Devadatta le arrojó una gran roca desde lo alto de una montaña y estuvo a punto de acabar con su vida. El Buda permaneció impasible, con una sonrisa en los labios.

Algunos días después coincidieron ambos por el pueblo y el Buda le saludó afectuosamente. Devadatta le preguntó, con asombro, si no estaba enfadado.

–No claro que no –contestó el Buda–. ¿Por qué iba a estarlo? Ni tú eres ya quien arrojó la roca, ni yo soy ya el que estaba allí cuando la lanzaste. Para el que sabe ver, todo es transitorio. Para el que sabe amar, todo se puede perdonar.

No tiene sentido mantener el odio hacia las personas durante años por algo negativo que nos han hecho. Ya no somos las mismas, ni ellos ni nosotros. ¿Quién hizo daño a quién? Todo es impermanente.

El yo según el budismo: los cinco agregados y la originación interdependiente

Los cinco agregados o *skhandas*

Podríamos considerarlo una forma sincrónica de deconstruir el yo (Loy, 2018). Son los factores físicos y mentales que componen al individuo, a saber:

1. La forma (en sánscrito: *rupa*): consiste en el cuerpo físico con los órganos de los sentidos. También la propia imagen que el individuo desarrolla sobre su cuerpo.

2. Las sensaciones y los tonos sensoriales (*vedanas*): la sensación pura, los datos, que se reciben a través de los sentidos y de la mente, ya que esta se considera el sexto sentido. Necesariamente, el ser humano clasifica esas sensaciones en tonos sensoriales agradables, desagradables y neutros, en un continuo. En el budismo se habla también de tonos sensoriales mundanos y no mundanos. No es posible dejar de tener *vedanas* hasta la Iluminación. Son claves, porque ellos generan el «contacto» y de ahí surge el apego.

3. Las percepciones (*sangña*): el individuo convierte la materia bruta de las sensaciones en objetos reconocibles. Los pensamientos también se consideran objetos mentales.

4. Las formaciones mentales o tendencias volitivas (*samskara*): es la reacción a lo percibido que genera impulsos, la volición. Incluyen los hábitos y las disposiciones.

5. La conciencia (*vigñana*): incluye la conciencia de los cinco sentidos y la conciencia de los fenómenos mentales, que es el sexto sentido. El conocimiento del objeto se hace consciente en el individuo. La conciencia se aferra a lo agradable, rechaza lo desagradable y es indiferente a lo neutro. Cuando en el budismo se habla de conciencia no se refiere, como en otras religiones, al alma o a una entidad superior, sino a un fenómeno mental del mismo nivel que las sensaciones o las voliciones, lo que podríamos llamar una «conciencia ordinaria».

El Buda dice que estos agregados son impermanentes, insatisfactorios y carentes de yo.

No son el yo, pero su interacción crea la falsa sensación de un yo. Por eso compara la forma con una mancha de espuma; las sensaciones, con una burbuja; las percepciones, con un espejismo; las formaciones mentales, con un tronco de banano (que no tiene un núcleo duro, ya que está constituido por capas superpuestas); y la conciencia, con una ilusión. La forma de dirigirse hacia los *skhandas*, según el Buda, es: «con adecuada sabiduría, basándose en la realidad, así: "Estos no son míos, esto no soy yo, esto no es mi yo". De esa forma, un noble discípulo bien instruido, comprendiendo esto, se cansa de los agregados, se desapasiona y, por tanto, se emancipa» (*Samyutta Nikaya* XXII, 54).

La imposibilidad de encontrar un yo en los cinco agregados queda ejemplificada en la metáfora de «la carreta», utilizada por Nagasena, uno de los 16 *arahants* (alguien que ha alcanzado el nirvana y no volverá a nacer de nuevo) del budismo Mahayana, en su discurso ante el rey indo-griego Menandro, y que se incluye en su libro *Las preguntas de (el rey) Milinda* (Carro Marina, 2002). En el símil, se pregunta ¿cuál es la esencia de una carreta? (lo que se compara con la esencia del yo humano). Nagasena le dice a Menandro que vaya quitándo piezas a la carreta de forma progresiva y conteste ¿cuándo deja de ser una carreta como tal y se convierte en un conjunto de piezas de una carreta?

La originación interdependiente

Sería una deconstrucción diacrónica del yo (Loy, 2018). La doctrina de «Los doce eslabones de la originación interdependiente» (*prattya-samutpada*) se considera una de las enseñanzas más importante del budismo. Está expuesta en los *sutras* (el *Nidana Samyutta* del *Samyutta Nikaya* y el *Maha Nidana Sutra* del *Digha Nikaya*) y en el *Abhidharma* (*Paccayakara Vibhanga* y el *Patthana*). El Buda decía que quien comprendiese esto habría entendido su doctrina. Podría describirse como «el ciclo de la adicción», ya que el Buda decía que todos nosotros somos adictos al placer. Metafóricamente se representa como un espejo, porque en él podemos ver nuestro futuro.

Nuestra experiencia se explica por estos doce eslabones que se influyen mutuamente. Son estos:

1. Ignorancia: somos incapaces de comprender la realidad, es decir, la impermanencia, al estar atrapados por nuestra continua necesidad de satisfacer el deseo.

2. Tendencias volitivas (el cuarto *skhanda*): la persistencia de nuestras tendencias volitivas en una vida es la causa del renacimiento posterior. Estas tendencias son lo que se transmite de una vida a otra, no un alma o un yo permanente.

3. Consciencia: se instaura en el embrión fecundado. Es consecuencia de las tendencias volitivas, pero no implica un ente eterno que renazca, solo se transmiten las tendencias. La metáfora que a veces se utiliza es como el choque de una bola de billar con otra: lo que pasa de una vida a otra es la energía del karma pero no un alma.

4. Mente-cuerpo: es el resultado de la concepción, del embrión fecundado.

5. Los seis órganos de los sentidos (incluyendo la mente): perciben los objetos físicos y mentales.

6. Contacto: se produce al coincidir cada órgano de los sentidos con los respectivos objetos sensoriales.

7. Sensaciones (segundo *skhanda*): surgen tras el contacto y producen los tonos sensoriales: agradable, desagradable y neutro.

8. Deseo: se produce apego hacia las sensaciones agradables, rechazo hacia las desagradables e indiferencia hacia las neutras.

9. Apego: se genera hacia la vida en general, queriendo repetir las sensaciones agradables y evitar las desagradables. Se considera que hay cuatro tipos de apego: al placer, a nuestra forma de ver el mundo, a la moralidad u observancias externas, y al alma o yo.

10. Llegar a ser: es la tendencia tras la muerte a renacer, debido a la energía del karma. De nuevo, insistimos en que no hay reencarnación, nada estable que pase de una vida a otra.

11. Renacimiento, por lo que se mantiene el ciclo continuamente.

12. Muerte: con los sufrimientos asociados a ella.

Este ciclo, denominado «samsara», que significa rueda, se repite de forma interminable si no se alcanza la Iluminación. Los doce eslabones describen tres vidas: los dos primeros pertenecen a la vida pasada y dan origen a los factores del 3 al 7, que son los efectos en esta vida; de ahí aparecen los eslabones

del 8 al 10, que, a su vez, son las causas en esta vida del renacimiento en la siguiente vida, representada por los eslabones
11 y 12. La ignorancia no es «la causa primera», ya que el
ciclo es continuo y no tiene un inicio como tal; se describe
así de forma pedagógica. El renacimiento ocurre en forma de
procesos impersonales, sin ningún yo que, como tal, genere o
reciba la experiencia de renacer.

¿Dónde y cómo se rompe el ciclo del samsara? Cada eslabón
es la causa del siguiente y la consecuencia del anterior. La forma
de alcanzar el nirvana es rompiendo el ciclo, es decir, destru-
yendo cualquiera de los doce eslabones. Parece simple, pero requiere una gran disciplina y, sobre todo, conocer muy bien cómo
funcionan. Para ello, hay que seguir el Noble Óctuple Sendero.

Los cinco eslabones por los que puede romperse la rueda
del samsara son los siguientes:

1. Desarrrollando consciencia (*awareness*) mediante la meditación, actuamos sobre el contacto (eslabón 6), que ocurre cuando cualquier sentido impacta con un objeto. Así se consigue no
generar deseo ni, posteriormente, apego.

2. Cuando observamos las sensaciones y evitamos clasificarlas
en agradables, desagadables y neutras, rompemos el ciclo del
apego (eslabón 9), principal motivación de nuestras acciones. El
apego es seguido por un torrente de pensamientos, que el Buda
denomina «proliferación», y que estructura la sensación del «yo».

3. La clave en estos dos eslabones sería conseguir no pasar de
«me gusta/no me gusta» (eslabón 7 constituido por los tonos

sensoriales o *vedanas* que el cuerpo va a generar inevitablemente) a «lo quiero» (eslabón 8 o deseo) y, menos aún, «lo
necesito» (eslabón 9 o apego).

4. Al observar nuestras acciones y nuestras palabras, rompemos
el ciclo porque disminuyen los deseos de llegar a ser, de renacer
(eslabón 10).

5. Mediante la meditación, y según las actuaciones anteriores,
conseguimos un dominio más eficaz de nuestro karma (eslabón
2), porque nuestras actividades volitivas están bajo control. La
extinction del karma es un requisito para la Liberación.

Finalmente, conforme vamos desarrollando la sabiduría y erra-
dicamos la ignorancia, actuando sobre todos estos procesos si-
multánemaente, llegamos a estar libres de la rueda del samsara,
y podremos alcanzar el nirvana.

La analogía del carro

Se considera que la mejor exposición de la insustancialidad
del yo en la tradición budista la ha expuesto Chandrakirti en
su obra *Madhyamakavatara*, especialmente en el capítulo 6:
120-167. En ella afirma que el «yo» no puede ser:

1. La misma entidad que los agregados: cada agregado se
revela como una pluralidad, una colección de tonos sensoriales (*vedana*). Si el yo fuese lo mismo que, por ejemplo, la

percepción, no podría igualar a una percepción porque hay muchas. ¿Con cuál de ellas se identificaría? Si lo igualamos a todas las percepciones, cada percepción que surge y desaparece sería un yo, pero el yo se manifiesta intuitivamente como algo singular y estable. Lo mismo ocurre con el resto de agregados, son un conjunto. Pero tampoco es una parte de los agregados. Pensemos en el cuerpo, que puede verse de forma más obvia: si nos cortan el pelo o una uña o, aún más, si nos amputan un brazo, no pensamos que hemos perdido el yo, o que tenemos «menos yo». Por tanto, uno solo de los agregados no es el yo, porque son una colección; y uno solo de los elementos del agregado no es el yo, porque entonces existirían muchos yoes y nuestra sensación es de que es único. Cuando perdemos parte del agregado tampoco sentimos que perdemos el yo, o que este disminuya.

2. Diferente a los agregados: imaginemos que no estuviese nuestro cuerpo ni nuestra mente, ¿el yo estaría fuera? Si el yo fuese otra cosa diferente, las experiencias del cuerpo y de la mente no serían relevantes para el yo, pero el yo siempre se está refiriendo a lo que pasa en el cuerpo y en la mente. Algo fuera de la mente y del cuerpo no tendría experiencias, no se aferraría a nada.

Las otras cinco refutaciones son variaciones de estas dos principales:

3. El yo está en los agregados: indicaría que el yo está dentro de los agegados, como una persona está dentro de una casa.

Entonces se podría quitar la persona de la casa, se podría quitar el yo de los agregados, y nos encontraríamos en la segunda refutación: no hay yo fuera del complejo mente-cuerpo.

4. Los agregados están en el yo: sería la inversa a la anterior. Como si el yo fuese un bol y en su interior estuviese el muesli, los agregados. De nuevo se podrían quitar los agregados del yo si son diferentes y entramos en la segunda refutación.

5. El yo no posee a los agregados: habría dos formas de poseer. La primera en la cual poseedor y poseído son diferentes, como un hombre que posee un reloj que lleva en la muñeca. Al ser dos objetos diferentes entramos en la segunda refutacion. O lo puede poseer como una característica propia, no diferente, como el hombre que tiene pelo rubio. Aquí nos preguntaríamos ¿dónde está el yo que posee ese pelo, es decir, los agregados? Entraríamos en la primera refutación ya que posesión aquí significaría ser lo mismo que algo.

6. No es la colección de los agregados: las partes de un coche puestas juntas de forma desordenada no constituyen un coche. De la misma forma, los cinco agregados puestos sin más juntos, con *vedanas*, pensamientos y voliciones, desordenados, no constituyen el yo. Entraríamos en la primera refutación.

7. No es la forma de los agregados ni su continuo: dado que los agregados no tienen forma, esta opción no es factible. También se podría considerar que el yo es la forma temporal de los agregados, es su funcionamiento como un continuo. Ahora bien, un yo que momento a momento va cambiando conforme cambian los agregados sería algo continuamente cambiante conforme los sucesos y eventos van modificándose; sin embargo, nosotros tenemos la sensación de un yo estable y permanente. Si yo percibo un coche y luego un pájaro, no siento que son dos yoes diferentes en cada momento, sino que es el mismo yo percibiendo dos objetos. Por otra parte, si el pasado ya ha ocurrido y el futuro aún no existe, la mayor parte del continuo, del yo, no existiría en este momento; pero nosotros sentimos que en cada momento está completo

Este razonamiento teórico debe ser encarnado por la meditación. Es un esqueleto sobre el que montar nuestras propias reflexiones que le darán aún más valor. Este razonamiento no pretende defender ninguna teoría sobre el yo, sino rebatir la sensación que tenemos de un yo inherentemente existente. Si de verdad existiese, tendría que funcionar de alguna de estas formas, pero no existe como a nosotros nos parece que existe.

**Práctica: la analogía del carro de Chandrakirti
(basado en Burbea, 2014)**

Adopta la postura de meditación y reflexiona sobre alguno o varios de los siete puntos. Elige el orden y dedica a cada uno el tiempo que consideres. Recuerda las razones dadas en cada uno, pero puedes ampliarlas/modificarlas/eliminarlas como quieras.

En un momento dado deja el razonamiento y practica mindfulness tipo monitorización abierta. Cuando no haya diálogo interno y puedas estar ahí un tiempo, trae una de las siete refutaciones, solo el título. Ahora no para razonar, sino para sentir. Observa la sensación, no el razonamiento, de que no hay un yo. ¿Cómo percibes el yo en este momento? Es posible que sientas una cierta percepción de vacuidad, quédate en ella. Confirma

▶

que la sensación está teñida del sabor de la vacuidad. Cuando lo necesites puedes volver un corto tiempo al análisis para retomar la idea de vacuidad y, tras un tiempo, vuelve a la monitorización abierta. Puedes saltar de la vacuidad a la observación del yo como tal (ambas son meditaciones atencionales), o pasar a la refutación lógica del yo (meditación generativa).

Quédate en meditación el tiempo que te resulte cómodo. Cuando salgas de la meditación a la práctica informal, inmediatamente tras la meditación observa cómo ves los objetos y el propio yo. ¿Están más difusos, menos sólidos?

No existe un yo o una conciencia permanente que renazca

La cualidad de conocer y ser consciente es una constante de la experiencia mental y puede, fácilmente, llevar a la conclusión de que la conciencia es permanente. En el *Mahatanhasankhayasutta* y su paralelo en la versión china *Madhyama-agama*, se describe a un monje, discípulo del Buda, que había llegado a esta conclusión y pensaba que la conciencia renacería. Siendo el Buda informado del hecho, mantiene con el monje esta conversación:

El Bendito le preguntó: «¿Es verdad que hablas de esta manera: "He entendido que el *Dharma* enseñado por el Bendito afirma que es la conciencia lo que renace y no otra cosa?"».

El monje Sati replicó: «Bendito, verdaderamente he entendido que el *Dharma* enseñado por el Bendito afirma que es la conciencia lo que renace y no otra cosa».

El Bendito le preguntó: «¿Qué es esta conciencia?».

El monje Sati replicó: «Bendito, esta conciencia es lo que habla, siente, actúa, instruye, da origen, aparece, es lo que produce buenas y malas semillas y lo que experimenta sus resultados».

El Bendito le reprendió: «Sati, ¿cómo entiendes el *Dharma* enseñado por mí de esa forma? ¿De qué boca has escuchado semejantes enseñanzas?».

(*Madhyama-agama 201 en Taisho I 767 a6-a14, Analayo 2015,* pág. 105)

Este discurso se repite sistemáticamente en todas sus enseñanzas. Así, por ejemplo,

El Buda describe que no hay seres sensibles (*Sutra del Diamante*; Price FA y Wong-Mou-lam, 1990, pág. 46):

Subhuti, ¿qué crees? No dejes a nadie decir que el Tathagata sostiene la idea de: «Tengo que liberar a los seres vivos». No permitas esos pensamientos, Subhuti. ¿Por qué? Porque, en realidad, no hay seres vivos que tengan que ser liberados por el Tathagata. Si hubiera seres vivos que el Tathagata tuviese que liberar, él participaría de la idea de que hay yo, una personalidad, un ego como una entidad individual y separada.

El Sutra del Corazón

Este *sutra* (en sánscrito: *Prajna Paramita Hrdaya Sutra*) es la enseñanza clave del budismo Mahayana sobre la vacuidad, y es recitado diariamente por los discípulos de esta escuela.

Incluimos aquí algunos fragmentos (Shonin, Van Gordon y Singh, 2015):

«[…] Oh, Sariputra, los fenómenos no son diferentes de *sunyata* (el vacío). *Sunyata* no es diferente de los fenómenos. Los fenómenos son *sunyata*. *Sunyata* es fenómeno. La materia, la percepción, el pensamiento, la volición y la memoria son igualmente *sunyata*. En *sunyata* no hay nacimiento ni muerte. Ni pureza ni impureza […]. Ni sufrimiento ni causa del sufrimiento ni liberación del sufrimiento, ni vía que conduzca a la liberación del sufrimiento. Ni sabiduría ni obtención. Solo hay *mushotoku*, nada que obtener. Esta es la razón por la que, en el espíritu del *bodhisattva*, gracias a esta Gran Sabiduría, no hay redes ni obstáculos, ni causa de obstáculos. Ni miedo ni temor, ni causa de miedo ni temor. De esta manera se libera de todas las perturbaciones, de las ilusiones y de los apegos y llega a la etapa última de la vida: el Nirvana.

¿Cómo se puede alcanzar la vacuidad, según el budismo?

Existirían cuatro formas de alcanzar la realización de la vacuidad, según el budismo, y son las siguientes (Shonin, Van Gordon y Singh, 2015):

1. Mediante la práctica de *samatha* y *vipassana*: es la forma más tradicional y mejor documentada. Se empieza con *samatha*, para conseguir una mente estabilizada en la atención, y se sigue con *vipassana*, para comprender la naturaleza última de la realidad, es decir, las tres marcas o sellos. No obstante, este camino es difícil, y *vipassana* debe ser muy activo, porque, si se realiza de una forma pasiva, no puede llegarse a la comprensión última.

2. Mediante la transmisión directa: un pequeño número de maestros budistas pueden transmitir a un discípulo la experiencia de la vacuidad de forma directa, siempre que ambos tengan una gran realización espiritual. Es excepcional.

3. Mediante la renunciación y la purificación espiritual: consiste en un proceso de desilusionamiento constante con el mundo, de modo que los apegos mundanos se van erosionando mediante una dedicación exhaustiva a la práctica y al servicio del maestro. Todo ello lleva a un profundo sentimiento de renunciación, produciendo la sensación de que no existe ningún sitio donde ir y nada que realizar. Algunos ejemplos son los grandes maestros del linaje Kagyu de la tradición budista tibetana, como Naropa o Milarepa.

4. Mediante el despertar súbito: existen ejemplos de este modelo en todas las escuelas budistas. Los desencadenantes que producen esta forma de Despertar son:

- La experiencia de un *koan*: en la tradición Zen, es una forma común de alcanzar la realización. Dedicamos un capítulo específico a esta práctica, y en él describimos varios casos de discípulos que siguen este modelo.

- Una situación, enseñanza o recuerdo que activa una «llave del despertar» establecida por el practicante o su maestro, en esta vida o en otras pasadas. Por ejemplo, en el Canon Pali se describen varios discípulos del Buda que, con solo oír una enseñanza, alcanzan la Iluminación, como es el caso de Bahiya que describiremos en el capítulo 19.
- Localizar un tesoro espiritual (en tibetano: *terma*) escondido en su propia mente o en un espacio físico externo. Está descrito en la tradición tibetana.

En todos los casos, aunque la Iluminación sea súbita, se considera el resultado de años o vidas de práctica espiritual (Trungpa, 2002).

13. El taoísmo y el budismo Zen

El tao que puede expresarse con palabras
no es el verdadero tao.

Tao-Te-King
Lao-Tsé

Introducción al taoísmo

El taoísmo o Daoísmo (道教), literalmente «enseñanza del camino», es una tradición filosófica y religiosa de origen chino. El *Tao-Te-King* es un breve libro, de cinco mil caracteres chinos, que condensa las enseñanzas del taoísmo y que está dividido en 81 capítulos o secciones. Se le atribuye al filósofo Lao-Tsé, quien se calcula que nació en el siglo vi a.C., aunque estudios recientes lo sitúan en periodos posteriores e, incluso, se ha llegado a dudar de su existencia. También se cree que el libro pudo ser obra de varios autores a lo largo de décadas.

Se considera que el taoísmo religioso se fundó hacia el siglo iii a.C., pero no se convirtió en un movimiento religioso organizado hasta el siglo II d.C., cuando el sacerdote imperial

Zhang Daoling se constituye como el primer pontífice del taoísmo como religión, sincretizando la religión tradicional china con el taoísmo. El taoísmo establece la existencia de tres fuerzas: una pasiva, otra activa y una tercera, conciliadora. Las dos primeras se oponen y complementan simultáneamente entre sí, es decir, que son interdependientes y funcionan como una unidad, son el *yin* (fuerza pasiva/sutil, femenina, húmeda) y el *yang* (fuerza activa/concreta, masculina, seca). La tercera fuerza es el *tao*, o fuerza superior que las contiene.

Tao es el nombre global que se da al orden natural. El objetivo del tao es enseñar al ser humano a fundirse con la naturaleza, enseñarle a *fluir*, a integrarse en sí mismo en concordancia y armonía. El tao no es un creador porque nada en el mundo se crea ni el mundo es creado. El tao no es temporal o limitado. Al intentar observarlo, no se le ve ni se le oye ni se le siente. Es la fuente primaria cósmica de la que proviene la creación. Es el principio de todo, la raíz del Cielo y de la Tierra, la madre de todas las cosas. Pero si intentamos definirlo, mirarlo u oírlo, no sería posible. El tao parte del no-ser y regresa al no-ser, ahí donde es insondable, inalcanzable y eterno. Todo lo que existe goza de lo que es. Lo que es surge de lo que no es y retorna al no-ser, con el que nunca deja de estar ligado.

Respecto a los aspectos éticos, el taoísmo tienden a enfatizar el *wu wei* («la no acción» o acción sin intención), la naturalidad, la simplicidad, la espontaneidad y, sobre todo, los «Tres Tesoros»: la compasión, la frugalidad y la humildad.

Tao no es la divinidad

La principal diferencia entre tao y Dios es que mientras Dios produce el mundo por «creación» (*wei*), el tao lo produce por «no creación» (*wu-wei*), que significa algo parecido a «crecimiento». Las cosas hechas constan de partes separadas que han sido juntadas, como las máquinas. En cambio, las cosas que se han producido por crecimiento se dividen en partes de dentro hacia fuera. Le resultaría muy raro a la mentalidad china que se le preguntase cómo fue hecho el Universo, ya que implicaría que hay alguien que sabe cómo está hecho. El tao opera de acuerdo con la espontaneidad, no con el plan. Lao-Tsé dice: «El principio del tao es la espontaneidad» (*Tao-Te King*, capítulo 25).

También es muy diferente la relación del tao con los humanos. Mientras que la relación entre la divinidad y sus adoradores es la de controlador y controlado, ya que Dios es el dueño de todo el universo, la relación del tao con respecto a lo que el tao produce es muy diferente, como describe Lao-Tsé (*Tao-Te-King*, capítulo 34):

El gran tao fluye por todas partes,
hacia la izquierda y hacia la derecha.
Todas las cosas dependen de él para existir,
y él no las abandona.
Él no pretende para sí sus perfecciones.
Ama y nutre todas las cosas, pero no las señora.

La dualidad yin-yang

En idioma chino, los dos polos de la energía cósmica son yang 陽 (positivo) y yin 陰 (negativo). Los ideogramas señalan el lado soleado y el lado en sombra de una colina y están asociados con lo masculino y lo femenino, lo firme y lo flojo, lo fuerte y lo débil, la luz y la oscuridad, lo que se eleva y lo que cae, el cielo y la tierra. En la raíz del pensamiento chino reposa el principio de polaridad, que no debe confundirse con los conceptos de oposición o conflicto. En las metáforas empleadas por otras culturas, la luz está en lucha con la oscuridad, la vida con la muerte, lo bueno con lo malo; así, florece un idealismo que pretende cultivar el primero y verse libre del último. Para el modo de pensar tradicional chino, esto resulta incomprensible, puesto que ambos son aspectos diferentes del mismo sistema, y la desaparición de uno de ellos significaría la desaparición del sistema. Para las personas que hemos sido educadas bajo la influencia judeocristiana, esto es frustrante, porque parece rechazar cualquier posibilidad de progreso, siendo este un ideal que surge de una visión lineal, en contraste con una visión cíclica del tiempo y de la historia. Los taoístas, a diferencia de los occidentales, no ven el mundo como algo que hay que dominar, sino como algo inseparable de ellos mismos: «Sin abandonar mi casa, conozco el universo entero» (*Tao-Te-King,* capítulo 47). Por tanto, la clave no es conquistar el mundo y someterlo, sino entenderlo y alinearse con él, «seguir la corriente». Por este motivo, todo aquel que se propone gobernar el mundo pone todas las cosas, y especialmente a sí mismo, en peligro (*Tao-Te-King*, capítulo 29):

Quien intenta darle forma al mundo,
modelarlo a su capricho,
difícilmente lo logrará,
ya que el mundo es un Vaso Espiritual
que no se puede manipular.
Quien hace lo uno o lo otro lo estropea.
Quien lo retiene lo pierde.

Wu-wei o no acción

«El tao no crea nada, pero nada queda sin hacer» (*Tao-Te King*, capítulo 48). La «no acción» (*wu-wei*) no es inercia, pereza o mera pasividad. *Wu-wei*, en el sentido de «no forzar», es lo que queremos expresar cuando nos referimos a seguir la corriente, orientar las velas con el viento, seguir la marea en su fluir y adaptarse para conquistar. Esto se encuentra bien ejemplificado en las artes japonesas del judo y el aikido, en las que un oponente es derrotado por la fuerza de su propio ataque. Este principio puede ser ilustrado con la parábola del pino y el sauce que se ven sometidos a una fuerte nevada. La rama del pino, que es rígida, se quiebra bajo el peso; pero la del sauce se doblega ante este, y la nieve cae. El sauce no es débil, sino elástico. Así, *wu-wei* es el estilo de vida de quien sigue la corriente del tao, y debe ser entendido principalmente como una forma de inteligencia, o sea, como una forma de conocer los principios, estructuras y tendencias de las cuestiones humanas y naturales tan bien que uno utiliza la menor cantidad de energía para ocuparse de ellas. Como dice el *Tao-Te-King* (capítulo 78):

Nada hay en el mundo tan blando como el agua,
pero nada hay que la supere contra lo duro.
Lo blando vence a lo duro,
lo débil vence a lo fuerte.

El budismo Zen

Se dice que el budismo Zen entró en China con la llegada de Bohidharma (28.º patriarca zen) desde su India natal hasta el puerto de Cantón, en la primera mitad del s. VI d.C. El budismo ya existía en este imperio, pero con otra orientación. Por eso, cuando Bodhidharma se entrevistó con el emperador Wu de Liang, se produjo un choque cultural demoledor que ha llegado hasta nuestros días. Según la tradición, la entrevista fue así:

El emperador contó a Bodhidharma todo lo que había hecho para promover la práctica del budismo (construir monasterios, estupas, traducir textos sagrados) y preguntó:

–¿Cuánto mérito he ganado con ello?

–Ningún mérito en absoluto –contestó Bodhidharma.

Esto hizo temblar las ideas que el emperador tenía sobre el budismo en relación con el karma y continuó:

–¿Cuál es entonces el primer principio de la doctrina sagrada?

–Está todo vacío, no hay nada sagrado –replicó Bodhidharma.

–¿Y quién eres tú para estar aquí entre nosotros? –inquirió el emperador atónito.

–No sé –terminó el Maestro.

De esta forma, se origina un tipo de budismo, el Chan, que muchos autores consideran que constituye una simbiosis entre el academicismo teórico hindú y la practicidad taoísta china, ya que los primeros maestros zen chinos, como Hui-Neng, Shen-Hui y Huang-Po, presentaban una enorme influencia taoísta (Watts, 2004). En 1223, Dogen viaja a China y lleva este budismo a Japón en 1227, denominándose Zen a partir de entonces, perdiendo progresivamente la impronta taoísta. El tao ha estado siempre muy presente en esta forma de budismo, sobre todo durante el periodo chino o Chan y, en muchos aspectos, posee una visión muy similar del mundo. Por eso, en este capítulo, describimos algunos aspectos de estas dos corrientes de forma simultánea, sobre todo los conceptos de vacuidad y relatividad de tiempo y espacio.

Taoísmo, Zen y no-dualidad/vacuidad

En el taoísmo existe un tipo de meditación denominado «Guardar el Uno» (*shouyi*, 守), que no es una meditación orientada a una meta, sino una práctica no intencional, que ocurre de forma accidental entre los adeptos que ven y comprenden el tao. Se la ha llamado también «perderse a uno mismo». Lao-Tsé afirma: «El estado de vacuidad debe ser llevado al estadio más alto y la quietud, guardada con un vigor inquebrantable. Todas las cosas atraviesan este proceso de actividad y, posteriormente, vuelven a su estado original». Chuang-Tzu describe así este estado (Watts, 2004): «El hombre perfecto usa su mente como un espejo. No aferra nada, no rechaza nada. Recibe, pero no conserva».

Como dice la experta en meditación taoísta Livia Kohn (1989): «La noción de guardar, abrazar, alcanzar o realizar el Uno se refiere a la recuperación de la unidad perdida en el curso de la vida en la Tierra o a la realización de la unidad original, que siempre existió y existirá en la eternidad. En conjunto, "Guardar el Uno" se refiere a la concentración de la mente en un objeto, ya sea mediante visualización o por focalización de la atención. La práctica exitosa produce la identificación metafísica con el Uno, con la energía primordial del Universo».

Pero, quizá, una de las descripciones más completas la ofrece Lieh-Tzu, quien, para explicar el arte de cabalgar los vientos, describe su aprendizaje bajo el maestro Lao Shang (Watts, 2004):

Después de servirle [...] por espacio de tres años, mi mente no se atrevía a reflexionar sobre el bien y el mal, mis labios no osaban hablar de ganancias y pérdidas.

Entonces, por primera vez, mi maestro se dignó mirarme, y eso fue todo.

Después de cinco años, ocurrió un cambio; mi mente reflexionaba sobre lo bueno y lo malo, y mis labios hablaban de ganancias y pérdidas. Por primera vez mi maestro relajó su ceño y sonrió.

Después de siete años, ocurrió otro cambio. Dejaba que mi mente reflexionara sobre lo que quisiera, pero ya no se ocupaba de lo bueno y lo malo. Dejaba que mis labios pronunciaran lo que quisiesen, pero ya no hablaban de ganancias y pérdidas. Entonces, finalmente, mi maestro me condujo a sentarme en la estera a su lado.

Después de nueve años, mi mente dio rienda suelta a sus reflexiones, mi boca dio libre paso a su discurso. Ya no sabía nada acerca de lo bueno y lo malo, de ganancias y pérdidas, ni con respecto a mí ni con respecto a los demás [...]. Lo interno y lo externo estaban fundidos en una unidad. Después de ello, no hubo distinción entre ojo y oreja, oreja y nariz, nariz y boca: todos eran lo mismo. Mi mente estaba helada, mi cuerpo se disolvía, mi carne y mis huesos se confundían. Ignoraba por completo en qué se apoyaba mi cuerpo o qué había bajo mis pies. El viento me llevó de un lado para otro, como paja seca u hojas que caen del árbol. En verdad, ignoraba si yo cabalgaba el viento o si el viento cabalgaba en mí.

La no-dualidad está incrustada en la médula del taoísmo, como se describe en el *Tao-Te-King* (capítulo 2):

Cuando todos reconocen la belleza como bella, ya hay fealdad;
cuando todos reconocen la bondad como buena, ya hay mal.
«Ser» y «no ser» surgen recíprocamente;
lo difícil y lo fácil se realizan recíprocamente;
lo largo y lo corto se contrastan recíprocamente;
lo alto y lo bajo se oponen recíprocamente;
antes y después están en recíproca secuencia.

El tao y, posteriormente, el Zen consisten en liberarse de este esquema dual. Consisten en comprender el absurdo de elegir, de creer que la vida puede ser mejorada por la constante selección del «bien». Hay que «tener la sensación» de la relatividad y saber que en la vida no hay algo que ganar. Tener éxito es siempre fracasar, porque, cuanto más éxito tengamos, mayor será la necesidad de continuar teniendo éxito, y el fracaso está siempre ahí, acechando.

Para el tao y el Zen, la dualidad sujeto-objeto, del cognoscente y de lo conocido, es tan relativa como cualquier otra. No sudamos porque hace calor; sudar es el calor. Este punto de vista no nos es familiar debido a nuestra arraigada convención de que el calor viene primero y luego, por causalidad, el cuerpo transpira. Quizá podamos entenderlo mejor con la imagen favorita del Zen: «la luna en el agua», fenómeno comparable a la experiencia humana. El agua es el sujeto, la luna, el objeto. Cuando no hay agua no hay reflexión de la luna en el agua, y lo mismo cuando no hay luna. Pero cuando sale la luna, el agua no espera para recibir su imagen, y cuando se vierte una gota de agua, por pequeña que sea, la luna no espera para dar su reflejo. La luna no se propone producir reflejos, y el agua no recibe su imagen a propósito. El suceso es producido simultáneamente tanto por el agua como por la luna sin intencionalidad por parte de ninguno de ellos.

Es decir, la experiencia humana está determinada tanto por la naturaleza de la mente y la estructura de sus sentidos, como por los objetos externos, cuya presencia la mente revela. Los seres humanos se creen víctimas de su experiencia porque se separan a «sí mismos» de sus mentes. Por eso, el Zen pregunta: «¿Cuál era nuestro rostro antes de nacer?». El sentimiento subjetivo de aislamiento, de ser alguien a quien le ha sido «dada» una mente y a quien le ocurren experiencias, es una ilusión producida por un error de semántica. No hay un yo separado del compuesto mente-cuerpo que da estructura a mi experiencia.

Nuestro problema surge de que el poder del pensamiento nos permite construir símbolos de cosas separados de las cosas mismas. Así, podemos hacer un símbolo, una idea de nosotros mismos aparte de nosotros mismos. Como la idea es mucho más comprensible que la realidad, y el símbolo mucho más estable que el hecho, aprendemos a identificarnos con nuestra idea de nosotros mismos. De aquí nace el sentimiento subjetivo de un «yo» que «tiene» una mente, generándose un conflicto entre la idea de nosotros mismos («yo biográfico») y la experiencia inmediata de nosotros mismos («yo experiencial»). Como reza un poema *doka* de Ikkyu (Blyth, 1953):

> Comemos, eliminamos, nos acostamos y nos levantamos;
> este es nuestro mundo.
> Todo lo que tenemos que hacer después
> es morir.

El yo se cree permanente y espera que el mundo también lo sea, pero ni el uno ni el otro lo son, y ese es el origen del sufrimiento.

La relatividad del tiempo y del movimiento

Este es uno de los principales temas en el taoísmo y en el Zen. Dogen, uno de los padres del Zen, dice en el *Shobogenzo*:

> Si observamos la costa mientras navegamos en un barco, tenemos la impresión de que la costa se mueve; pero si miramos más cerca del barco nos damos cuenta de que es el barco el que se

mueve. Cuando consideramos el universo en la confusión del cuerpo y la mente, a menudo caemos en el error de creer que nuestra mente es constante. Pero si en realidad practicamos el Zen y volvemos a nosotros, vemos que era un error.

Cuando el leño se convierte en ceniza, nunca vuelve a ser leño. Pero no debemos adoptar la opinión de que lo que ahora es cenizas antes era un leño. Debemos entender que, de acuerdo con la doctrina del budismo, el leño permanece en el estado de leño [...]. Hay estados anteriores y posteriores, pero estos estados se hallan claramente separados.

Lo mismo ocurre con la vida y la muerte [...]. La vida es una posición en el tiempo. La muerte es una posición en el tiempo. Son como el invierno y la primavera. En el budismo no consideramos que el invierno se convierte en primavera, o que la primavera se convierte en verano.*

El Zen con frecuencia ha comparado el curso del tiempo al movimiento aparente de una ola, en la cual el agua real solo se mueve hacia arriba y hacia abajo, creando la ilusión de que un «trozo» de agua se mueve sobre la superficie. Es similar la ilusión de que hay un «yo» constante que se mueve a través de sucesivas experiencias y que constituye un elemento que las comunica, de tal modo que el joven se convierte en el hombre, que se convierte en el viejo, que se convierte en el cadáver (Watts, 2004).

---

* Esta reflexión abunda en la impermanencia, siendo solo el pensamiento el que pretende que exista una permanencia en el cambio. Se relaciona con el problema del movimiento en la filosofía griega con Heráclito y Parménides, o con las aporías de Zenon. La solución que ofrece Aristóteles y los atomistas es la continuidad del ser a pesar de los cambios.

Dogen trata aquí de expresar la extraña sensación de momentos intemporales que surgen cuando ya no tratamos de resistirnos al flujo de los acontecimientos, la peculiar calma y comprensión de los instantes sucesivos en que la mente va con ellos y no trata de modificarlos o controlarlos. Profundizando en este tema, afirma en el *Shobogenzo*:

> Cuando un pez nada, sigue nadando, y el agua no se acaba. Cuando un pájaro vuela, sigue volando, y el cielo no se acaba. Jamás un pez se salió del agua nadando, ni un pájaro se salió del cielo volando. Pero cuando un pez necesita un poco de agua, se limita a usar ese poco; y cuando necesita mucha, usa mucha. […] Si un pájaro vuela más allá de ese borde, muere, y lo mismo ocurre con el pez. […] Así el pez, el agua y la vida, todos se crean recíprocamente. Sin embargo, si hubiera un pájaro que quisiera examinar primero el tamaño del cielo, o un pez que primero quisiera examinar la extensión del agua, y luego tratara de volar o de nadar, nunca podrían moverse en el aire o en el agua.

El sentido de la práctica

Aunque pudiera suponerse que la práctica del Zen es un medio cuyo fin es el despertar, no es así. En efecto, la práctica del Zen no es una verdadera práctica en cuanto tenga un fin, y, cuando no tiene a la vista ningún fin, es el despertar: la vida sin objeto, el «eterno ahora». Practicar con un fin a la vista es tener puesto un ojo en la práctica y otro en el fin, lo cual equivale a falta de concentración y de sinceridad. No se practica el Zen para convertirse en el Buda; se practica porque uno ya es el Buda desde el comienzo.

El cuarto patriarca chino Tao-Hsin (579-671) preguntó a su maestro Seng ts'an (Watts, 2004):

–¿Cuál es el método de la liberación?

–¿Quién te tiene atado? –preguntó Seng ts'an.

–Nadie me tiene atado.

–Entonces, ¿por qué buscas liberarte?

14. El Vedanta Advaita

Quien ve la inacción en la acción, y la acción en la inacción, es sabio entre los hombres, un yogui que ha cumplido todas sus obligaciones.

Quien ha abandonado todo apego a los frutos de su acción, y siempre está satisfecho sin ampararse en nada, aunque se implique en una acción, no realiza ninguna acción.

Bhagavad Gita (IV)

Introducción

El Vedanta es una escuela de filosofía dentro del hinduismo. En sánscrito «veda» significa «conocimiento, sabiduría» y «anta» se traduce como «final, conclusión». Por tanto, *vedanta* podría transcribirse como: a) la culminación de la sabiduría, y b) la parte final de los *Vedas*, en sentido cronológico.

Tradicionalmente, las tres fuentes doctrinales del Vedanta son, por orden de importancia:

- Las *Upanishads*, texto de metafísica escrito en el primer milenio a.C.
- El *Vedanta Sutra*.
- La *Bhagavad Gita*, poema compuesto por 700 versos que, a su vez, está incluido dentro del texto épico-religioso *Mahabharata*, compuesto en el siglo III a.C.

También se considera como parte de la doctrina Vedanta una serie de tratados preliminares a esta tradición denominados *prakarana granthas*, textos introductorios, mayoritariamente escritos por el sabio Shankara (788-820) y que comentan los tres textos principales anteriormente descritos. Los *prakaranas* incluyen, entre otros:

- El *Atma-bodha* (inteligencia del propio yo) de Samkara.
- El *Viveka-Chudamani* (la joya en lo más alto del discernimiento) de Samkara.
- El *Drig-Drysa-Viveka* (discernimiento entre el vidente y lo visto) de Samkara.
- El *Vedanta-Sara* (esencia del Vedanta) de Sadananda.

Se dice que la esencia de las *Upanishads* se asienta en la afirmación de la no-dualidad sujeto-objeto. Una de las citas más famosas es la del *Brihadaranyaka Upanishad* (Madhavananda 1975, págs. 474-475) que dice:

> Cuando hay dualidad uno ve, huele, oye, habla, piensa o es consciente, por así decirlo, de algo. Pero cuando el conocedor se ha convertido en el yo, ¿qué podría uno oler y a través de qué? ¿A través de qué podría uno conocer el conocimiento?

¿A través de qué –oh, Maitreya– puede conocerse al Conocedor?

En la *sloka* 4 del *Atma-bodha* se asegura:

A causa de la ignorancia producida por una errónea comprensión, el Ser no-dual aparece como finito y delimitado a «nombre y forma». Cuando la ignorancia es destruida, el Ser no-dual, que no admite ninguna multiplicidad, revela al Sí Mismo cuya verdadera naturaleza es no-dual, tal como el sol se revela cuando las nubes se apartan.

Esta visión no-dual abarca, dentro del Vedanta, sobre todo a la escuela Advaita, que significa literalmente «no-dual». Está representada, principalmente, por el filósofo *advaita* Samkara, quien dedica a este tema un libro completo, el *Vakyavritti*.

Ramana Maharshi, tal vez el místico *advaita* más reconocidos del siglo xx, describiendo la no-dualidad y las características del yo afirma (Maharshi, 1971):

Cuando la mente se proyecta hacia el exterior, el mundo asume una realidad objetiva aparente y abandona su identidad con el yo. Por ese motivo, en tal caso, se nos oculta la verdadera naturaleza del yo. Cuando, por el contrario, actualizamos la naturaleza del yo, se desvanece la aparente realidad objetiva del mundo.

Adi Shankara o Shankaracharya

Fue un filósofo hindú que se considera vivió entre el 788 y el 820 d.C., aunque esta última fecha se cree que refleja el momento en el que alcanzó el despertar, más que su muerte física. Escribió, entre otros libros, el *Drig-Drisya-Viveka*, sentando las bases del Vedanta No-dual o Advaita. También se considera autor, aunque no hay certeza absoluta, del *Viveka-chudamani*, obra sintética del Advaita que analiza la experiencia de conocer, defendiendo la unidad entre lo conocido y el conocedor.

Su filosofía presenta notables coincidencias con el budismo, pero también importantes diferencias (Ingalls, 1954). Defiende que no debe separarse la vivencia espiritual y la indagación filosófica, pero esta última debe ceder cuando se transciende el pensamiento. *Brahman* es nuestra esencia, el yo verdadero. La ignorancia nos impide ver esto. La liberación es darse cuenta de que todo lo que percibimos es un reflejo de *Brahman*, el Eso que está en el fondo de todo. No-dualidad no significa igualdad, sino no diferencia. El maestro solo puede ayudar dando instrucciones, enseñando caminos, pero nunca puede producir la experiencia. Samkara no inventa la no-dualidad del Vedanta, sino que la hace explícita (Sevilla, 2018).

Fundamentos del Advaita

El Advaita se resume en cuatro *mahavakyas* (grandes sentencias védicas) que encierran toda la doctrina y pueden considerarse como verdaderos mantras (Raphael, 1995). Son los siguientes (Sharma Arvind, 2013; Sevilla, 2018):

- **El universo es *Brahman*:** la universalidad de *Brahman* es nuclear en el Advaita y sustenta la no-dualidad. Hay diferencias en la forma de las cosas pero no en el fondo, en su esencia.
- ***Atman* es *Brahman*:** *Atman*, el auténtico Ser del hombre, lo que en algunas tradiciones se denomina «alma», no es diferente a *Brahman*, aunque no son lo mismo.
- **Yo soy *Brahman*:** el ser individual o yo, el personaje que hemos desarrollado a lo largo de la vida, es secundario y dependiente del entorno. Pero su esencia o *Atman* es *Brahman*. Por eso el yo individual, denominado *jiva* en sanscrito, también es eterno en última instancia porque: a) forma parte del samsara, que es un proceso eterno, y b) es idéntico, realmente es no diferente, a *Brahman*, que también es eterno.
- **Eso eres tú:** aunque en última instancia lo Absoluto (*Brahman*) es no diferente a nuestro personaje (yo), existen diferencias captadas por los sentidos y el intelecto. La liberación es hacerse consciente de esa identidad.

Enseñanzas del Advaita sobre no-dualidad
(Sevilla, 2018)

El ejercicio del ego es la actividad mental, la función secundaria a la categorización simbólica que desarrollamos para controlar el mundo. La función del ser es atestiguar la presencia o ausencia de actividad mental. La ilusión es el producto de esa actividad mental que distorsiona el mundo. Pensar que se puede despertar a través de la actividad mental es solo un sueño más, «el sueño del despertar».

Algunos despertares son parte del sueño y solo nos permiten, como en la experiencia del sueño lúcido, saber que estamos en un sueño mientras el sueño sigue ocurriendo sin que podamos controlarlo. El auténtico despertar implica darse cuenta de que lo que llamamos vigilia es un simple sueño. La sensación de éxito por haber alcanzado la liberación implicaría que aún estamos inmersos en el sueño del yo.

La acción no permite alcanzar la liberación, solo la comprensión. La persona liberada no desea ni teme nada, no hace diferencias entre bueno y malo. Vaciar la mente es el requisito: no equivale a no pensar o a no tener ideas, sino a descubrir un silencio que permita contemplar la realidad. Poner la mente en blanco implica intencionalidad, y no presupone el desapego a ese estado. Hay que desprenderse de lo que creemos que poseemos, de lo que creemos ser y de lo que deseamos obtener.

En el *Vakya vritti* se dice que el Sí Mismo no puede ser el cuerpo (*sloka* 13), ni la mente ni el intelecto (*sloka* 16). El testigo es distinto de todo lo que es objeto de percepción (*sloka* 17). Nuestra consciencia es *Brahman*, como el espacio atrapado dentro de un jarrón no es diferente del espacio universal y que no tiene partes. Igual que el continente, el jarrón, no puede cambiar el contenido, el espacio, el cuerpo no puede modificar la mente, que no es diferente de *Brahman*, la Mente Universal.

Las cosas, las personas y los sucesos no tienen obligación de ajustarse a nuestro deseo personal. Cada incumplimiento de esta expectativa egoica nos frustra, e intentamos compensarnos con nuevas conductas basadas en otras expectativas, en un proceso sin fin. La liberación no es algo que se logra o que se posee; es algo que se es. No es lo que hacemos, es lo que somos.

Cognición y no-dualidad
(Sesha, 2017)

Para el Advaita, lo más importante es la atención, es lo que queda cuando se quita todo. Lo único que puede conocer la atención es la atención misma. Por eso, la meditación es poner la atención en la atención para poder conocer la atención. La vacuidad es lo que hay entre pensamiento y pensamiento. Existe un vacío en negro, entre dos fotogramas. Ese vacío es un agujero de gusano que nos lleva a otras realidades.

La atención es previa a todo contenido cognitivo; por tanto, todo concepto, todo lo que se experimenta, esta emparentado con la atención. El yo es una actividad posterior a la atención: el yo requiere de la atención, pero la atención no requiere del yo; de la misma manera que las formas requieren del espacio para existir, pero el espacio no requiere de las formas. Existe una realidad que es de una naturaleza excepcional que es la conciencia.

Sin embargo, si somos precisos, el Advaita considera que es imposible deconstruir el yo, ya que es como «matar al hijo de una mujer estéril». No se puede deconstruir lo que nunca ha existido. El Advaita considera que partimos de un lugar absurdo y, por eso, todo el proceso posterior está errado. Lo que realmente deconstruimos no es el yo, sino la COGNICIÓN.

Considera que la única forma de deconstruir el yo es a través del presente. El presente es una corriente de cognición que define lo que es relevante. En el presente se desecha del campo de cognición la información innecesaria. Este tipo de atención deconstruye el yo, porque el yo es una información innecesaria e irrelevante y produce fraccionamiento en la cognición. La información irrelevante diferencia sujeto de objeto, pero la atención existe sin que haya sujeto. Si estamos en el mundo externo, es decir, con los ojos abiertos o percibiendo fenómenos externos, desaparece el yo y somos los objetos que estamos observando. Si atendemos al mundo interno, con los ojos cerrados o centrados en el mundo mental, desaparecen los objetos y observamos la vacuidad. Para establecerse en el presente, las plataformas son el asombro, la novedad, la improvisación, el juego y la sorpresa. Deberíamos estar asombrándonos todo el tiempo.

Cuando los objetos hayan desaparecido y la atención esté totalizada en el perceptor, este, al no tener ya objetos de percepción porque solo observa la vacuidad, se vuelve hacia sí mismo. Es un estado que no puede forzarse, simplemente llega. Y cuando ocurre, el perceptor, aunque ya es otro perceptor, no el que existía en el nivel anterior, queda diluido en todo el campo de conciencia, porque se ha fundido con la vacuidad.

15. Semejanzas y diferencias entre budismo y advaita. Técnicas deconstructivas usadas en ambas

> Subhuti preguntó al Buda: «Dime, Venerado por todo el mundo, ¿es cierto que la Iluminación suprema no te proporcionó nada nuevo?».
>
> El Buda replicó: «Así es Subhuti, así es. La suprema Iluminación incomparable no me ha proporcionado el menor *dharma*».
>
> *Sutra del Diamante*

Semejanzas entre los conceptos del vacío budista y la conciencia/Brahman vedanta

Aunque ambas doctrinas se encuentran muy relacionadas, no son exactamente iguales, como señala Greg Goode (2014). Estas son las principales semejanzas:

- **Objetivos:** en el Vedanta, el objetivo es darse cuenta de que eres la misma conciencia que constituye el mundo entero. En el budismo, especialmente, el Zen, el objetivo es darse cuenta de que tú y todos los fenómenos son vacíos. En ambos casos, la realización del objetivo conduce a la paz, la libertad y la felicidad.
- **Terminología:** la conciencia (*awareness*) y el vacío (*emptiness*) son términos clave en sus respectivas enseñanzas.
- **No objetividad:** según ambas enseñanzas, las personas y los demás fenómenos, ya sean de la realidad externa o mentales, no existen objetivamente, de manera independiente.
- **Análisis:** en el Advaita, la autoindagación incluye actividades inferenciales enfocadas, como el análisis lógico, en el camino a la realización. En el budismo también existe esta característica inferencial enfocada y analítica, como el *koan* y las paradojas del *mondo*.
- **Origen:** ambas enseñanzas se originaron en la antigua India. De hecho, el Buda fue educado en la tradición védica hindú.

Diferencias entre el Vedanta Advaita y el budismo no-dual

En cuanto a las diferencias, estas son las más importantes:

- **Accesibilidad:** las enseñanzas no-duales del Vedanta son muy fáciles de encontrar actualmente, existen cur-

sos *online*, *satsangs* y retiros accesibles en internet de
múltiples maestros vivos. Por el contrario, las enseñanzas de la vacuidad budistas son mucho más difíciles de
encontrar y, a veces, solo en idiomas como el tibetano o
el chino.

- **Esencia o ausencia de esencia:** en el Vedanta se afirma
  que la conciencia es la esencia de todas las cosas. De hecho, los objetos no lo son realmente, aunque los experimentemos como tales, ya que no puede haber ninguna realidad separada o distinta de la conciencia. En las
  enseñanzas budistas, no hay esencias. Los objetos están
  vacíos, pero no están hechos de vacío, que no es una sustancia en sí, sino una interpretación errónea de la mente.
  Es una forma de expresar que los objetos existen de forma interdependiente.

- **Ser y no ser:** en el Vedanta, la conciencia es el ser. En
  el budismo, yo soy vacío, pero no estoy hecho de vacío.
  Lo que se niega es la idea de una esencia que existe independientemente y que es la base de la identidad a través del tiempo y el espacio; pero sí se afirma que el yo
  vacío existe como una designación informal.

- **Dependencia:** en el Vedanta, se dice que las apariencias dependen de la conciencia, pero nunca se dice que
  la conciencia depende de las apariencias. La conciencia existe por sí misma, no en función de cualquier otra
  cosa. Cualquier dependencia solo es unilateral. En el budismo, las dependencias son bilaterales. No solo las cosas dependen del vacío; también el vacío depende de las
  cosas. Como se dice en el *Sutra del Diamante*: «La for-

ma es el vacío; el vacío es la forma». El vacío depende de su base de designación (como, por ejemplo, un vaso), así como de la cognición y la convención verbal, y por eso es etiquetado como tal.

• **Cantidad:** en el Advaita, nunca se dice que hay muchas conciencias globales. El lema no-dualista dice: «No dos». En el budismo, hay muchos vacíos, no una gran vacuidad general. Cada cosa tiene su propio vacío, su propia ausencia de existencia inherente. El vacío de un vaso es diferente al vacío de un coche, porque cambia la base de imputación.

• **Tiempo:** en el Advaita, la conciencia está más allá del tiempo. Nunca se crea y nunca se destruye. En las enseñanzas budistas, el vacío de cada cosa dura solo lo que dura la cosa misma. Así que el vacío de un vaso desaparece con él.

• **No-dualidad:** en el Advaita, el yo y el mundo no son esencialmente nada más que la conciencia, y no hay dos o más conciencias. La no-dualidad tiene que ver con la singularidad. En el budismo, la no-dualidad no se refiere a la singularidad, sino a la falta de extremos dualistas. Evita los dos extremos: el esencialismo (las cosas existen por sí mismas) y el nihilismo (las cosas son totalmente vacías y sin ningún tipo de existencia). Mientras que el Advaita dice «Uno» o «No dos», las enseñanzas budistas afirman: «Ni siquiera uno», o «Ni uno ni otro».

• **Realización:** en el Advaita, la realización es algo que ocurre una vez en la vida. Puede haber varias etapas diferentes de esta realización, pero no es algo que sea necesario repetir. En realidad, nada ha ocurrido, ya que ¿a quién le podría haber ocurrido? En las enseñanzas budistas, incluso después de la realización, se habla de la persona existente convencionalmente, ya que es una designación informal basada en el ensamblado fluctuante de partes psicofísicas no esenciales. Todo es convencional, incluyendo las propias enseñanzas budistas. Otra diferencia es que la realización de la vacuidad puede suceder muchas veces, ya que hay muchas maneras de que las cosas dependan unas de otras. Cada realización fortalece la propia comprensión.

- **Hablar de la realización:** en el Advaita, es muy común hablar de la propia realización. En las enseñanzas budistas, esto rara vez se oye. Los maestros budistas pueden hablar acerca de la realización de alguien del pasado, pero se tiende a no hablar de su propia experiencia.

Técnicas comunes que utilizan el budismo no-dual y el Vedanta Advaita

Habría cuatro técnicas que son comunes a la tradición no-dual Advaita y budista, principalmente Zen, y que son magistralmente resumidas por Davis. Lo que pretenden todas ellas es sacar al discípulo de las categorías dualistas, no solo de las más terrenales, como me gusta/no me gusta o bueno/malo, sino incluso de las más espirituales, como yo/no yo, sujeto/objeto o incluso samsara/nirvana. Este aprendizaje se basa en la contraposición entre las «visiones» de maestro y discípulo, absolutamente no-dual la del primero y completamente dualista la del segundo. Estas técnicas serían:

El análisis de lo que no se puede encontrar

Consiste en un análisis reductivo, en el que la reificación objetivada de las entidades o categorías (principalmente el yo/observador/sujeto) son deconstruidas mediante un proceso de cuestionamiento que desafía a localizar de forma precisa esa categoría analizada. De esta forma, la supuesta «solidez» del objeto queda minada ante la imposibilidad de encontrar una localización. Lo que se desafía en ambas tradiciones es la idea de «un yo como sujeto actuando en un mundo de objetos».

En el Advaita, en el que la práctica principal es la autoindagación, se solicita al discípulo que encuentre quién es ese yo que busca, que hace o que ve los objetos y que es el sujeto, el protagonista de todas nuestras expresiones. Este diálogo de Ramana Maharshi (1984, pág. 60) lo ejemplifica:

Estudiante: ¿Cómo realizar el yo?

   Ramana: ¿Qué yo? Encuéntralo.

   Estudiante: ¿Qué soy yo?

   Ramana: Encuéntralo tú mismo.

   Estudiante: No sé.

   Ramana: Piensa, ¿quién es ese que dice: «No sé?». ¿Qué es eso que no sabe? En esa frase, ¿quién es ese yo?

La misma técnica utiliza otro gran maestro *advaita*, Gangaji (1995, pág. 115):

Gangaji: Corre directamente hacia este yo al que debemos renunciar. Encuéntralo. Rápidamente. ¿Dónde está?

Estudiante: Está en mi cabeza.

Gangaji: ¿Dónde en tu cabeza? ¿En qué parte de tu cabeza se esconde? Dímelo inmediatamente. ¿Puedes encontrarlo? Este yo es al que tenemos que renunciar. ¿Está ahí? Rápido.

Esta presión del maestro para encontrar lo que no se puede encontrar dispara la tensión en el discípulo, que facilita un intenso estado mental de «no saber» que le prepara para entrar en el conocimiento de la deconstrucción del yo, para darse cuenta de que eso que llamamos yo no es más que un manojo de pensamientos. Al haber una progresivamente menor involucración con ese yo que es el que hace, siente o ve, uno llega a la conclusión *advaita* de que «nada ocurre nunca en este mundo», ya que el yo no es hacedor de ninguna acción ni tampoco objeto o receptor de ellas.

De ahí que la única actividad que vale la pena, como concluye Ramana Maharsi, es autopreguntarse por el yo, la autoindagación (Godman, 1992, pág. 56):

Estudiante: ¿Cómo la mente llega a quedarse tranquila?

Maharsi: Mediante la pregunta «¿Quién soy yo?». El pensamiento «¿Quién soy yo?» destruirá todos los otros pensamientos y, como el palo que se utiliza para remover la madera en la pira funeraria, acabará siendo destruido él mismo. Entonces surgirá la Autorrealización.

También en el Zen el proceso es muy similar, como vemos en este *dokusan* (entrevista personal) (Kapleau, 1980):

Roshi (maestro): ¿Quién eres tú? (sin respuesta). ¿Quién eres tú?

Estudiante: (pausa) No lo sé.

Roshi: ¡Bien! ¿Sabes qué significa «No lo sé»?

Estudiante: No, no lo sé.

Roshi: Tú eres Tú, Tú eres solo Tú, eso es todo.

[...]

Roshi: Cuando te digo que te preguntes quién eres tú, no quiero que razones una respuesta, sino que profundices en ti mismo con la pregunta «¿Quién soy yo?». Cuando llegues a la repentina realización de tu verdadera naturaleza, serás capaz de responder sin reflexionar.

–¿Qué es esto? –pregunta golpeando violentamente el tatami con el bastón.

(No hay respuesta).

–Prueba un poco más. Tu mente está casi madura.

En el siguiente *dokusan* continúa el intercambio:

Estudiante: He estado preguntándome una y otra vez ¿Quién soy?, hasta sentir que no hay respuesta a esta pregunta.

Roshi: No encontrarás una entidad llamada yo.

Estudiante: Entonces, ¿por qué estoy haciéndome la pregunta?

Roshi: Porque en tu estado actual no puedes ayudarte. La persona ordinaria está siempre preguntándose ¿Quién? ¿Por qué? ¿Cómo? Pero no hay ninguna respuesta. ¿Por qué el azúcar es dulce? El azúcar es azúcar. Azúcar.

Estudiante: Me dijiste anteriormente: «Tú eres Tú». Perfecto, lo acepto. ¿No es suficiente? ¿Qué más necesito? ¿Por qué tengo que seguir peleándome con la pregunta?

Roshi: Porque la respuesta es externa a ti. Tienes que pelearte con la pregunta hasta que estalle como una bomba y desaparezcan tus respuestas intelectuales, y todo quede reducido a Nada. Si tu conocimiento es meramente teórico, seguirás haciéndote las mismas preguntas.

Este diálogo es extraordinariamente claro, lo más probable es que sea así porque el maestro, Philip Kapleau, es occidental, norteamericano, y puede meterse de manera profunda en la mente de sus discípulos, también occidentales, recordando su proceso mental cuando era estudiante.

Traer todo al aquí y ahora

Esta técnica pretende cortar cualquier proyección de causalidad lineal respecto a tiempo y espacio, trayendo violentamente al individuo al «justo aquí» y «justo ahora». Sitúa al estudiante en el absoluto momento presente, en el que no hay sitio para proyecciones conceptuales sobre el futuro o el pasado, que producirían proliferación de pensamientos. Llevado al extremo, ambas escuelas defienden que no hay antes y después, aquí y allí. Por eso, como el tiempo no es lineal, años de práctica no llevan a la realización, ya que esta siempre ocurre aquí y ahora.

El maestro *advaita* Poonjaji niega esa visión de causa y efecto, que requiere una visión lineal del tiempo, e insiste en no posponer los resultados (Poonjaji 1992*b*, pág. 35):

Tenemos la concepción de que practicando nos liberaremos. Quien piense eso está posponiendo su libertad. Nos iluminamos únicamente en este momento, y no como resultado de diez años de práctica. La libertad es accesible ahora.

Niega los métodos espirituales y sus necesarios fines y medios, buscando llevar al discípulo a la experiencia del inmediato momento presente: no solo el pensamiento, sino también la misma meditación es un movimiento hacia fuera, hacia un futuro proyectado, no existente. Su instrucción es «mantenerse quieto en el momento presente» (Poonjaji, 1992*a*):

> No pienses. Ni siquiera medites. La meditación significa posponer hasta la vejez, o por lo menos hasta el año que viene, lo que es accesible ahora. La meditación significa rechazar la rosa y buscar las espinas. No medites aquí. Justo ahora. Siéntate tranquilamente.

Poonjaji (1992*a*) hace una serie de preguntas demoledoras que derrumban cualquier proyección dualista:

> ¡No pienses! Siempre que medites estás posponiendo. ¡Ahora! ¿Por qué posponer esto a otro tiempo, a otro momento? ¿Has visto alguna vez «el siguiente momento»? ¿Por qué no ahora? ¿No es accesible ahora?

Respecto al budismo Mahayana, ya hemos visto que Nagarjuna (2003) insiste en que samsara y nirvana son lo mismo, y que la liberación ocurre justo aquí y ahora. Lo que diluye las proyecciones dualistas y las abstracciones del tiempo lineal es el aquí y ahora. El maestro Korematsu (Davis, 2010) nos alerta respecto a la idea de empezar a practicar en un momento futuro y nos insiste en el ahora:

> El momento presente contiene infinitos pasados y futuros, pero si los tratamos como entidades separadas, si vemos de forma lineal pasado, presente y futuro, nos salimos de la Vía. Solo existimos en el presente, por tanto, ¿por qué esperar?

O como afirma el maestro Yamahata (1998):

> La consciencia real ahora es mejor que ninguna iluminación en el futuro. Ahora no puede ser medido por el tiempo, porque el tiempo es un concepto y ahora está fuera de los conceptos. Ahora no tiene la mochila del pasado y el futuro, por eso es «fresco» y siempre nuevo, pero si generas conceptos se pudre.

Paradojas

Esta técnica pretende derribar la visión dualista intensamente estructurada en nuestra mente, y lo hace minando los presupuestos que subyacen bajo ella. Las paradojas nos confrontan con las limitaciones del dualismo y con su relativismo. Siempre se contrapone la conciencia ordinaria o verdad relativa a la conciencia iluminada o verdad última.

El maestro *advaita* Poonjaji (1992, págs. 68-69) insiste en su instrucción deconstructiva de «no hacer nada», pero explica la clave:

> Tenemos que tocar la vacuidad en cualquier cosa que hagamos.

[…] La vacuidad ocurre entre dos pensamientos, cuando la mente se toma un respiro.

Ahí es donde tenemos que buscar, en los momentos vacíos de la mente, entre dos pensamientos; enseñanza que recomienda también el maestro Sesha (2017). No somos conscientes del momento presente, del vacío, porque nos aferramos a los pensamientos que de continuo pueblan nuestra mente. En ese momento vacío no hay «dentro» y «fuera», no hay dualismos, no hay extremos. Para el Advaita, como lo único que existe es *Brahman*, no puede haber diferencias de ningún tipo en ningún momento, ya que solo son el juego del pensamiento conceptual.

También Ponjaji (Davis, 2010) pone el dedo en la dualidad específica de presencia o ausencia de una persona o un objeto, arrojando la siguiente pregunta no-dual: «Si no permites a la mente crear una distancia, ¿quién va y a dónde va?».

Dogen, el padre del Zen japonés (Davis, 2010), nos previene contra los opuestos: «Cuando surgen los opuestos, la mente del Buda se pierde. Cuando un extremo aparece, el otro se oculta. Es como una hoja de papel con dos extremos girando, siempre cambiante, no estática. Podemos pensar en los opuestos como tales, pero, en el momento en que hagamos el mínimo esfuerzo, veremos que los opuestos vienen y van, están siempre en movimiento».

Las paradojas socavan uno de los principios de la Lógica: la ley de la no contradicción. Una vez que los modos opuestos del pensamiento dualista pierden su estabilidad y todo se experimenta como en un flujo perpetuo sin oposición (en el Zen) o como una inmutabilidad sin oposición (Advaita), el principio de no contradicción es irrelevante desde la perspectiva experiencial e inoperante desde el punto de vista filosófico (Davis, 2010).

La negación

Como el Advaita y el Zen consideran que la realidad es no-dual e incondicionada, las expresiones negativas son frecuentes, sobre todo en relación con las visiones dualistas sobre la práctica o el yo. Son negaciones que constituyen dedos que apuntan hacia la no mente, el no apego o el no pensamiento.

Así, Poonjaji niega cualquier método espiritual (Goodman, 1998, pág. 62):

> Estudiante: Por favor, dime cómo realizar la verdad.
>
> Poonjaji: No tienes que hacer ninguna práctica, ni cantar mantras, ni asanas de yoga, ni hacer ningún peregrinaje. Simplemente tienes que mirar dentro de tu yo. Nunca has sido libre porque siempre has estado mirando fuera de ti.

La misma respuesta encontramos en el Zen, evitando cualquier pensamiento sobre medios o fines de la práctica. Como se describe en las cuevas Tun-Huang (Cleary, 1986, págs. 107-108):

> Estudiante: Si deseo entrar en el Camino, ¿qué prácticas debo realizar, qué debo estudiar, qué tengo que buscar y qué tengo que alcanzar para llegar a la Liberación?
>
> Respuesta: Ningún *Dharma* que estudiar, nada que buscar. Nada que experimentar y nada que alcanzar. Nada que se despierte y ningún camino que cultivar. Esto es la Iluminación.

Pero no es una negación sin más, es algo más complejo. El riesgo que se corre con la negación es reificar el otro extremo. Por tanto, es una «doble negación» o una «bi-negación». Tenemos un claro ejemplo en Poonjaji (1992*b*, pág. 36), cuando alerta a sus discípulos sobre el hecho de «evitar los conceptos»:

> Estudiante: Cuando me pregunto en qué consiste este viaje espiritual, me contesto que basta con eliminar todos los conceptos. ¿Es así?
>
> Poonjaji: La espiritualidad no te dice que elimines los conceptos. ¿Qué eliminarías? ¿Y dónde los pondrías? En este mundo hay montañas, ríos y animales. Si los eliminas, ¿dónde irían? Tienen que estar aquí. Es mejor estar con todo con amor, sin aceptar ni rechazar.

Eliminar los conceptos no es la solución, es otro concepto. Cuando en no-dualidad se niega una afirmación, es necesario darse cuenta de que no se afirma lo contrario. Como dice Ponjaji (1992*b*, págs. 27-28):

> No permitas a tu mente habitar en ninguna parte, ni siquiera en la vacuidad.

PARTE III

¿Cómo se deconstruye el yo?

16. Reconocer el «techo» de mindfulness y saltar a la meditación no-dual

Si eres *mindful*, ya estás creando una separación.

No seas *mindful*, por favor.

Cuando camines, solo camina. Deja al caminar que camine.

Deja al hablar que hable.

Deja al comer que coma, al sentarse que se siente, al trabajo que trabaje.

Maestro zen Muho Noelke

Mindfulness en Occidente

Desde la aparición de mindfulness en Occidente a finales de los años 1970, se ha ido estudiando su eficacia a nivel científico en múltiples ámbitos (García Campayo y Demarzo, 2018), se ha utilizado con éxito en las áreas de la salud, la educación, el trabajo, el deporte, y muchas más. La utilización de mindfulness para obtener beneficios del tipo que sea es lo que se ha llamado «mindfulness instrumental», y ya había sido descrito anteriormente, en el caso de la meditación, como «materialismo espiritual» (Trungpa, 2002). Este fenómeno ha sido duramente criticado por la corriente denominada «McMindfulness» (Purser y Loy, 2013), que defiende que esa descontextualización del budismo original del que procede ha convertido a mindfulness en un producto más de la sociedad de consumo, por lo que se está aplicando incluso en entornos no éticos, como las fuerzas armadas o de seguridad.

En efecto, en muchas tradiciones meditativas orientales, como el Zen, mindfulness no se utiliza para tratar enfermedades, aumentar el bienestar psicológico, mejorar el rendimiento profesional o deportivo, o para cualquier otro de los beneficios que la ciencia ha demostrado con esta técnica. En ellas, su función es la más elevada de todas: alcanzar la liberación espiritual y escapar del sufrimiento. Todo lo demás son beneficios secundarios, irrelevantes y temporales.

Quizá la mayor utilidad de mindfulness consiste en aprender a ver pensamientos y emociones no como la realidad, sino como simples fenómenos de la mente, del todo subjetivos e impermanentes. Pero el riesgo es que sustituyamos un viejo hábito, que nos hace sufrir y que consiste en identificarse con los objetos mentales, por un nuevo hábito, como es desarrollar «el observador». Esto tiene grandes ventajas, porque la atención a las sensaciones corporales nos mantiene en el presente y más cercanos a la experiencia de la realidad; mientras que, antes, la mente divagaba en el pasado y el futuro, desconectada del entorno.

Pero la idea de que mindfulness tiene que ser cultivado mediante esfuerzo puede convertirlo en algo obsesivo, laborioso y mecánico. Como decía el sexto patriarca zen Hui-neng: «Si empiezas a concentrar la mente en la quietud, no producirás más que una quietud innatural» (Watts, 2004). Por eso, con frecuencia, surge el deseo de acercarse al presente de una manera más espontánea y natural, más satisfactoria. Cuando mindfulness se enseña adecuadamente, no se hace con una finalidad instrumental, sino para estar en el presente y disfrutar del hecho de estar vivo. Cuando se quiere conseguir algo con mindfulness, pasa a ser un instrumento de autoayuda, y uno se encuentra completamente focalizado en ese beneficio futuro que nos producirá mindfulness.

El «techo» de mindfulness

Muchas personas que llevan años meditando, sobre todo en las tradiciones contemplativas, han sido testigos de que mindfulness tiene un techo muy definido, que podríamos estructurar en estas cuatro limitaciones (modificado de Bodian, 2017):

1. Tendencia a la separación entre observador y observado: quizá el mayor problema de mindfulness es que, en vez de romper las barreras que nos permitirían fusionarnos con el mundo, refuerza la identidad del observador, la separación, la dualidad. De esta manera, se refuerza el yo.

2. Refuerzo de la identidad del meditador: ese yo que cada vez se siente más separado, se enorgullece de esa cualidad de la atención que ha desarrollado hasta el extremo, considerándose superior a los demás, que no han conseguido este nivel. Esta enfermedad de los meditadores u orgullo espiritual puede ser reforzada por las categorías y jerarquías que establecen algunas tradiciones contemplativas, designando a algunas personas como «maestros».

3. Mindfulness instrumental como anestesia emocional o como proyecto de carencia: consistiría en utilizar mindfulness no para alcanzar la liberación última del sufrimiento, sino como una forma de afrontar las dificultades de la vida, anulando las emociones y parapetándose en la atención, como método para no sentir y no conectarse afectivamente con el mundo. Esto enlazaría con lo que hemos hablado en el capítulo 2 y convertiría la práctica de la meditación en un proyecto de carencia más, como hacerse rico o famoso.

4. Piloto automático *mindful*: el ciclo se cierra convirtiendo mindfulness en un hábito obsesivo, rutinario, que anula cualquier capacidad de asombro o compromiso con el mundo. Para ser mantenido, requiere no salir nunca del controlado entorno monástico, porque, en cualquier otro ambiente, la rigidez de mindfulness en piloto automático no puede controlar las emociones y estas se desbordan.

Práctica: observar los huecos del continuo mental

El espacio entre pensamientos
es un pasadizo hacia el infinito.
Sesha

Adopta tu postura habitual de meditación. Anclado en la respiración, pon tu atención en la interminable sucesión de pensamientos y emociones que aparecen en la mente. Por muy incesante que sea este fluir, con la práctica de la meditación empezarás a observar periodos en que no existen pensamientos, emociones o impulsos, aunque, lógicamente, puede seguir habiendo sensaciones corporales y de los sentidos.

Si te cuesta observar estos huecos o vacíos, pon la atención en las partes de la respiración. Los occidentales, tradicionalmente, hemos considerado solo dos: inspiración y espiración. Pero en las tradiciones orientales se habla de cuatro: 1) inspiración; 2) el espacio muerto entre inspiración y espiración; 3) espiración, y 4) el espacio muerto entre espiración e inspiración, que es algo más largo que el hueco anterior. Al principio, te puede resultar difícil observar estos dos espacios muertos, pero, con un tiempo de práctica, serán evidentes. Verás que, en esos huecos, no se generan pensamientos, hay vacíos de pensamiento. Con la experiencia, la respiración del meditador se enlentece, porque estos espacios, en los que no hay pensamientos, cada vez se alargan más.

Cuando puedas empezar a percibirlos, focaliza la atención en ellos, déjate «caer» en ellos. Cambia el foco de la atención desde la forma (los objetos mentales) al fondo (el vacío de la mente, el continente o espacio donde los fenómenos mentales aparecen). Observa la emoción que se asocia a esos vacíos de pensamiento: paz, bienestar, conexión, ecuanimidad. Mantente en la práctica el tiempo que desees.

Elementos diferenciales entre mindfulness y no-dualidad

Aunque algunos de estos aspectos los hemos visto anteriormente, en este capítulo resumiremos las principales diferencias entre mindfulness y la meditación de no-dualidad:

1. Cambiar el foco figura-fondo y observar la espaciosidad: en mindfulness desarrollamos la figura del observador. Anclando la atención en la respiración o en el cuerpo, observamos los objetos de la mente: pensamientos, emociones, impulsos y sensaciones. Nuestra mente está tan llena de objetos, y son tan interesantes para nosotros, que captan toda nuestra atención. Observamos su aparición y desaparición, los contenidos de pensamientos y emociones, cómo estos objetos generan nuevos pensamientos y emociones en un caleidoscopio sin fin. En la meditación no-dual, cambiamos el foco figura-fondo. Ya no estamos tan interesados en los objetos (las figuras) como en el fondo donde se desarrolla la trama, en el espacio de la mente como tal. Un espacio que cada vez se percibe mejor, conforme ponemos más atención en él y existen menos contenidos mentales. Inicialmente, ponemos la atención en los vacíos o hueco de la mente, como hemos hecho en la meditación anterior. Pero, después, centramos nuestra atención en la espaciosidad de la mente, en el continente donde se producen los contenidos, en la cualidad de la mente de ser vacía, de permitir que aparezca cualquier objeto mental en ella. Se compara con el espacio porque es como el espacio: un pájaro o un avión se despliegan sobre él sin pedir permiso, porque el espacio siempre está abierto, siempre permite. Y el espacio no queda afectado por el pájaro, no se apega ni lo rechaza, tan solo permanece. Ya no ponemos la atención en el drama de nuestra vida autocentrada, sino en la ilimitada realidad del universo, eternamente completo y perfecto. Aquí podemos realizar la práctica de la percepción del espacio que hemos descrito en el capítulo 9.

2. En vez de observar los objetos, observar la atención en sí misma: en mindfulness observamos los objetos de la mente desde el anclaje que hemos elegido. En la meditación no-dual, observamos el movimiento de la atención como tal: ¿hacia dónde se mueve la atención? Sé consciente de que, independientemente del objeto observado, la atención es la misma. Puede observarse la atención como tal, no lo observado. Hay que liberarse de la trampa de ser toda la vida el «testigo».

Práctica: estar atento a la atención

Adopta tu postura de meditación habitual. Inicia la sesión practicando mindfulness en la respiración estándar: anclada la atención en las fosas nasales, pecho o abdomen, observa los objetos que aparecen y desaparecen en la mente; comprueba si la atención se posa en ellos y vuelve continuamente, de forma amable, al punto de anclaje.

Ahora cambia el foco y, en vez de observar el movimiento de objetos mentales, pon la atención en el movimiento de la propia atención; permanece atento a los cambios de la atención.

Pregúntate: si el observador es quien percibe el movimiento de pensamientos y emociones, ¿quién percibe el movimiento del observador?, ¿quién es el que está atento a la atención, quién observa al observador? Comprueba que es un nivel de atención diferente.

---

3. Terminar con un estado alterado de conciencia: el esfuerzo. La práctica de mindfulness constituye un esfuerzo voluntario, una habilidad que se desarrolla con la práctica. Sería una especie de «estado alterado» de conciencia, porque hay que mantenerlo continuamente y es diferente al estado mental de los no meditadores. Si dejamos de practicar durante algún tiempo, mindfulness se pierde y volvemos al estado previo. La meditación no-dual sería un estado de apertura sin esfuerzo, lo que se denomina «mente de principiante», y que constituye el estado natural de la mente cuando uno lo ha experimentado.

¿No ves ese tranquilo hombre del tao que ha abandonado el saber y no se esfuerza (*wu-wei*)?

Ni trata de evitar los falsos pensamientos ni busca los verdaderos.

Cheng-tao Ke, «El canto de la toma
de conciencia» (Watts, 2004)

**Práctica: meditación en la frontera entre las dos mentes
(basado en Bodian, 2017)**

Hay momentos en que la mente se encuentra en la frontera entre estados de conciencia no habituales, que pueden ser más expandidos. Eso ocurre en el periodo entre el cual dejamos de dormir y en el que estamos realmente despiertos. Hay unos pocos segundos cada día en que uno ha terminado de dormir, pero aún no ha adaptado la identidad y los planes de cada día. La mente está confusa, porque aún no ha estructurado el yo biográfico mediante el diálogo interno. Son unos breves momentos de apertura, de colocarse en el umbral del vacío, de lo desconocido. Puede producir miedo, y por eso corremos a pensar en lo que nos depara ese día, o en lo que hicimos ayer o en mirar el móvil o cualquier otro estímulo externo. Intenta sumergirte en ese momento tan especial de indefinición, sin desear querer volver a tu viejo yo conocido, y degusta la experiencia el poco tiempo que dure.

---

4. Detectar el quemado espiritual: es importante estar atento a los primeros síntomas de efectos adversos que se han descrito en mindfulness (Cebolla y cols., 2017) y que se relacionan con el quemado espiritual. Incluirían experiencias como distanciamiento de los demás, desinterés por las cosas, no disfrute en el día a día, sensación de alienación y anestesia emocional, o sensación de superioridad hacia los demás por el hecho de haber alcanzado un cierto nivel de meditación. En este caso, se recomendaría suspender la meditación en mindfulness y sustituirla por otra cosa, o, como mínimo, repartir el tiempo con otras meditaciones de tipo no-dual, como describimos en el libro.

5. Disfrutar el universo tal como es: la desaparición de límites entre lo externo y lo interno hace que todo lo que encuentres sea la expresión de lo que nosotros realmente somos, la auténtica naturaleza de la fuente única. No necesitamos circunstancias externas para sentirnos bien, sino que nos alineamos y fluimos con las personas y con el mundo.

Metáforas para entender la diferencia entre mindfulness y la no-dualidad

1. Los juegos finitos e infinitos (James Carse, 1987): este filósofo de las religiones describe, en su reconocido libro *Juegos finitos e infinitos*, estos dos tipos de comportamiento en la vida. Los juegos finitos son actividades instrumentales en las que los participantes siguen unas reglas fijas, se mantienen siempre dentro de unos límites y reconocen ganadores y perdedores, con sus consecuencias. Estos juegos tienen que tomarse muy en serio, porque el jugador busca poder. Por el contrario, los juegos infinitos no mantienen reglas fijas, juegan con los límites y solo se mantienen por el propio hecho de continuar el juego. Los juegos finitos necesitan audiencia, ya que se hacen por y para otros, sin disfrutar mientras se juega, puesto que lo único importante es el resultado; mientras que los infinitos no buscan audiencias, ya que los participantes disfrutan y se encuentran completamente involucrados en el juego, porque la recompensa es el propio juego. Los juegos finitos consumen tiempo y buscan una vida eterna. Los juegos infinitos generan tiempo, y en ello se busca un nacimiento eterno.

Esta metáfora sobre cómo afrontar la vida, el autor la aplica a muy diferentes campos, desde la guerra y la política hasta el trabajo o la maternidad. En el campo de la meditación, mindfulness instrumental sería un juego finito, mientras que la no-dualidad es un juego infinito.

2. La metáfora de la montaña: mindfulness es muy difícil que pueda llevarnos a la no-dualidad. La metáfora sería como escalar una montaña. La persona que practica mindfulness cree que hay algo que conseguir, metas progresivas que obtener, como escalar una montaña paso a paso; y que, al final de una lucha de años de meditaciones progresivas, el yo se va disolviendo; es decir, que tras años de ascenso continuo de la montaña, se llegará a la cima soñada, que es la no-dualidad. Pero el problema es que la no-dualidad no es un proceso acumulativo, sino un fenómeno de todo o nada. Para alcanzar la no-dualidad no hay que llegar a la cumbre, sino despertar del sueño de que se está escalando. Cuanto más se asciende por la montaña, más se reifica el sueño de que se está escalando, y el «yo» tiene más difícil despertar, porque «ha alcanzado un estatus en la meditación».

En el corazón de la no-dualidad se esconde una gran paradoja: ¿Cómo puedes llegar a ser lo que ya eres? No sería necesario hacer nada, porque ya somos eso; pero, si no hacemos nada, nunca nos haremos conscientes de lo que somos. En el zen, esta paradoja de ser, pero no reconocer que somos, se denomina «la puerta sin puerta» (*gateless gate*). Este es el título de una de las más importantes colecciones de *koan* zen, como luego veremos en el capítulo dedicado a este tema. En el momento en que despertamos a nuestra verdadera naturaleza, también descubrimos que esa puerta solo existía en nuestra imaginación y que nunca hemos estado fuera de nuestra naturaleza, ni por un instante (Bodian, 2017).

Limitaciones de la meditación no-dual

Lógicamente, la meditación no-dual también tiene limitaciones. Dos de las más importantes son las siguientes (Bodian, 2017):

1. La dependencia de las palabras: dado que la experiencia de la no-dualidad tiene que ser inducida mediante las palabras, el «dedo que señala la luna» no es la luna, como dice el Zen. Uno puede quedarse atrapado en el bosque de las palabras sin haber experimentado en absoluto lo que estas señalan, la luna. Hay personas que pueden haber aprendido y ser hábiles en el manejo de la «jerga» no-dual, del lenguaje paradójico de los *koan*, por ejemplo, y continuar siendo unos absolutos ignorantes.

2. La pasividad, porque la mente ya tiene la cualidad no-dual: el «no esfuerzo» inherente a la meditación no-dual puede ser confundido con pasividad, de manera que el individuo no haga nada para intentar alcanzar esa experiencia, porque es algo inherente a la mente. Efectivamente, aunque constituye nuestro estado natural, si no lo hemos reconocido de forma directa, seguiremos igual de atrapados en este mundo dual y no habremos disminuido un ápice nuestro sufrimiento.

17: Tipos de meditaciones y aspectos deconstructivos de cada una de ellas

–¿Qué es el tao? –preguntó Chao-Chou

–Tu mente ordinaria, natural, es el tao –contestó su maestro.

–¿Cómo podemos volver a ponernos de acuerdo con él?

–Queriendo ponerte de acuerdo con él, inmediatamente te desvías de él.

–Pero, si no lo intento, ¿cómo puedo conocer el tao?

–El tao no pertenece ni al saber ni al no saber. Saber es interpretar mal, no saber es ignorancia. Si realmente comprendes el tao es como el cielo vacío. ¿Por qué introducir el bien y el mal?

Los diferentes tipos de meditación

El modelo más completo de clasificación de los diferentes tipos de meditación es el de Dahl y cols. (2015), quienes dividen las prácticas meditativas en tres grandes grupos muy diferenciados: 1) atencionales, 2) constructivas, y 3) deconstructivas.

Prácticas de tipo atencional

Buscan manipular la orientación y apertura (foco amplio frente a foco más estrecho) de la atención, así como monitorizarla y detectarla, o desengancharla de distractores, reorientándola hacia un objeto elegido. Estas técnicas desarrollan metacognición, que sería la función cognitiva que es consciente del proceso de conciencia. En ausencia de metacognición, uno queda fundido con la experiencia («fusión experiencial»). El ejemplo sería cuando vemos una película interesante: si estamos absortos en el argumento y parece que somos parte de la película, como si fuese algo real, eso es fusión experiencial. Pero, cuando tomamos distancia y somos conscientes de que solo es una película con actores y una trama inventada, eso es metacognición.

Se subdividirían en (Hasenkhamp y cols. 2012; Jha y cols. 2007; Lutz y cols. 2015):

- **Atención focalizada (AF):** pretende estrechar el foco de la atención para desarrollar concentración unidireccional en un único objeto. La diferencia con la atención que se produce cuando se mantiene una apasionante conversación o se juega a algo interesante es que en AF existe metacognición.

- **Monitorización abierta (MA):** se divide a su vez en dos aspectos:
  - MA orientada a objetos: consiste en dirigir la atención a los pensamientos, emociones, sensaciones e impulsos que aparecen en la conciencia.
  - MA orientada a la persona: hace referencia al reconocimiento sostenido de la calidad de la atención como tal que desarrolla el individuo.

Produciría un incremento del bienestar, porque reduciría el proceso de la mente errante, ya que este fenómeno supone el 50% de nuestro tiempo despierto, y está intensamente relacionado con el bienestar psicológico (Killingsworth y Gilbert 2010). También facilitaría la regulación de las emociones, evitando su perseverancia.

Ejemplos de estas prácticas en las tradiciones contemplativas serían los siguientes (Dahl y cols., 2015):

- **Atención focalizada:** *jhana* (theravada), contar respiraciones (zen), conciencia corporal (tibetana, zen), *samatha* o calma mental con apoyo (tibetana).
- **Monitorización abierta:**
  - Orientada a objetos: meditación de elección sin objeto (tibetana), cultivo de la atención (filosofía grecorromana), Mindfulness-based Stress Reduction (MBSR) y los componentes de mindfulness de Mindfulness-based Cognitive Therapy (MBCT), terapia de acep-

tación y compromiso y terapia dialéctico-conductual (psicoterapia).

– Orientada a la persona: *samatha* o calma mental con apoyo (tibetana).

Práctica: atencion focalizada y monitorizacion abierta

Adopta la postura de meditación. Vamos a empezar practicando **atención focalizada**. Fija la atención en el contacto de los glúteos con la silla o con el cojín (dependiendo de la postura que hayas adoptado). Lo que monitorizas es hasta qué punto la atención no se aparta del objeto, en este caso, la sensación de contacto con los glúteos. Primero vas a observar la **estabilidad**, si la atención se mantiene o se va a otra parte. Puedes valorarla en una escala de 0 (nada estable) a 10 (máxima estabilidad). Cuando consigas que la mente no abandone el objeto, te vas a centrar ahora en la claridad: hasta qué punto percibes nítidamente esa sensación. De nuevo puedes valorarla en una escala de 0 (nula caridad) a 10 (máxima claridad). Por último, observa el **esfuerzo mental** que tienes que realizar para mantener en ese punto la atención. Y vuelve a valorar de 0 (nulo esfuerzo) a 10 (máximo esfuerzo). Permanece unos minutos así. Verás que, al principio, la estabilidad y la claridad son bajas y el esfuerzo, muy elevado.

Vamos a practicar ahora **monitorización abierta** con el anclaje de la respiración. Ancla la atención en la respiración, ya sea en las fosas nasales, pecho o abdomen. Desde allí, observa los fenómenos mentales: sensaciones del cuerpo y de los sentidos, pensamientos (en forma verbal o de imagen), emociones e impulsos. Cada vez que la atención quede atrapada por un fenómeno mental y pierda el anclaje de la respiración, vuelve a llevar amablemente la atención a la respiración; así una y otra vez. Permanece de esta manera unos minutos antes de terminar.

Prácticas constructivas: la reevaluación cognitiva,
la toma de perspectiva y los autoesquemas

En todas las tradiciones contemplativas se considera imprescindible desarrollar cualidades virtuosas. En las prácticas
constructivas también se necesita metacognición, como en las
atencionales, pero, a diferencia de las prácticas de tipo atencional, que suelen estar centradas en la observación o monitorización de los patrones cognitivos y afectivos, las meditaciones
constructivas buscan modificar el contenido de los pensamientos o de las emociones. Busca sustituir los esquemas cognitivos
no adaptativos por otros más adaptativos, incrementando así
el bienestar.

Se considera que existen tres grandes familias dentro de este
tipo de meditación:

- **Orientada a las relaciones:** busca desarrollar relaciones armoniosas con otras personas. Uno de los modelos
  pretendería cultivar determinadas cualidades del individuo, como la paciencia o la ecuanimidad, para poder sobrellevar mejor los sucesos estresantes del día a día. El
  otro gran modelo consistiría en desarrollar cualidades
  prosociales, modificando los objetivos y el estilo de las
  relaciones interpersonales, a través del entrenamiento de
  la bondad amorosa y de la compasión.
- **Orientada a los valores:** busca consolidar un marco ético y reestructurar los valores y las prioridades, consi-
  guiendo una reorientación de la mente hacia lo que es
  verdaderamente importante en la vida, es decir, identifi-

car el sentido de la vida. Una práctica frecuente es la de observar la propia mortalidad, lo que permite tomar una mayor perspectiva de nuestra vida.

- **Orientada a la percepción:** intentan modificar los hábitos perceptivos habituales como una forma de inducir cambios en los esquemas cognitivos implícitos. La práctica de este tipo más conocida es la práctica tibetana de los estados de desarrollo del *yidam*. Emplea la imaginación y utiliza como objeto de la atención las divinidades del panteón budista (Kozhevnikov y cols., 2009). Su objetivo es alterar la percepción de los objetos sensoriales, así como de la percepción subjetiva como tal. Para ello, por ejemplo, uno se imagina a sí mismo como la encarnación de la compasión y ve a los demás individuos y su entorno desde esa perspectiva. Los estudios preliminares confirmarían que esta práctica incrementaría los recursos de procesamiento visual-espacial.

En este tipo de prácticas, se activan dos procesos cognitivos, principalmente: la reevaluación cognitiva y la toma de perspectiva. La primera hace referencia al proceso de cambiar la forma en que se piensa acerca de situaciones y acontecimientos, de tal manera que se altera la respuesta a ellos. Constituye una estrategia importante en la regulación de las emociones. Por otra parte, la toma de perspectiva es una técnica típica en las prácticas de compasión, así como para desarrollar emociones sociales. Es el proceso mediante el que se intenta que una persona analice cómo se sentiría él mismo u otra persona en una situación particular. Este proceso es especialmente importante para incrementar la experiencia de las emociones sociales. Esta técnica sería útil para disminuir los prejuicios sociales y, en el campo clínico, como tratamiento de las psicopatías.

Ejemplos de estas prácticas en las tradiciones contemplativas serían los siguientes (Dahl y cols., 2015):

- **Orientada a las relaciones:** bondad y compasión (theravada, tibetana), *bodhicitta*/voto del *bodhisattva* (zen, tibetana), oración centrada (cristiana), protocolos de compasión CCARE (Universidad de Stanford) y CBCT (Universidad de Emory) (psicoterapia).
- **Orientada a valores:** los seis recuerdos (theravada), los cuatro pensamientos que orientan la mente al despertar (tibetana), meditaciones sobre la muerte (theravada, tibetana, zen, filosofía grecorromana-Platón), terapia del bienestar (psicoterapia).
- **Orientada a la percepción:** práctica del *yidam* (tibetana), meditación sobre la impureza (theravada).

Práctica constructiva de ecuanimidad

Adopta la postura de meditación habitual. Visualiza delante de ti un matadero en el que un matarife está degollando un cerdo. Observa tus emociones naturales. Probablemente surgirá una sensación de afecto hacia el cerdo que está sufriendo y de rechazo hacia el matarife que le inflige daño, generando una dicotomía bueno-malo o víctima-verdugo.

Intenta conectar con los sentimientos de sufrimiento del cerdo. Y, posteriormente, con los sentimientos del matarife. Es probable que no se sienta bien con este trabajo, quizá por su situación económica no pueda elegir otro empleo. Es fácil que tenga familia que mantener y que esa sea su principal motivación. Conecta con el sufrimiento del matarife, no en ese momento, sino a lo largo de su vida. Como la mayoría de los seres humanos,

▶

es probable que haya experimentado necesidades materiales, rechazos afectivos, miedo, pérdidas, etcétera. Seguramente, otras personas le habrán hecho sufrir a lo largo de la vida.

La ecuanimidad permite ver TODO el sufrimiento de los seres humanos/vivos a lo largo de su vida, no solo en un momento dado. Permite ser consciente de la impermanencia de todos los fenómenos, del continuo cambio, del hecho de que alguien hoy es víctima y mañana será verdugo, y viceversa. La ecuanimidad no juzga, no diferencia entre buenos y malos, no genera distintos sentimientos hacia diferentes personas, sino que produce una infinita compasión hacia todos los seres humanos por el sufrimiento que han experimentado a lo largo de sus vidas.

Prácticas deconstructivas: autocuestionamiento (*self-inquiry*) y autoconocimiento (*insight*) (Dahl y cols., 2015)

Las prácticas deconstructivas usan el autocuestionamiento para desarrollar autoconocimiento respecto a la naturaleza y la dinámica de la experiencia consciente. Tienen como objetivo eliminar patrones cognitivos disfuncionales, mediante la exploración de la dinámica de la percepción, la emoción y la cognición y mediante la generación de autoconocimiento sobre los modelos internos que hemos desarrollado a lo largo de la vida sobre uno mismo, sobre los otros y sobre el mundo. Se han identificado tres tipos de prácticas deconstructivas:

- **Orientada al objeto:** investiga los objetos de la conciencia; por ejemplo, notar las sensaciones o la respiración y ver cómo cambian continuamente. Pretende ver la impermanencia, elemento asociado a la comprensión de la no existencia del yo.

- **Orientada al sujeto:** investiga la naturaleza de los pensamientos, la percepción y otros procesos afectivos y cognitivos. En esta práctica uno puede, por ejemplo, diseccionar los pensamientos y emociones en sus diferentes partes constitutivas.

- **No-duales:** pretende producir un giro en la experiencia, de modo que las estructuras cognitivas «yo/los otros» y «sujeto/objeto» no sean nunca más el modo predominante de la experiencia. A menudo, estas prácticas enfatizan la importancia de no controlar, dirigir o alterar la mente de cualquier forma. Sirven para deshacer la reificación de un «observador» testigo separado de los objetos de conciencia.

El objetivo de estas prácticas es no solo aumentar la metacognición (como en las prácticas atencionales), sino también obtener experiencia directa, autoconocimiento experiencial de la naturaleza y dinámica de la conciencia. Un mecanismo central en este tipo de prácticas es el proceso de investigación de la dinámica y la naturaleza de la experiencia consciente. Estas prácticas enfatizan la importancia de evitar cualquier intento de controlar, dirigir o alterar la mente de cualquier forma, y sirven para desmontar la reificación de un «observador» separado de los «objetos» que percibe la conciencia.

En muchas meditaciones, sobre todo budistas, la diana primaria de muchas prácticas de autocuestionamiento es la reificación cognitiva, la creencia implícita en que nuestras emociones, pensamientos y percepciones son una descripción ajustada de la realidad. En estas tradiciones, las prácticas deconstructivas van dirigidas a desafiar la visión del yo como duradera y unitaria, dado que el sentido reificado del yo se encuentra en la base del sufrimiento. Por tanto, las prácticas deconstructivas budistas suelen explorar la experiencia de la subjetividad, inquiriendo sobre los diferentes elementos que sustentan el yo, o bien observando cómo interaccionan el yo como observador y los objetos observados.

El autocuestionamiento implica el análisis discursivo o el examen directo de la experiencia consciente y, frecuentemente, incluye la exploración de los procesos relacionados con el yo. Identifica las asunciones que subyacen en la reificación (el proceso de creer que algo es real) de un objeto o experiencia particular para, posteriormente, cuestionar la consistencia lógica de esas asunciones. Por ejemplo, si uno está ansioso, puede identificar las asunciones de miedo que subyacen en la ansiedad para, posteriormente, cuestionarse la base racional de ese pensamiento. En este tipo de prácticas suele escogerse una emoción/sensación, dividirla en partes y darse cuenta de cómo los pensamientos, sentimientos y sensaciones físicas que componen la emoción/sensación están cambiando constantemente. El autocuestionamiento (*self-inquiry*) lleva al autoconocimiento (*insight*), que se ha definido como un cambio en la conciencia, a menudo repentino, que consiste en la sensación de conocimiento, comprensión o percepción de algo de lo que, previamente, no éramos conscientes.

Ejemplos de estas prácticas en las tradiciones contemplativas serían los siguientes (Dahl y cols., 2015):

- **Visión orientada objetivamente:** primer y segundo fundamento de mindfulness (theravada, tibetana), *vi-*

passana/insight (theravada), meditación analítica (tibetana), *koan* (zen), componente mindfulness de la MBCT (psicoterapia).

- **Visión orientada subjetivamente:** tercer y cuarto fundamento de mindfulness (theravada, tibetana), meditaciones analíticas *mahamudra* y *dzogchen* (tibetana), *koan* (zen), terapia cognitivo-conductual (psicoterapia).
- **Visión doblemente no orientada:** *muraqaba* (sufí), *mahamudra* y *dzogchen* (tibetana), *shikantaza* (zen), autoindagación (vedanta advaita).

Las prácticas deconstructivas o de no-dualidad han existido en todas las culturas, aunque alcanzaron su máxima expresión en el hinduismo, el taoísmo y el budismo. Pero, desde la cultura grecorromana hasta la cristiana, pasando por el sufismo del islam y otras culturas diferentes a las de Extremo Oriente, han desarrollado técnicas elaboradas. Un resumen amplio de toda esta riqueza puede observarse en el libro de Javier Alvarado (2012) *Historia de los métodos de meditación no-dual*.

Práctica: la deconstrucción de las sensaciones auditivas

Adopta la postura de meditación habitual. Pon la atención en los sonidos. Observa que, cuando oyes un sonido (un pájaro, personas hablando o andando, un ordenador, un automóvil), la mente de inmediato genera una cognición de forma automática y te dices a ti mismo: «Eso es un pájaro, una persona, un ordenador, un coche». Date cuenta del fenómeno y observa que son dos procesos independientes: la sensación auditiva y la etiqueta cognitiva posterior. Intenta separarlos, de forma que la sensación no tenga que ir necesariamente asociada a esa etiqueta de pensamiento descriptiva. Permanece así unos minutos.

Aspectos deconstructivos de las prácticas atencionales

En el budismo se considera que existen dos grandes tipos de prácticas:

- Desarrollo de la atención (*samatha* en sánscrito): incluiría las prácticas descritas como atencionales. Busca desarrollar la cualidad de la atención; es decir, poder mantener la mente fija en el objeto que se haya decidido, durante el tiempo que se quiera, sin distracción. Se dice que esta práctica ya existía en los tiempos del Buda; se hallaba muy desarrollada en la tradición védica. De hecho, fue la principal práctica meditativa del Buda durante los seis años que estuvo buscando la Iluminación, desde que abandonó su hogar.
- Visión cabal (*vipassana* en sánscrito): se considera que esta práctica fue desarrollada por el Buda y que es la que, verdaderamente, permitía alcanzar la Iluminación, algo imposible con la práctica exclusiva de *samatha*. Tradicionalmente, *samatha* era la primera práctica de los novicios durante años, y, cuando afilaban el cuchillo de la atención, era cuando podían practicar *vipassana* para entender el funcionamiento de la mente. Veremos que el concepto de *vipassana* en la tradición budista es más específico.

Lo que entiende el budismo como meditación introspectiva, visión cabal o *vipassana* es poder ver, momento a momento, en

cualquier objeto de meditación, las tres características que muestran todos los fenómenos existentes, según el budismo, y que
se denominan «las tres marcas»: impermanencia, sufrimiento y
ausencia de yo. Esta es la clave y lo que hace a la meditación *vipassana* única, según la tradición. En dependencia del objeto de
meditación, la práctica se adapta para poder hacerse consciente
de las tres marcas. Si consideramos que las tres principales prácticas atencionales o de mindfulness serían mindfulness en la
respiración, *body scan* y la práctica informal, vamos a ver cómo
adaptaríamos la meditación para hacernos conscientes de «las
tres marcas» y que fuese realmente una meditación *vipassana*.

Mindfulness en la respiración deconstructiva

El meditador se centra en el proceso de inspirar, pausa, espirar
y pausa en cada uno de los ciclos de la respiración. Sin embargo, a diferencia de la meditación concentrativa o *samatha*,
intentará notar:

- **Impermanencia:** la respiración cambia en cada ciclo.
  Algunas son más profundas o más superficiales, más rápidas o más lentas, más o menos ruidosas, el aire entra
  más por una fosa nasal que por otra. En suma, no existen dos respiraciones iguales, es un proceso continuamente cambiante.
- **Sufrimiento (debido al apego):** el meditador va a hacerse consciente de que prefiere un tipo de respiración
  sobre otro. Por ejemplo, prefiere las más lentas, las más
  profundas, las más silenciosas o las de tal o cual tipo. Se

hace consciente del apego y del impulso mediante el que fuerza a la respiración a ser como desea que sea. Proceso que repetirá con cualquier otro estímulo.

- **Ausencia de yo:** con el tiempo, el meditador se hará consciente de que, si no hace ningún esfuerzo para respirar, la respiración se mantendrá igual, «el universo se respira a sí mismo». Empezará a percibir la ausencia de yo, una forma de no-dualidad.

Body scan

En esta técnica el meditador intentará notar:

- **Impermanencia:** las sensaciones corporales son continuamente cambiantes. El dolor es un buen ejemplo (y se utiliza este hecho cuando se aplica mindfulness en enfermedades con dolor crónico). En la misma zona observada, si evaluamos el dolor en una escala de 0 a 100, cada pocos segundos va cambiando la intensidad, pero también se modifica la localización. El dolor no constituye una experiencia estable y duradera. Lo mismo ocurre con cualquier otra sensación corporal: hormigueos, picor, tensión, o incluso la ausencia de sensación. Todas ellas muestran variaciones en intensidad, localización o características.

- **Sufrimiento:** las sensaciones en general, y más específicamente las corporales, cuando las etiquetamos de agradables o desagradables, son la base del apego y el rechazo. A partir de ahí, buscamos compulsivamente lo que nos gusta y evitamos lo que no nos gusta, generando la semilla del sufrimiento evidente y del sufrimiento del cambio.

- **Ausencia de yo:** aunque existe una continua identificación con nuestras sensaciones corporales (p. ej., tengo sed o hambre, me duele el pie, me pica el oído, etc.), no existe un yo que subyace bajo esas sensaciones, sino una danza continua de sensaciones corporales que no tendrían ninguna conexión entre ellas si no existiese el diálogo interno que otorga esa sensación de coherencia y continuidad, asociada a la idea o sensación de yo.

Práctica informal

Sabemos que esta práctica es la más importante porque supone la mayor parte del tiempo del día; por tanto, es la que más cambios va a producir. En cualquier actividad que realicemos: conducir, lavarnos, comer, cocinar, andar, etcétera, debemos intentar ver las «tres marcas»: 1) el cambio continuo; 2) el sufrimiento que genera el apego/aversión a estas actividades, y 3) la ausencia de yo, la insustancialidad, la inconsistencia.

Al principio, la percepción de las «tres marcas» es más racional. Pero, con los años de práctica, se vuelve muy experiencial y se percibe la respiración como un tren de sensaciones individuales y discontinuas, que surgen y pasan rápidamente en cada momento. Es decir, cada objeto de meditación se descompone en sensaciones discretas y rápidas en las que las «tres marcas» del budismo se perciben con claridad. Además, el meditador habrá adquirido la capacidad de extrapolar esta habilidad de ver estas tres características a cualquier objeto de atención.

El propósito de la práctica de *vipassana* es alcanzar un cambio radical en la percepción del sujeto para evitar la identificación con los objetos sensoriales y cognitivos, haciéndose consciente de la ausencia de un yo independiente. Uno de los efectos de este proceso es la reducción del apego/aversión hacia cualquier objeto y, por tanto, de la proliferación mental posterior. El conocimiento que se consigue no es producto de una reflexión consciente, sino que es una comprensión directa y no conceptual, alcanzada por el repetido examen de las tres marcas en todos los objetos de meditación (Pa Auk 2000; Dorjee 2010). Así pues, el meditador se hace consciente de que la persecución de estos objetos no le traerá la felicidad. También se torna consciente de que los fenómenos sensoriales y cognitivos no son aspectos del yo, sino fenómenos mentales transitorios. Podemos ver que *samatha* puede disminuir la proliferación mental durante unos segundos, pero *vipassana* va al origen del problema y hace que la disminución de la proliferación mental sea más definitiva.

Práctica: *vipassana* con atencion a «las tres marcas»

Adopta la postura de meditación. Pon la atención en la respiración. Busca las «tres marcas». Empieza por la impermanencia y observa cómo las respiraciones no son iguales. Toma nota de la duración, de la profundidad, de por cuál de las dos fosas nasales entra, de la temperatura y la humedad del aire antes y después de la respiración. Ahora observa el sufrimiento: observa cómo hay ciertos tipos de respiración que te gustan más, a los que te apegas; y otros que te gustan menos, que los rechazas. Este es el origen del sufrimiento. Finaliza observando la ausencia de yo, la insustancialidad. Observa que no hace falta que tú respires, que controles la respiración. El proceso se produce solo. Puedes terminar cuando estés preparado.

Aspectos deconstructivos
de las prácticas constructivas

Las principales prácticas constructivas son las que se centran en la compasión y en la aceptación. Analizaremos ambas:

- **La compasión** ha sido definida por Goetz y cols. (2010) como «el sentimiento que surge al presenciar el sufrimiento de otro y de uno mismo y que conlleva un deseo de ayudar». La compasión pone el foco en el malestar de los demás, considerando que debemos darle la misma importancia que a nuestro sufrimiento. Este hecho disminuye nuestro diálogo y visión del mundo autocentrados, haciendo que la fuerza del yo disminuya, conforme se incrementa la preocupación por el resto de seres vivos. En la tradición budista, el concepto de *bodhicitta* es una concepción de compasión aún más extrema, ya que la felicidad de los demás se antepone a nuestra propia felicidad. De esta forma, el *bodhisattva*, es decir, la persona que ha desarrollado *bodhicitta*, no puede permitirse alcanzar la Iluminación hasta que no lo hayan hecho todos los seres del universo. Obviamente, el efecto deconstructivo del yo de la *bodhicitta* es mucho mayor (Santideva, 2015).

- La **aceptación** ha sido definida como una apertura total hacia la experiencia, en el aquí y ahora, adoptando una postura de no enjuiciamiento (Hayes, 2004). Durante la meditación atencional, una actitud de aceptación y curiosidad produce una sensación de ligereza ante la necesidad de refocalizar la atención en un objeto dado. Dado que la mente no entrenada tiende a divagar continuamente y la refocalización de la atención debe ser continua, la aceptación previene la aparición de pensamientos negativos, como el autojuzgarse, lo que llevaría a una proliferación mental secundaria, evitando también que se produzca aversión hacia la práctica. La aceptación está también relacionada con la «bondad amorosa» (*loving kindnesss*), una práctica budista compasiva que intenta evitar de manera gradual los estados que tienen su origen en la aversión. Conforme se profundiza en la práctica, la aceptación permite relajar la atención y permite que las sensaciones sean rápidamente percibidas durante la práctica de mindfulness. Sin embargo, sin aceptación, la atención tiende a ser más tensa y menos flexible, y resulta más difícil ser consciente del surgimiento y desaparición de las rápidas series de sucesos mentales (Dahl y cols., 2015).

La aceptación, en este sentido, es una cualidad de la consciencia y no involucra la cognición. Por tanto, no es equivalente a *pensar* en aceptar los pensamientos sobre sí mismo y sobre los otros. Las formas cognitivas de la aceptación realmente son regulación de las emociones. Un ejemplo permite diferenciar ambos aspectos: cuando se practica mindfulness, el meditador percibe que su atención divaga. Si se toma conciencia de este hecho con aceptación, no surgen juicios y no hay proliferación mental posterior. De esta forma, puede refocalizar la atención sin generación de pensamientos. Sin embargo, si la conciencia no tiene esta cualidad de la aceptación, surgen los pensamientos, seguidos de sucesos mentales posteriores. Entonces, el meditador puede reconocer que ha emitido juicios y usar la regulación de la atención para tener mayor aceptación y reemplazar dichos juicios por pensamientos de aceptación (Dahl y cols., 2015).

Prácticas deconstructivas como tales

Para algunos autores como Dahl y cols. (2015), la principal característica de las prácticas deconstructivas es la autoindagación. En este contexto, se define autoindagación como «el proceso de investigar la dinámica y la naturaleza de la experiencia consciente mediante el análisis discursivo o el examen directo». El análisis discursivo supone identificar las asunciones que subyacen en la reificación de un objeto o experiencia particular y, posteriormente, cuestionar la consistencia lógica de dichas asunciones. Por otra parte, el examen directo consiste en examinar de manera directa la experiencia y diseccionarla en sus partes constituyentes, comprobando cómo todas ellas están continuamente cambiando. En el contexto del budismo, la indagación se aplica a las creencias sobre el yo, aunque también puede ser dirigida hacia la naturaleza y dinámica de la percepción, a analizar pensamientos y emociones o a la naturaleza de la conciencia. En las meditaciones deconstructivas, la autoindagación se utiliza para producir el *insight*. Este se ha definido como un cambio en la consciencia, por lo general brusco, que nos permite conocer, comprender o percibir algo que se había previamente escapado a nuestro entendimiento (Kounios y Beeman, 2014).

Hasta la fecha, solo existe una investigación que relacione meditación e *insight*. En dicho estudio se emplearon técnicas que no eran deconstructivas, pero, pese a ello, los resultados demuestran que la práctica de la meditación incrementa, a corto plazo, la resolución de problemas creativos en relación con el entrenamiento en relajación muscular progresiva (Ding y cols., 2014). Este descubrimiento fue ligado a la activación de diferentes áreas cerebrales, como el giro cingulado derecho, el giro frontal inferior, el giro frontal medial bilateral, el giro temporal superior, la ínsula, el putamen y el lóbulo parietal inferior (Ding y cols., 2014). Se necesitarían nuevos estudios para determinar si formas específicas de meditación y, específicamente las deconstructivas, aumentan el desarrollo del *insight*. Esta es un área de investigación muy relevante, ya que varias tradiciones meditativas afirman que formas específicas de *insight*, concretamente sobre la naturaleza del yo, aumentarían el bienestar (Maharaj, 2003; Harvey, 2004).

Prácticas deconstructivas directas

Trabajan directamente sobre todas o alguna de las «tres marcas» (impermanencia, sufrimiento y ausencia de yo), aplicadas al yo. El rango de meditaciones que se incluye en este apartado es casi ilimitado, dependiendo de las distintas escuelas, aunque han sido especialmente desarrolladas en las tradiciones orientales. Incluimos aquí una práctica tipo y muy general, que, con modificaciones, se encuentra en casi todas las tradiciones.

Práctica: la disolución del yo

Adoptamos la postura de meditación que utilicemos habitualmente. Vamos a practicar mindfulness en la respiración, focalizándonos en los diferentes fenómenos mentales y buscando el yo en cada uno de ellos.

Empezamos con la RESPIRACIÓN. Identificamos el punto de anclaje de la respiración que solemos utilizar (p. ej., fosas nasales, pecho, abdomen). Somos conscientes del proceso de aparición y desaparición de la respiración, con sus fases de inicio, desarrollo y final de cada movimiento respiratorio. Este proceso de aparición y desaparición ocurre con todos los procesos mentales y con todos los fenómenos que existen en el universo. Somos conscientes de que el aire inspirado que entra en nuestros pulmones procede del espacio exterior, entra en nuestro cuerpo por las fosas nasales y se queda en el interior de nuestro cuerpo. Más tarde, el aire espirado que devolvemos al exterior y que se diluye en el espacio, anteriormente, formaba parte de nosotros. Por tanto, pensamos «¿Dónde se encontraba el aire que inspiramos antes de ser parte de nosotros? ¿Dónde va el aire espirado cuando deja de ser parte de nosotros?». Ese aire que entra en nuestro cuerpo, ¿somos nosotros? El aire con partículas nuestras que se pierde en el exterior, ¿somos nosotros? Pensamos en dónde están los límites de nuestro cuerpo y de nuestro yo.

Pasamos al campo de las SENSACIONES. Nos centraremos exclusivamente en las auditivas, que son de las más fáciles de trabajar en meditación. Identificamos un sonido y comprobamos que existe un inicio, un desarrollo y un final. Nos planteamos: ¿Dónde estaba ese sonido antes de que surgiese? ¿A dónde va cuando desaparece? ¿Podría existir ese sonido si nosotros no estuviésemos oyéndolo? Cuando escuchamos ese sonido, ¿nosotros somos el sonido o somos observadores, simples testigos de ese sonido?

Nos desplazamos ahora hacia los PENSAMIENTOS. Identificamos un pensamiento y observamos que hay un inicio, un desarrollo y un final. Nos planteamos: ¿Dónde estaban esos pensamientos antes de que surgiesen? ¿Y a dónde van esos pensamientos cuando desaparecen? Nosotros, el observador, casi nunca generamos los pensamientos, ya que surgen de forma espontánea, como una actividad natural de la mente. Igual que el ojo abierto no puede evitar ver (aunque se puede mirar de forma voluntaria), o el oído no puede evitar oír (aunque se puede escuchar de forma voluntaria), la mente despierta no puede evitar generar pensamientos (aunque uno puede pensar voluntariamente). Este es el juego de

▶

la mente que nos atrapa. La mente genera pensamientos porque es su naturaleza. Como no hay un observador fuerte que pueda desligarse de los pensamientos, cree erróneamente que él los ha generado. Así, queda atrapado por ellos y siente y actúa en consecuencia, en un ciclo sin fin. Vamos a esperar que surja un pensamiento. Es fácil que mientras meditamos no surjan, por lo que podemos generar uno nosotros, preferentemente neutro, como por ejemplo: «Hoy no llueve». Nos preguntamos: ¿Quién ha generado ese pensamiento? ¿Por qué el observador se ha identificado con él? ¿Ese pensamiento soy yo o no? ¿O solo soy el que observa esos pensamientos?

Pasamos a las EMOCIONES. Identificamos una emoción que aparezca en la mente. Si no aparece, la hacemos surgir. Siempre una emoción de baja intensidad, no el mayor conflicto que tengamos. Por ejemplo, evocamos algún conflicto menor que hayamos tenido con algún compañero de trabajo recientemente. Vemos también que la emoción tiene un inicio, un desarrollo y un final, aunque el proceso es mucho más largo que el de un pensamiento. Nos preguntamos: ¿Dónde estaba esa emoción antes de que surgiese en mi mente? ¿Dónde va después de desaparecer? Somos conscientes de que nosotros no generamos las emociones, surgen como el juego propio de la mente. Nos preguntamos si esa emoción soy yo o si no soy yo; o si solo somos el observador que es testigo de esa emoción.

Para finalizar, nos centramos ahora en el YO. Si lo identificamos con nuestra biografía, observamos que también tiene un inicio, un desarrollo y un final. Nos preguntamos: ¿Dónde estábamos antes de que naciésemos? ¿Dónde iremos cuando hayamos muerto? Intento identificar qué es el yo. ¿Mis pensamientos y emociones? ¿El observador? ¿Depende de con quién me identifique, si con los pensamientos o emociones o con el observador? ¿Cuál es mi auténtico yo? ¿O se está creando en cada momento en dependencia de con quién me identifique: cuerpo, pensamientos, observador, biografía?

Volvemos a la respiración. Lentamente vuelvo al cuerpo. Cuando nos sintamos preparados, movemos el cuerpo y abrimos los ojos.

Prácticas deconstructivas indirectas

En estas prácticas no se busca comprender la naturaleza del yo, ni las «tres marcas» asociadas a él, sino deconstruir o desidentificarse del resultado final, que son las etiquetas. En capítulos previos, al describir el yo, hemos hablado de las etiquetas que definen el yo. Estas prácticas estarían destinadas a destruir mentalmente esas etiquetas. En la realidad siempre van a existir etiquetas, porque no puedo dejar de tener un género, profesión o nacionalidad; pero se trata de intentar que el apego sea mínimo, que no nos aferremos al «personaje» que hemos creado.

Práctica: identificar y quemar las etiquetas del yo

Adoptamos la postura de meditación e identificamos todos los aspectos de nosotros mismos con los que nos identifiquemos. Empezamos por los que más arraigados estén y nos damos cuenta del apego que nos genera: orientación sexual, profesión, nacionalidad, paternidad, ideas políticas o religiosas, valores, personalidad.

Seleccionamos también algunas etiquetas con las que haya alguna identificación, pero que sea muy débil: quizá alguna habilidad o deporte que te guste, pero que no consideres muy importante (p. ej., bailar, jugar a tenis, esquiar).

Luego, buscamos etiquetas que para otras personas puedan ser importantes, pero que a nosotros nos produzcan absoluta indiferencia. De nuevo pueden ser actividades o deportes que nunca hemos practicado ni dominado, pero que ni nos lo planteamos, porque nuestro interés es nulo (p. ej., torear, escalar, hacer parapente).

En todos los casos, para comprobar la intensidad y el efecto, nos decimos a nosotros mismos: «Eres un mal padre/madre» (identificación máxima), «Eres un(a) mal(a) esquiador(a)» (identificación baja) o «Eres un(a) pésimo torero/a» (identificación nula). Observamos en todos los casos la reacción del yo.

▶

A continuación, imaginamos que estamos sentados al lado de una hoguera y que las etiquetas son como hojas de papel o caretas que están encima de nuestra cara. Empezando por las etiquetas con las que más nos identifiquemos, las quemamos, las destruimos, observando la resistencia que se genera. Acabamos con las de mediano y mínimo apego. ¿Qué queda ahora del yo?

Por último, imaginamos que hemos tenido un accidente de tráfico, hemos sufrido una conmoción cerebral y padecemos amnesia total, por lo que hemos perdido la memoria de toda nuestra vida. No sabemos ni quiénes somos ni cómo nos llamamos. Imaginamos esa situación. ¿Qué queda del yo cuando no hay nombre ni memoria? Finalmente, imaginamos que nos cambian el nombre (ya que nadie sabe quiénes somos) y nos llaman Juan(a) López Fernández. ¿Qué sentimos? Intentamos que nuestro yo se identifique con esa ausencia de recuerdos y con ese nombre. Permanecemos así unos segundos y podemos terminar cuando consideremos oportuno.

18. Darse cuenta (*awarenes*) o la naturaleza de la mente

El mar se seca y muestra el lecho marino.
El hombre muere, sin jamás haber conocido
su mente.

Zenrin Kushu, dicho nº 125

Introducción

Cuando uno empieza a meditar, lo que observa son los contenidos de la mente: pensamientos, emociones, todo tipo de sensaciones e impulsos. Al principio, hay tantos objetos mentales que cambian con rapidez que es inevitable identificarnos y fusionarnos con ellos intensamente. Pero, cuando llevamos meses meditando, es frecuente que surjan algunas preguntas del tipo: ¿Esto es mindfulness/meditación? ¿Hay algo más? ¿Hay algo estable en todo esto? Quizá uno tiene la sensación de que se ha atascado, o de que tiene que haber algo más. Si uno tiene la suerte de contar con un maestro o con alguien más avanzado en la meditación a quien pueda preguntar, es probable que le oriente en una nueva dirección.

Una de las metáforas más utilizadas para describir el funcionamiento de la mente es compararla con un rosario de cuentas en la tradición católica o con un «mala» o rosario de oraciones tibetano. Los fenómenos mentales, como pensamientos y emociones, podrían compararse con las cuentas del rosario. Aparecen de forma continua, sin dejar espacio entre uno y otro, y eso es todo lo que vemos. En el rosario ocurre igual: vemos las cuentas una detrás de otra, sin más. Pero nosotros sabemos que las cuentas del rosario no se sostienen en el aire, que hay un hilo al que están engarzadas y que las une, pero que no se ve. Sin embargo, si eliminamos, por ejemplo, la mitad de las cuentas, sería muy visible el hilo que las une; lo mismo ocurre en la meditación. Uno de los fenómenos que ya hemos explicado es que, con la práctica, cada vez hay menos objetos mentales, principalmente pensamientos, por lo que cada vez es más fácil observar «huecos» entre ellos.

Esos huecos, al principio, duran milisegundos. Con el tiempo duran segundos y, en retiros o en meditadores experimentados, pueden durar minutos u horas. Inicialmente, es una experiencia muy rompedora, muy novedosa, porque, como nuestra mente está siempre activa, resulta difícil creer que pueda existir ese estado. También es fácil que nos dé miedo o sensación de ansiedad; es como si faltase el suelo bajo nuestros pies, porque lo que nos da la sensación de «yo», de seguridad, es el pensamiento continuo. Al principio dura poco, porque enseguida generamos pensamientos al respecto: «¿Qué es esto?». «¿Cómo es que no hay pensamientos?». «¿Esto es la vacuidad?». «¡Tengo miedo!». Y entonces la experiencia desaparece. Con el tiempo, somos más capaces de quedarnos en ella y disfrutarla; y de entender que había otra forma de «observar» la mente. ¿Y qué es lo que une esos fenómenos mentales? En otras palabras, ¿cuál es el hilo que une esas cuentas?

Como veremos en el anexo sobre «Estructura de la mente», cuando se emplea mindfulness en el entorno clínico-terapéutico o en el ámbito educativo, uno trabaja sobre los contenidos de la mente. En psicología, normalmente, trabajamos sobre pensamientos y emociones depresivas o ansiosas, sobre impulsos en las adicciones, o sobre la sensación de dolor, cuando hay enfermedades que cursan con este síntoma. Pero cuando damos el salto y usamos mindfulness en un contexto espiritual o de crecimiento personal, no trabajamos sobre los contenidos, sino sobre la propia mente, sobre el espacio de la mente.

Para entender mejor este tema, es útil reflexionar sobre la psicología de la Gestalt o de la Forma (Brigas Hidalgo, 2012). Simplificando, viene a decir que la mente configura todos los elementos que llegan a ella a través de los canales sensoriales (percepción) o de la memoria (pensamiento, inteligencia y resolución de problemas). Cuando una persona interacciona con el medio ambiente, esa configuración prima sobre los elementos que la conforman. Esta teoría podría resumirse en el axioma, por el que se conoce esta corriente psicológica: «El todo es más que la suma de las partes». Lo que quiere decir es que todo cuanto percibimos está en relación con una parte en la que nos concentramos (llamada «figura»), que a su vez es parte de un todo más amplio (llamado «fondo»), donde hay otras figuras. Esta corriente describe una serie de principios, como el de pregnancia o de la buena forma, semejanza, simetría, proximidad, simplicidad, continuidad, etcétera, que no vamos a describir aquí porque excede el objetivo de este libro.

Pero nos centraremos en uno de estos principios, el de «la relación entre figura y fondo». Defiende que el cerebro no puede interpretar un objeto como figura y fondo al mismo tiempo. Según la experiencia previa y los intereses del observador, aparecerá en su mente un elemento como fondo y otro como figura, o viceversa. Muchas figuras solo pueden verse cuando están superpuestas sobre un fondo más neutro. Observamos dos figuras clásicas de la psicología de la Gestalt: el cubo de Necker y el jarrón de Rubin.

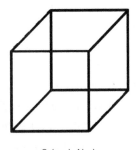

Cubo de Necker

Jarrón de Rubin

En el cubo de Necker observamos que la cara más próxima al observador puede ser la de la izquierda o la de la derecha, según cómo miremos. Aún es más evidente en el jarrón de Rubin: alguien puede ver solo el jarrón durante minutos, antes de que pueda ver las dos caras mirándose. Pero, una vez que las hemos visto, siempre podremos elegir percibir una u otra como figura o como fondo, porque se ha creado una nueva forma de percibirlo.

Con la mente ocurriría lo mismo. Durante toda la vida, nuestra Gestalt ha estado estructurada para que la atención observe los contenidos de la mente (sensaciones, pensamientos, emociones e impulsos). No solo no veíamos el fondo, el espacio de la mente, sino que ni siquiera sospechábamos que existía. Las técnicas meditativas deconstructivas pretenden enseñarnos que existe un fondo sobre el que vemos las «figuras» mentales. Una vez que percibamos el espacio de la mente, siempre podremos enfocarnos en la figura o en el fondo, según donde decidamos poner la atención.

**Práctica: enfocando la forma
o el fondo de la mente**

Adopta la postura de meditación. Enfoca la atención en las sensaciones corporales durante unos cinco minutos. Cambia ahora la atención y observa los huecos, el espacio de la mente, donde ocurre todo. Permanece también unos cinco minutos. Pon la atención, posteriormente, en los pensamientos. Observa cómo se generan, se mantienen unos segundos y desaparecen. Mantente así otros cinco minutos. Vuelve al espacio de la mente, no atiendas a los contenidos. Otros cinco minutos. Pon la atención ahora en las emociones (o en su ausencia) otros cinco minutos. Vuelve luego al espacio de la mente otros cinco minutos. Por último, pon el foco en los impulsos cinco minutos. Y acaba con la atención de nuevo en el espacio de la mente por un periodo similar.

Este ejercicio insiste en la facultad que tenemos de centrarnos en los objetos mentales o en el espacio de la mente. Si los objetos de la mente nos producen mucho sufrimiento (p. ej., un pensamiento rumiativo depresivo, una emoción de ira, un impulso incontrolable), poner la atención en el espacio de la mente disminuye su intensidad y su efecto en nosotros.

Darse cuenta (*awareness*): el campo de la consciencia o el espacio de la mente

Podemos comprobar que hemos estado observando los objetos mentales, pero NO hemos sido conscientes de la propia facultad de conocer. Utilizando una metáfora, hemos podido ver los objetos que ilumina una linterna, pero no hemos sido conscientes de que hay una linterna iluminándolos y que, sin ella, no se verían. En este momento parece algo tan obvio que podríamos preguntarnos «¿Por qué no hemos meditado desde el principio en la linterna, en el darnos cuenta?». La respuesta es: porque es muy difícil hacerlo, ya que es un concepto muy sutil. Está allí todo el tiempo, pero no está en ningún lugar y no es fácil verlo.

Por increíble que parezca, el concepto de *awareness* no está en el Canon Pali, no fue descrito por el Buda. Es una palabra inglesa que usan los maestros occidentalizados de diferentes tradiciones budistas para intentar explicar el concepto de consciencia. Un término pali parecido a consciencia es *viññana*, que describe los seis tipos de consciencia correspondientes a los seis sentidos (recordemos que la mente se considera el sexto sentido en la tradición budista): consciencia visual, auditiva, etcétera, y la consciencia de la actividad de la mente. En este caso, la unión del órgano de los sentidos (p. ej., el ojo), el objeto visual (p. ej., un pájaro) y la consciencia visual producen el «contacto». Cuando el objeto cesa (p. ej., el pájaro se va), la consciencia cesa.

Pero *awareness* describe una consciencia que no está ligada, en un momento dado, a un único sentido. Es algo más fundamental y que lo invade todo. Usando una metáfora, es el cielo por el que pasan las nubes de los objetos mentales. Es el «espacio de la mente donde aparecen los objetos mentales». Esta consciencia NO DEPENDE de un objeto. A menudo, la consciencia está centrada en ser consciente de un objeto (esto sería *awareness*). Pero también, y este es un estado más avanzado, uno puede ser consciente del simple hecho de que es consciente, sin que haya un objeto de conciencia (*awareness* del *awareness*). Todos los objetos del mundo de los fenómenos aparecen y desaparecen en el amplio espacio de la mente. Si cierras los ojos y visualizas un objeto, lo que hay antes de que lo visualices es el espacio de la mente; y lo que queda cuando has eliminado el objeto, es el espacio de la mente. En ese espacio puedes hacer surgir el fenómeno mental que desees.

Son muchas las metáforas sobre este tema. Una de las más conocidas es esta:

La mente no puede conocerse a sí misma.

Es como una espada que corta, pero que no puede cortarse a sí misma.

Como un ojo que ve, pero que no puede verse a sí mismo.

(*Zenrin Kushu 14*, pág. 267)

El espacio de la mente, el *awareness*, no puede ser atrapado, pero sabemos que está ahí. Ajahn Chah dice: «Es como montar a caballo y preguntarse dónde está el caballo».

Práctica: observar los objetos mentales en el espacio de la mente

Adopta la postura de meditación que desees. Pon la atención en los sonidos, preferiblemente naturales (p. ej., pájaros, viento). Observa de qué dirección llegan. ¿Tienen alguna forma, algún color? ¿Dónde sientes los sonidos? Generalmente en las orejas. Extiende tu conciencia hasta la fuente del sonido (el pájaro, el árbol), como si pudieses oírlo, no en las orejas, sino donde se produce, en la distancia. Verás que la sensación es diferente.

Observa las sensaciones corporales, ves que hay algunas que son agradables, otras desagradables, y la mayoría, seguramente, son neutras. Obsérvalas, no desde la altura de detrás de los ojos, como hacemos habitualmente, sino como si tu conciencia estuviese en el lugar donde se origina la sensación: el pie, el glúteo, la mano.

Observa ahora los pensamientos. Sobre el vacío de la mente (fondo) observa esa figura. Los pensamientos, ¿tienen forma?, ¿tienen color? Observa por qué lado aparecen: ¿por la derecha o por la izquierda? ¿Por arriba o por abajo? Verás que puedes llegar a identificarlos. La forma de presentación es muy variada, a veces es como las presentaciones de diapositivas con el programa PowerPoint: pueden originarse desde el centro, desde arriba, desde ambos lados, simultáneamente.

Por último, observa los impulsos. ¿Dónde nacen? ¿En la cabeza? ¿En alguna parte del cuerpo, según el impulso de que se trate? Toma conciencia de que, para conocer que existe un impulso, no hace falta darle nombre, al igual que con el resto de los objetos mentales.

¿Quién es el conocedor?

Cuando hablemos de las técnicas para contactar con la vacuidad, una de las más utilizadas en la práctica informal es «hablar en gerundio o en voz pasiva». De esta forma, la sensación de yo se diluye. Pero también cuando no hay diálogo interno, cuando no hay proliferación mental o pensamientos en respuesta a las sensaciones que percibimos, podemos conectar con la vacuidad.

Cuando practicas meditación mediante cualquiera de estos métodos u otros parecidos (autoindagación *advaita*, *koans*, etc.), en todos esos casos, la pregunta racional o la sensación inconsciente que nos surge internamente es: «¿Quién conoce?». Pero, realmente, no hay un actor, una persona que esté conociendo. Por eso, a veces, la pregunta es también: «¿Qué es aquello que conoce?». Es posible que la respuesta que te surja es: «Quien conoce es el *awareness*». Es el acto de conocer en sí mismo, no es un agente, no es un actor, es un hecho, un proceso, es lo que ocurre.

Práctica: ¿Quién conoce?

Adopta la postura de meditación y escucha los sonidos. Cuando lleves varios minutos, puedes preguntarte alternativamente: «¿Quién conoce?» y «¿Qué es aquello que conoce?». Cada vez que aparezca un sonido o un pensamiento, hazte las mismas preguntas. Mantente unos minutos así.

En general, lo que vas a descubrir, independientemente de la práctica que realices, es una apertura de la atención, una mayor sensación de espacio, una sensación de quietud y una mayor comprensión de lo que es el *awareness*, aunque no puedas expresarlo con palabras.

La naturaleza de la mente

Vacuidad y ausencia de límites (*dharmakaya*)

Bodhidharma fue el maestro indio que llevó el budismo a China en el siglo VI d.C. En el Zen se considera, después del Buda, la persona más importante en el budismo, y se venera como el primer patriarca del budismo Zen. Se dice que permaneció nueve años en una cueva sin hablar con nadie. Uno de sus discípulos, Huike, buscaba tan desesperadamente la enseñanza que se cortó el brazo izquierdo y se lo mostró en la cueva, para dar prueba de su compromiso y sinceridad. Así fue el diálogo que tuvieron, según rezan los textos:

> Huike: Mi mente no está en paz. Te lo suplico, Maestro, pacifícala.
> Bodhidharma: Tráeme tu mente y la pacificaré.
> Huike: He buscado mi mente, pero no soy capaz de encontrarla.
> Bodhidharma: Ahí lo tienes, ya la he pacificado.

Se dice que Huike, después de este diálogo, alcanzó la Iluminación.

Vemos que no es fácil encontrar la mente, aunque la sintamos. El Buda insistía a sus discípulos en «contemplar la mente en la mente», o «contemplar la mente como la mente», observando de forma objetiva cómo aparecen los fenómenos mentales en ella: pensamientos de pasado o futuro, recuerdos y fantasías, emociones de todo tipo (alegría, tristeza, miedo), o bien observando la ausencia de fenómenos mentales. Si la mente está concentrada o no, cómo se mueve de un sitio a otro y por qué.

Podríamos decir que el *awareness* es el espacio donde se produce el conocimiento, el espacio donde aparecen los fenómenos mentales. Es, de alguna forma, el vacío. Y la mente es aquello que conoce. Y ¿cómo es ese vacío una vez que no hay contenidos mentales? ¿Qué forma tiene la mente? ¿Qué color? ¿Qué límites?

Práctica: la vacuidad de la mente

Adopta la postura de meditación habitual. Anclado en la respiración, bien sea en fosas nasales, pecho o abdomen, observa la mente. Deja pasar unos minutos para que la mente se calme, de forma que puedas empezar a observar los «vacíos» o «huecos» de la mente, los espacios en que apenas hay actividad mental, objetos mentales.

En esos huecos, observa cómo es la mente: ¿Qué color tiene? ¿Es homogénea o cambiante? ¿Qué forma tiene? ¿Qué tamaño? ¿Tiene límites? Explora si hay algún límite. Siente que desplazas tu atención hacia la derecha, luego hacia la izquierda, también hacia delante y hacia atrás, o hacia arriba o hacia abajo. Mantente unos minutos así e intenta contestar estas preguntas.

Si has podido hacer la práctica, habrás podido comprobar que la mente no tiene una forma especial, es ilimitada. Si buscas los límites por un lado o por otro, por cualquiera de las direcciones, podrías seguir avanzando y no llegarías a un final. Quizá la única excepción es cuando exploras la mente hacia atrás. Allí se encuentra el observador, aquello que conoce. Muchas personas describen que ahí sí que sienten un límite, el que pone el observador.

Respecto al color. La mente es homogénea, es toda del mismo color. Suele predominar el color negro, pero podría ser también gris o de otro color, generalmente oscuro; pero es un color que es homogéneo, igual en todo el espacio de la mente, y que no cambia. Allí no hay nada, no hay ningún objeto o imagen atascada. Cualquier cosa que apareciese la podrías quitar, porque es insustancial, cambiante e impermanente. Ahora bien, el espacio de la mente no se puede quitar, no se puede hacer desaparecer: es inmutable y permanente, hasta que aparecen nuevos fenómenos mentales.

En suma, la mente es en esencia vacío. Y este vacío es lo que crea el espacio para que los fenómenos mentales puedan aparecer. Por muchos objetos que haya en la mente, nunca está llena del todo, siempre se puede observar el vacío; lo que ocurre es que es muy sutil, y es más fácil verlo cuando no hay objetos mentales en ella. Podemos hablar del espacio vacío de la mente o del espacio vacío del *awareness*, porque, aunque no son estrictamente sinónimos, están muy relacionados.

Tabién se dice que la mente es ilimitada y se usa la metáfora del zurrón. El espacio o el aire que existe dentro de un zurrón vacío (y que representa la mente individual) es el mismo que el que existe fuera (la mente universal). Aparentemente son diferentes porque el zurrón (que representa el cuerpo) lo limita. Pero cuando el cuerpo muere y el zurrón se abre, ¿existe alguna diferencia entre ambas mentes?

Ver la naturaleza vacía de la mente es muy liberador. Es como una habitación llena de muebles; da igual lo llena que esté y lo pesados que sean, siempre va a poder vaciarse. Conocer la naturaleza vacía de la mente es una ruta directa a la libertad, porque «todo puede convertirse en vacuidad, todo puede liberarse». Suzuki Roshi decía: «Las personas que conocen el estado de vacuidad de la mente siempre serán capaces de disolver sus problemas mediante la constancia». Solo es cuestión de tiempo y esfuerzo; solo hay que dejar pasar las fuentes del sufrimiento.

Luminosidad, claridad o capacidad de conocer
(*sambhogakaya*)

Ya hemos dicho que la mente es en esencia vacío. Pero tiene otra función tan importante e intrínseca como la vacuidad: la de conocer. Su función básica, su principal actividad, es conocer. Cada fenómeno es conocido por el *awareness* tan pronto como surge, no se puede no conocer. La mente es vacío y no la podemos encontrar, pero no podemos decir que no existe, porque siempre está conociendo y somos conscientes de que es así. El *awareness* es como un espejo: cuando aparece un objeto, lo refleja fielmente.

Vemos que la mente posee ambas características intrínsecamente unidas: vacuidad y conocimiento. Como su función es «iluminar», como una linterna, los objetos de conocimiento, por eso se dice que la mente es luminosa o radiante. Eso no quiere decir que al cerrar los ojos, veamos luz, o que cuando estemos realmente despiertos vayamos a ver luz. Por tanto, nuestra mente y la de todos los seres vivos poseen estas dos cualidades: vacuidad y conocimiento.

Práctica: la mente luminosa

Adopta la postura de meditación. Empieza prestando atención a los sonidos que te rodean. Conecta con el espacio de la mente y siente que esos sonidos simples entran y salen, aparecen y desaparecen, en ese espacio. Posteriormente, incluye en tu atención las sensaciones corporales. De nuevo, sitúalas en el amplio espacio de la mente. Cada sensación puedes considerarla un relámpago en el espacio vacío y oscuro de la mente. Pasa luego a los pensamientos, tanto en forma verbal como de imagen. Puedes verlos en el espacio oscuro y homogéneo de la mente como nubes que aparecen y desaparecen en ese espacio. Pasado un tiempo, dirige la atención al espacio de la mente como tal, a ese espacio negro, o de otro color, donde aparecen los fenómenos mentales. Observa tu propio *awareness*.

Ecuanimidad o sin obstáculos (*Nirmanakaya*)

La mente es el espacio donde pueden surgir sin obstáculos los objetos mentales, no genera ninguna obstrucción a su aparición. Los meditadores describen, tras años de experiencia y cuando han contactado con la vacuidad y la capacidad de conocer de la mente, que surge en ellos una sensación de interés, de presencia, de relajación y de facilidad, todo lo cual produce una gran sensación de libertad. Así, aunque uno sienta un dolor en la pierna o algunos pensamientos rumiativos, no se «engancha» a ninguno de ellos. En primer lugar, porque los objetos mentales, en ese momento, son muy fugaces. Y, en segundo lugar, porque siempre se mantiene la sensación de espaciosidad, de *awareness* que se disfruta en ese momento. La falta de motivación para quedarse aferrado o desear los objetos se asocia a una enorme sensación de ligereza, libertad y bienestar, así como de ecuanimidad.

Esta ecuanimidad que no genera ningún obstáculo también sería una cualidad nuclear de la mente, pero no puede percibirse cuando está colmada de formaciones reactivas como el apego, el rechazo o la ignorancia. Cuando la vacuidad es percibida claramente, el yo desaparece, con lo que no puede haber aferramiento ni deseo, que constituyen la principal actividad del yo. Por tanto, la unión de vacuidad y capacidad de conocer hará surgir, inevitablemente, la ecuanimidad sin obstrucción. Esta imparcialidad irá muy unida a la compasión ya que, al no haber yo, la mente puede volcarse en los demás sin apego, sin expectativas, sin objetivo.

Estas tres cualidades forman la auténtica naturaleza de la mente que compartimos todos los seres humanos, aunque, en este momento, no se manifieste. Es lo que en los textos budistas se denomina *tathagatagarbha*. Tathagata es el nombre que se otorgaba el Buda a sí mismo y que podría traducirse como «aquel que se ha ido». *Garbha* significa útero o embrión. Es decir, podría traducirse poéticamente como «la matriz de los budas», aunque habitualmente se emplea la expresión «la naturaleza del Buda». Se dice que su esencia es la vacuidad, su naturaleza es la luminosidad o capacidad de conocer y su función es la ecuanimidad asociada a la compasión. Cada una de estas cualidades se asocia a los tres cuerpos (*kayas*) del Buda, como hemos descrito anteriormente:

- *Nirmanakaya* o cuerpo de manifestación: es el que utiliza para transmitir sus enseñanzas y está sometido a la impermanencia.
- *Sambhogakaya* o cuerpo de potencialidad: se manifiesta para aliviar el sufrimiento. Realiza votos y practica ascetismo.
- *Dharmakaya* o cuerpo esencial: es la sustancia de la sabiduría y no tiene forma ni color, no va ni viene a ninguna parte, se encuentra en todas partes.

Las tres técnicas meditativas descritas, atencionales, constructivas y deconstructivas, llevarían, tarde o temprano, a este camino, aunque se considera que las deconstructivas son las más directas. Alcanzar este estado conduce al meditador a una sensación de paz y bienestar inigualables. En las fases avanzadas, no se lucha con los objetos mentales, ni se les contrarresta con antídotos; simplemente, se deja que se diluyan en la naturaleza primordial de la mente.

Práctica: la mente espaciosa y ecuánime

Adopta la postura de meditación. Los ojos pueden estar cerrados o no. Presta atención al espacio que te rodea: mental, si tienes los ojos cerrados (los sonidos te ayudarán a construir este espacio), o físico, si los tienes abiertos. En ambas modalidades, siente el amplio espacio que se extiende delante de ti.

Pregúntate: ¿Soy consciente en este momento? ¿Quién es consciente?

Pregúntate: ¿Dónde se sitúa esa consciencia, ese *awareness*? ¿Se encuentra en algún sitio concreto, o está en todo el espacio que te rodea? Es posible que haya zonas, tanto dentro como fuera, donde no sientas esa consciencia. Permanece unos minutos hasta intentar sentir el *awareness* en todo lo que te rodea.

Pregúntate: ¿Son lo mismo el espacio y el *awareness* o son diferentes? El espacio es vacío. *Awareness* es la conciencia de conocer, que también es vacía. ¿Pueden separarse?

Pregúntate: ¿Puedo verlos a ambos simultáneamente? Este sería el objetivo de esta práctica concreta. Ver la unión de ambos. Si lo ves, reposa en esa sensación unos minutos. Si no puedes percibirlo, vuelve a intentar el proceso.

Nota la sensación, las emociones que se producen. Pueden ser agradables, si has podido verlo, pero también de frustración o similar si no has podido percibirlo. Mantente en este estado unos minutos.

En la vida diaria, trata de hacer este ejercicio de vez en cuando.

¿Cómo describe el Buda la naturaleza de la mente?

Acabaremos este capítulo incluyendo algunas descripciones del Buda sobre la naturaleza de la mente, que pueden ayudarnos a entender aún mejor cómo es. Aunque en el Canon Pali no se describe estrictamente esta triple característica de la mente, hay algunos pasajes que sí orientan en este sentido. Uno de los más famosos es el que describe la luminosidad de la mente:

Luminosa es la mente, oh monjes, pero está oscurecida por impurezas que la habitan. Para la persona ordinaria, no instruida, que no comprende cómo es realmente, no es posible el desarrollo de la mente.

Luminosa es la mente, oh monjes, si está liberada de las impurezas que la habitan. Para la persona instruida, noble, que comprende cómo es realmente, es posible el desarrollo de la mente.

(Anguttara Nikaya I, 51-52; Bodhi, 2012, pág. 97)

Y otro aspecto en que insiste el Buda es que la liberación está en este mundo. Una persona le preguntó: «¿Dónde cesan los cuatro elementos materiales (tierra, agua, fuego y aire) sin que quede ningún rastro?». Lo que buscaba el que preguntaba era un elemento espiritual que nos liberase de este mundo. El Buda contestó que la pregunta estaba mal formulada, una respuesta que daba con cierta frecuencia, y que debería ser expresada así: «¿Dónde la tierra, el agua, el fuego y el aire no encuentran fundamento? ¿Dónde el nombre y la forma (los elementos materiales) son completamente destruidos?». Como se ve, el tema no es trascender la materia, sino no estar atrapado por ella. Trascender la dualidad, el nombre y la forma.

La respuesta que el propio Iluminado dio fue:

Donde la conciencia no tiene signos, no está aferrada a nada y es luminosa por doquier.

Allí es donde tierra, agua, fuego y aire no encuentran fundamento.

Allí nombre y forma son completamente destruidos.

Con la cesación de la consciencia, todo es destruido.

(*Digha Nikaya 11; 85; Walshe, 2005*, pág. 179)

Este es uno de los pasajes más significativos de todo el Canon Pali. La consciencia que cesa, según se dice en este texto, es la que está unida a los seis sentidos (los cinco habituales y la mente). Cuando no se generan producciones mentales, tras el contacto con los seis objetos de los sentidos, no hay fundamento para el apego, por lo que se produce la «cesación de la conciencia» o el nirvana. El Buda enfatiza las características de la mente y NO los objetos conocidos por ella. Una consciencia sin signos, no aferrada a nada, es una mente vacía, con la capacidad de conocer, e imparcial. Cuando dice que no tiene límites, habla de su naturaleza como el espacio, sin forma. Si, durante la práctica diaria, la mente no se aferra a los objetos de los sentidos, no genera pensamientos, no hay fundamento para el apego, la dualidad es desterrada, el yo no aparece.

Otra descripción amplia de cómo es la mente la encontramos en las *Crónicas de Chun Chou* del maestro zen Huang Po (Blofeld, 1958):

Todos los Budas y los seres conscientes no son sino la Mente Única, ajeno a la cual nada existe. Esta mente carece de principio, es no-nacida, es indestructible, no posee un determinado color y carece de forma o apariencia alguna. A ella no pueden aplicársele categorías de existencia o de no-existencia, y no puede ser concebida en términos temporales como vieja o joven. Carece de dimensiones y trasciende todo límite, medida, nombre, rasgo y comparación.

19. La meditación informal: morando en la vacuidad

Un monje le preguntó a Hua-Yen: «¿Cómo vuelve una persona iluminada al mundo de las apariencias?».

El maestro contestó: «Un espejo roto nunca vuelve a reflejar nada, y las flores caídas nunca vuelven a sus viejas ramas».

Un *koan* zen, *La flauta de hierro*.

Introducción

Conforme la práctica meditativa aumenta, donde es más evidente el cambio es en el día a día, en la meditación informal. Aunque aparezcan pensamientos, se encuentran muy enlentecidos, se les observa aparecer y desaparecer en el amplio espacio de la mente. Por otra parte, los seis sentidos siguen percibiendo objetos, pero no hay evitación ni apego, no se busca perpetuar lo que se está experimentando. Todo se experimenta con ecuanimidad y existe un sentimiento duradero de tranquilidad y paz.

Un término frecuentemente usado en el Canon Pali para describir ese estado es «morar o habitar en la vacuidad». El Buda dijo en varias ocasiones a su discípulo Ananda: «A menudo, habito en la vacuidad» (*Majjhima Nikaya* 121; 3). Sariputra, otro de los discípulos preferidos del Buda, también utilizaba esta expresión (*Majjhima Nikaya* 151; 2). De la misma forma Jivaka, el médico del rey Bimbisara de Magadha, decía que el Buda habitaba en la bondad amorosa (*Majjhima Nikaya* 55; 7).

La pregunta sería: ¿Cómo alcanzar este estado de morar en la vacuidad? Habría cuatro claves principales que vamos a analizar:

1. Lo que es es; lo que no es no es.
2. En lo visto, solo lo visto; en lo oído, solo lo oído.
3. No prestar atención a los signos.
4. Las tres marcas de la existencia.

¿Cómo morar en la vacuidad?

Lo que es es; lo que no es no es

En el *Discurso corto sobre la vacuidad*, el Buda hace una interesante descripción de cómo practicar. El mensaje es simplificar las percepciones en la meditación, de forma que cada vez hay menos y menos percepciones en la mente. Primero hay que dejar pasar las percepciones complejas del entorno, para centrarse en una percepción simple. El Buda relata cómo debe practicar un monje que haya abandonado la vida mundana en su pueblo, y a la gente que lo habita, y se haya trasladado al bosque para meditar:

> *Bikkhus* (monjes), no atender a la percepción del pueblo, no atender a la percepción de la gente, atendiendo a la percepción simple del bosque. Su mente entra en la percepción del bosque y adquiere confianza, estabilidad y decisión. Él comprende así: «Cualquier alteración que pueda producirse según la percepción del pueblo o de la gente no está presente aquí. Aquí solo están presentas las alteraciones que dependen de la percepción del bosque».
>
> (*Majjhima Nikaya*, 121; 4; *Bodhi*, 2000; pág. 965)

El Buda señala que el meditador que está en el bosque no tiene que afectarse por lo que no está allí, como el pueblo cercano o la gente, y simplemente ha de focalizarse en la percepción del bosque. Y continúa:

> Así, reconoce como vacío lo que no está allí, pero lo que sí está comprende que está presente diciendo: «Esto está presente». Esto es la comprensión de la vacuidad de una forma genuina, no distorsionada y pura.
>
> (*Majjhima Nikaya* 121; *4, Bodhi* 2000, pág. 966)

De alguna forma, a lo que nos enseña el Buda es a distinguir que «lo que es es; lo que no es no es». Centrarse en lo que está, no en lo que no está. Parece una verdad muy simple, pero no es así como funcionamos. Nuestra mente siempre está anticipando, proyectando, recordando, negando o elaborando la realidad. La mente tiene que estar estabilizada para no generar pensamientos caóticos continuos, teñidos de «me gusta» o «no me gusta». Como dice el sabio Nagarjuna (2003), uno de los pensadores budistas más influyente después del Buda y creador de la escuela Madhyamika (la del camino Medio), dentro del budismo Mahayana: «La vacuidad detiene la proliferación mental».

Práctica: identificar lo que no es

Adopta la postura de meditación. Con los ojos abiertos o cerrados, pon la atención en los sonidos o, si tienes los ojos abiertos, en las formas visuales. Monitoriza los fenómenos mentales. Pon la atención en todo «lo que no es», en los pensamientos que se generan por objetos que no están donde tú estás. Vas a comprobar que son la mayoría. Mantente así unos minutos.

Esta práctica es aún más importante de modo informal, en la vida diaria. Estés donde estés y hagas lo que hagas, observa tu proliferación mental. Verás que la mayor parte de ella se produce «por lo que no es», por objetos que no están en nuestro campo sensorial en ese momento presente.

En lo visto, solo lo visto; en lo oído, solo lo oído

Una de las enseñanzas más importantes del Buda se considera que es la enseñanza a Bahiya (*Samyutta Nikaya* 47, 15-17). Era un asceta que vivía en la costa oeste de la India, en Supparaka, y que seguía enseñanzas no budistas. Tenía muchos seguidores y disfrutaba de gran estima por su generosidad, pero sentía que no había alcanzado la libertad suprema. Cuando se enteró de la existencia del Buda, quien se encontraba en esa época en la arboleda de Jetta, cerca de Savati, quiso desplazarse cientos de kilómetros de la época a pie, para recibir sus enseñanzas.

Tras realizar el viaje de varios días, cuando Bahiya vio al Buda le suplicó: «Que el Bienaventurado me enseñe el *Dharma*».

El Buda le comentó que no era el momento adecuado, porque justo entonces estaba pidiendo limosna. Volvió a pedirlo una segunda vez y fue de nuevo rechazado. Bahiya volvió a suplicar enseñanzas una tercera vez, diciendo: «Es imposible saber con seguridad, Venerable Señor, cuánto tiempo vivirás o cuánto viviré yo. Por favor, enséñame el *Dharma*».

El Buda, como solía ocurrir cuando le insistían varias veces, accedió a instruirle:

Así, Bahiya, es como debes entrenarte –respondió el Venerable–. En lo visto, deja que solo haya lo visto; en lo oído, que solo exista lo oído; en lo sentido, que solo haya lo sentido, y en aquello de lo que soy consciente, solo aquello de lo que soy consciente. De esa forma, Bahiya, no pensarás «por ser de este modo...», o «por tanto...» (y no generarás proliferaciones mentales). De esta forma, tu mente no estará allí (en el objeto). Cuando tu mente no esté allí, ni aquí ni entre medio (y, por tanto, no se desarrolle la sensación del yo), ese será el fin del sufrimiento.

Al oírlo, Bahiya y varias personas que estaban escuchando las enseñanzas alcanzaron la Iluminación de forma inmediata. Curiosamente, como si fuese una profecía, Bahiya falleció ese mismo día, atacado por una vaca que protegía a su becerro.

Esta enseñanza a Bahiya se considera extraordinaria por tres razones:

1. Describe de forma precisa la práctica informal, cómo morar en el nirvana, en la vacuidad. Si se realiza esta práctica en el día a día, aún sin que exista práctica formal, uno ya está en vida «morando en el nirvana».
2. Varias personas, incluida Bahiya, alcanzaron la Iluminación inmediata. Hay que entender que todas ellas, incluido Bahiya, que seguía una tradición no budista, eran expertas en la práctica de *samatha* o atención focalizada, y por eso su mente estaba preparada para obtener el máximo beneficio de esta enseñanza.
3. Nos confronta con la impermanencia y con la necesidad de practicar por la posibilidad de morir en cualquier momento. Bahiya murió ese mismo día, pero ya había alcanzado la Iluminación.

Se considera que esta es una de las enseñanzas más importantes del Buda sobre cómo debe ser la actitud de la mente en todo momento. No hay que generar formaciones mentales cada vez que se recibe una impresión de los sentidos, considerando la mente como un sentido más, el sexto. La ausencia de diálogo interno haría cesar la categorización de «me gusta o no me gusta», es decir, del apego y el rechazo. De esa forma, el yo no estaría ni aquí ni allí ni en medio, es decir, cesaría la sensación del yo, que se alimenta del diálogo interno y lo induce.

Esta es la forma de percibir el mundo a lo largo del Canon Pali:

Un Tathagata (es decir, un Buddha) es un vidente de lo que hay que ver, pero no piensa (*na mannati*, o no concibe) lo visto, lo no visto, lo visible o al vidente. Lo mismo ocurre con lo oído, lo sentido y lo conocido.

(*Anguttara Nikaya* II, 25)

**Práctica: mirar solo mirando
y escuchar solo escuchando**

Lo que se pretende es poner la atención en el acto de mirar o de oír, siendo conscientes de la reacción de nuestra mente ante ese hecho, de cómo etiqueta e interpreta las sensaciones visuales o auditivas y cómo no somos capaces de deconstruir, de separar esos dos fenómenos: el de mirar o escuchar y el de etiquetar o interpretar.

- Mirar solo mirando:
Siéntate de forma cómoda en algún sitio tranquilo, ya sea la sala de meditación, o algún lugar donde puedas observar el entorno sin ser molestado. Tras varias respiraciones conscientes para centrar la mente, sitúa toda la atención en los objetos que observan los ojos. Los ojos están abiertos, enfocados y van cambiando cada pocos segundos de objeto de atención, sin patrón fijo. Si hay personas en el entorno, se recomienda no mirarlas a los ojos para no establecer patrones de interacción social. Estaremos así entre 5 y 10 minutos.

- Escuchar solo escuchando:
Siéntate de forma cómoda en algún sitio tranquilo, ya sea la sala de meditación, o algún lugar donde puedas escuchar el entorno sin ser molestado. Tras varias respiraciones conscientes para centrar la mente y con los ojos cerrados, sitúa toda la atención en los sonidos que llegan a tus oídos. Como aquí no controlas tú las sensaciones, sino que son generadas de forma externa, pon la atención secuencialmente en los sonidos conforme se vayan generando. Estaremos así entre 5 y 10 minutos.

Hemos visto que existirían varios niveles de deconstrucción de los procesos de ver y escuchar:

- En un nivel burdo: nos fijaremos en el etiquetado de las sensaciones visuales o auditivas como agradables, desagradables y neutras. A esto se le denomina reactividad y sería el proceso que hay que evitar. Tomaremos conciencia de las diferencias que hay entre sensaciones agradables y desagradables, y descubriremos que no son tan diferentes.

- En un nivel intermedio: somos conscientes del etiquetado mental de las sensaciones visuales y auditivas, por ejemplo: «Esto es un pájaro o un automóvil», «Este sonido es grave o agudo, intenso o suave», «Esta forma es grande o pequeña, lisa o rugosa, de tal o cual color». Es decir, nos tornamos conscientes de las definiciones de los objetos, cuando ya no predomina el apego, el rechazo y la indiferencia.

- En un nivel avanzado: no percibiríamos los sonidos como «todos» o «gestalts» estructurados, sino:

  - En el caso de los objetos visuales: veríamos volúmenes, formas, texturas y colores pero no objetos concretos, como una mesa.

  - En el caso de objetos auditivos: oiríamos vibraciones de mayor o menor intensidad y gravedad y de un tono específico. En el caso más extremo, al oír nuestro idioma, las palabras no nos llevarían a un referente: sería como si no conociésemos el idioma en el que se nos está hablando. Cuando oímos un lenguaje desconocido, el sonido no lo asociamos a un referente. Lo mismo ocurriría en este ejercicio incluso con nuestro idioma materno. Consistiría en una deconstrucción de la percepción visual o auditiva. Lógicamente, este proceso requiere una gran experiencia en meditación.

No prestar atención a los signos

En el siguiente discurso, el Buda nos da otra clave para habitar en la vacuidad. Dice:

> Para entrar y morar en la vacuidad internamente, no prestes aten-ción a ningún signo.
>
> (*Majjhima Nikaya* 122,6; *Bodhi*, 2000, pág. 972)

Signo significaría tanto cualquier objeto de los sentidos como tales (p. ej., una persona), como algo percibido respecto al obje-to (p. ej., que la persona tiene una lesión de psoriasis en la piel), como una característica del objeto (p. ej., que la persona es ta-caña). La recomendación es, sea cual sea el signo que hayamos observado, no prestarle atención; es decir, percibirlo y dejarlo pasar. De nuevo, no proliferar, no generar más pensamientos sobre él. Solo podremos morar en la vacuidad si quitamos nues-tra energía mental a los objetos. Un ejemplo clásico de prestar atención a los signos está en la parábola de los dos monjes:

> Dos monjes zen estaban cruzando un río. Se encontraron con una mujer joven y hermosa que se estaba ahogando al intentar cru-zarlo porque no sabía nadar. El monje más anciano la salvó y la subió sobre sus hombros para llevarla hasta la otra orilla.
>
> El otro monje, que era mucho más joven, estaba furioso. No dijo nada, pero hervía por dentro. Sabía que, según la regla mo-

nástica theravada, tocar a una mujer estaba prohibido para un monje. Su compañero no solo la había tocado, sino que la había llevado sobre los hombros. Recorrieron varias leguas y, cuando llegaron al monasterio, mientras entraban, el monje joven, que estaba muy enfadado, se volvió hacia el otro y le dijo:

–Tendré que decírselo al maestro. Tendré que informar acerca de esto. Está prohibido

–¿De qué estás hablando? ¿Qué está prohibido? –le preguntó el otro.

–¿Te has olvidado? Llevaste a esa mujer sobre tus hombros –dijo el joven.

El otro monje se rio y luego dijo:

–Sí, yo la llevé sobre mis hombros, pero la dejé tras cruzar el río. Tú todavía la estás cargando.

Cuando se describe en el budismo el origen del sufrimiento y cómo poder librarse de él, se examina la cadena de originación interdependiente. Concretamente, la clave está en la secuencia:

1. Contacto de nuestros sentidos con los objetos sensoriales (eslabon 6 de la originación interdependiente).
2. Cualidad de la sensación o tono sensorial (*vedanas* en pali): etiquetado como «me gusta/no me gusta/me es indiferente» (eslabón 7).
3. Deseo (*craving*) hacia ese objeto (eslabón 8).
4. Apego (*clinging*): necesidad de volver a experimentarlo, de tenerlo (eslabón 9).

Esta es la semilla del sufrimiento; es decir, hay una sobre-rreacción a lo que nos rodea. Llegar a la conclusión de que ningún objeto sensorial nos dará la felicidad duradera hace que se revierta, que no se genere esta cadena. La meditación nos permite que, en la vida diaria, no busquemos la felicidad hedónica, la que se genera con los objetos de los sentidos. No es que sean «malos», sino que son limitados, «decepcionantes» (esta sería la traducción adecuada de *dukkha*, y no sufrimiento), y no podrán procurarnos la felicidad sino el sufrimiento.

Una pregunta frecuente que se hacen los meditadores es: «Si no prestamos atención a los objetos de los sentidos, ¿dónde la situamos?». Veremos, al hablar de las prácticas meditativas deconstructivas, que el lugar donde suele ponerse la atención es en el propio «darse cuenta» o *awareness*, en el espacio de la mente. No se trata de desconectarse y quedar en un estado de aletargamiento. El Buda decía, en el *Gran discurso sobre la vacuidad*, que mientras moraba en la vacuidad era perfec-tamente capaz de hablar con monjes, laicos, reyes y ministros (*Mahasuññata Sutta, Majjhima Nikaya* 122, 4; *Boddhi*, 1995, pág. 972).

Notamos que hemos sucumbido al contacto, que prestamos atención a los signos, que se genera algún nivel de apego o rechazo. El yo, que opera siempre desde el apego, todo lo va a medir en esta escala que va de -100 (máxima evitación) a +100 (máximo apego). Por eso el Buda dice: «La lujuria es un constructor de medida, el odio es un constructor de medida, la ignorancia es un constructor de medida» (*Majjhima Nikaya 43, 35; Nanamoli y Bodhi*, 1995; pág. 395). El deseo y el rechazo producen, evidentemente, apego y aversión. Pero también la ignorancia produce que consideremos una experiencia como neutra y, por tanto, la ignoremos.

Práctica: prestar atención a los signos

Adopta la postura de meditación habitual. Si tienes alguna preocupación, tráela a la mente. Si no la tienes, recuerda alguna de las que hayas tenido últimamente. Identifica cómo se ha generado esa preocupación. Observa que ha seguido el ciclo: 1) contacto sensorial; 2) sensación de «me gusta o no me gusta»; 3) deseo, y 4) apego. A partir de ahí no puedes soltar el objeto, y esa es la causa del sufrimiento que te produce.

Intenta revivir el proceso de contacto y apego, procurando que no se genere ese «prestar atención al signo». Observa qué fue lo que te llamó la atención del objeto y cómo se produjo el apego, y si ese tipo de apego se produce también con otros objetos. Intenta «soltar» el objeto, disminuyendo el deseo y el apego. Mantente así unos minutos. En la vida diaria, sé consciente del proceso por el que se produce el apego.

Ser consciente de las tres marcas de la existencia

La clave de todo el modelo budista es que todas las impresiones sensoriales y los fenómenos mentales poseen las tres características clave del budismo, llamadas «las tres marcas de la existencia» (Nyanaponika, 2010).

- **Impermanencia** (*anicca*): las sensaciones son, como todo, transitorias: surgen y desaparecen.
- **Sufrimiento** (*dukkha*): el tono afectivo posterior a las percepciones sensoriales y objetos mentales (agradable/desagradable), la proliferación mental que producen (estructurada en forma de pego y rechazo) y la falta de consciencia de todo este proceso conducen al sufrimiento, más bien a la decepción hacia cualquier objeto del mundo.

- **Ausencia de yo** (*anatta*): las percepciones sensoriales y los fenómenos mentales no se contienen o se constituyen en ninguna entidad separada que pueda ser denominada «yo». Este sería el elemento clave para «morar en la vacuidad», hacerse consciente de que no hay sujeto y objeto separados.

Hemos visto en el capítulo sobre las técnicas deconstructivas como tales que la meditación *vipassana*, tal como se entiende en el budismo, se caracteriza por percibir en cada objeto las tres marcas de la existencia. La práctica habitual de esta técnica nos facilitará que en todo momento podamos aplicarla en la vida diaria, en cada objeto o actividad que realicemos. De esta manera, se frena el apego, el deseo o rechazo por el objeto y toda la proliferación mental subsecuente. Observemos que el tono afectivo del fenómeno sensorial (me gusta/no me gusta) puede mantenerse, pero, observando las tres marcas de la existencia, no se genera el apego ni, por tanto, el sufrimiento.

Práctica: observar las tres marcas de la existencia

Adopta la postura de meditación. Recuerda algún objeto al que te hayas apegado en los últimos días. Observa cómo fue el proceso: 1) percepción sensorial o fenómeno cognitivo; 2) tono emocional asociado a la sensación que puede expresarse por la frase «me gusta», y 3) proliferación mental tendente a conseguirlo. Vuelve al momento del «contacto» primero con ese objeto, cuando surge el apego. Intenta ver en ese momento las tres marcas. Observa que es impermanente, continuamente cambiante, que «tiembla» por la impermanencia. Observa cómo va a ser fuente de sufrimiento si generas apego o rechazo. Por último, observa que el objeto no

▶

tiene sustancialidad, que es un conjunto de causas y condiciones, que no existe como tal, que puedes descomponerlo en múltiples partes y que las partes no son el objeto. Es el nombre que imputamos al conjunto de las partes lo que le da la sensación de ser un objeto. Comprueba si esta meditación hace disminuir algo el apego por el objeto.

El movimiento está en nuestra mente

El objetivo de analizar cómo se produce el apego que genera «no soltar el signo» no tiene como función hacernos sentir culpables o juzgar si «está bien o mal» lo que hicimos, o pensar «tendría que haber hecho esto o lo otro». Analizar nuestras acciones y rectificarlas o modificarlas si es necesario (p. ej., si hemos molestado a alguien, aunque sea sin querer, ir y pedirle perdón) está perfecto. Lo que queremos es tomar conciencia de que nosotros tenemos el poder de decidir si queremos que los objetos nos produzcan sufrimiento o no cuando contactamos con ellos, simplemente siendo conscientes de este proceso. Como dice Suzuki Roshi: «Nada de lo que está fuera de vosotros puede causaros ningún problema. Solo tú eres quien genera los movimientos de tu mente» *(Suzuki, 2012)*.

Un *koan* japonés clásico ilustra perfectamente esta visión, incluso en una situación absolutamente banal:

Tres monjes zen estaban observando el horizonte. Una bandera de oraciones del templo estaba siendo agitada por el viento.

–Mirad cómo se agita la bandera –dijo uno de ellos.

–No es la bandera la que se mueve –respondió otro–, es el viento quien la agita.

–No es la bandera ni el viento los que se mueven –contestó el más anciano–, son vuestras mentes las que se agitan.

Lo que quería expresar el religioso era que, si los monjes hubiesen podido ver el fenómeno (la bandera agitada por el viento) sin proliferación mental, la discusión no se habría generado. Si hay un diálogo sobre el tema es porque la mente se ha movido, ha generado pensamientos. Por tanto, el problema no es el contacto y, por eso, la recomendación no es, como en algunas religiones, abstenerse de cualquier estímulo considerado «pecaminoso». La cuestión es el deseo y el apego que se pueden generar, y que hacen que no soltemos el objeto. Vivimos en un mundo muy complejo, y habrá quien piense que esto solo puede llevarse a cabo en la soledad de un monasterio o del bosque, pero se puede estar pensando y debatiendo con otras personas mientras uno permanece en la vacuidad.

Yasutani Roshi abunda en la no productividad mental diciendo (Kapleau, 1980, págs. 77-80):

Debéis llegar a disolver todas vuestras ilusiones […], las opiniones que sustentáis, los conocimientos mundanos, los conceptos filosóficos y morales, por más elevados que estos sean, y los dogmas y las creencias religiosas, por no mencionar los pensamientos más intrascendentes y habituales, ya que no son más que meras ilusiones. El término «ilusión» incluye todo tipo de pensamientos que podamos concebir y constituye un auténtico obstáculo para la realización de nuestra verdadera naturaleza esencial.

La línea más citada del *Sutra del Diamante*, el texto budista más sagrado del budismo Zen es: «Deja que tu mente siga adelante sin quedarse fijada en nada». Se dice que, cuando Hui-Neng, el sexto patriarca zen y considerado el maestro más grande de este linaje, escuchó estas líneas, alcanzó una profunda Iluminación.

Práctica: observar el movimiento de la mente

Adopta la postura de meditación en el campo o en un lugar abierto donde puedas ver enfrente de ti. Mantén los ojos abiertos. Observa el movimiento de la mente, las proliferaciones. Aunque consigas no generar pensamientos sobre lo que no está presente, va a haber una tendencia de la mente a intentar dar explicaciones de lo que ocurre, a quedarse con algún detalle del entorno, en vez de con otro; a desear que algo se mantenga o algo desaparezca. Son movimientos muy sutiles que, como todos, están en la mente.

La maraña de nuestros deseos envuelve el mundo

Esta es una bonita metáfora budista sobre cómo nuestros deseos están interconectados, a menudo son contradictorios y, sobre todo, envuelven el mundo, por lo que somos incapaces de relacionarlos con él directamente; lo hacemos siempre distorsionándolo con las gafas de cristales de color de nuestros deseos. El Buda describe los males de la mente como una maraña: «El mundo está envuelto por el deseo como un ovillo de hilo.» (*Anguttara Nikaya 4; 199*).

El *Visuddhimagga* continúa explicando que la maraña es un término que intenta describir la red de deseos «que están enlazados juntos, como la red de ramas en los matorrales de bambú» (Nanamoli, 1975). Porque el problema de los deseos es que son múltiples y, a menudo, contradictorios. Es imposible satisfacer uno sin contrariar a otro; por lo que el sufrimiento, que nos aprisiona como una cuerda con la que cada movimiento de nuestra mente está más atada, va a estar asegurado.

**Práctica: la maraña y la contradicción
de los deseos**

Adopta la postura de meditación. Identifica algunos de tus principales deseos en la actualidad. Más allá de la dificultad de conseguirlos y el esfuerzo que requieran, sé consciente de las contradicciones. A nivel laboral, es posible que queramos ganar más dinero pero, a la vez, trabajar menos. O que nos gusten dos trabajos distintos que no se pueden compatibilizar. A nivel personal, puede que queramos que nos quieran, pero, a la vez, manteniendo nuestros deseos y objetivos en la vida sin renunciar a nada. Es posible que deseemos como pareja a más de una persona a la vez; que queramos que cambien algunas personas de nuestro entorno, pero solo en algún aspecto concreto; que queramos vivir en dos o más lugares diferentes. Observamos la maraña y sus contradicciones y cómo el sufrimiento está asegurado por las características y contradicciones de la maraña.

Se hacen varias referencias a esta metáfora de la maraña; y así, en el inicio del texto del *Visuddhimagga*, un deva, un ser celestial (el *deva* se considera una metáfora que representa la voz interna del Buda, el subconsciente), le pregunta al Buda:

La maraña interna y la maraña externa.
Esta generación está enredada en una maraña.
Y por eso pregunto a Gotama (el Buda) esta cuestión:
«¿Quién tendrá éxito en desenredar la maraña?».

El Buda contestó que la persona bien establecida en la virtud, en la concentración y en la sabiduría podría desenredar la maraña (Nanamoli, 1975).

Intentando morar en la vacuidad: uso del gerundio y de la voz pasiva

Hemos visto valiosas enseñanzas sobre cómo habitar en la vacuidad. Aunque parezcan evidentes, las técnicas descritas anteriormente son difíciles de implementar y requieren muchos años de meditación. Lo que proponemos ahora son dos técnicas sencillas que nos pueden permitir «acercarnos» ligeramente a ese estado. En la formación de los protocolos de mindfulness MBSR y MBCT es habitual aprender a dirigir las prácticas de mindfulness en gerundio (p. ej., respirando, sintiendo, percibiendo, etc.), porque, de esta forma, se minimiza la sensación de dualidad sujeto-objeto. En la vida diaria, es decir, en la práctica informal, deberíamos hacerlo de la misma forma. En nuestro diálogo interno debemos intentar decirnos a nosotros mismos en cualquier actividad: «lavando los platos», «comiendo», «duchando», etcétera. Y evitar frases internas del tipo: «Lavo los platos», «como» o «me ducho».

Otra forma de conseguir esta sensación, utilizada por meditadores experimentados como Joseph Goldstein, es el uso de la voz pasiva en vez de la voz activa. Así, en vez de dirigir la meditación diciendo: «Observen las sensaciones en el abdomen», diría «Las sensaciones en el abdomen están siendo observadas». De nuevo, ayuda a minimizar la sensación de un observador, generalmente situado a la altura de los ojos, que está observando las sensaciones del cuerpo. De la misma forma, usaríamos este modelo en la práctica informal, en la vida diaria, con frases del tipo: «los platos están siendo fregados», «la comida está siendo digerida», «el cuerpo está siendo duchado». Aunque inicialmente parezca antinatural y contraintuitivo, va produciendo un hábito no-dual.

Práctica: uso del gerundio y de la voz pasiva

Adopta la postura de meditación. Pon atención en la respiración. Aunque no tengas costumbre de describirte a ti mismo lo que estás haciendo durante la meditación (p. ej., inspiro, espiro, etc.) describe la actividad que realizas durante la meditación usando el gerundio: «inspirando…, espirando…, respirando…, escuchando…, sintiendo…». Quédate unos minutos así y monitoriza la sensación del yo de 0 (nada) a 10 (máximo).

Cambia de práctica y haz *body scan* seleccionando una parte concreta del cuerpo, quizá el abdomen, la espalda o la cara. De nuevo, aunque no tengas costumbre de realizar la locución de lo que haces en la meditación, describe lo que haces en voz pasiva: «Las sensaciones de la cara están siendo conocidas», «el latido del corazón está siendo percibido». Quédate unos minutos así y monitoriza la sensación del yo.

Ambas prácticas te llevarán a la pregunta racional o a la sensación intuitiva de ¿quién es quien experimenta? O mejor aún: ¿qué es lo que experimenta?

Las limitaciones de los idiomas occidentales

En los idiomas occidentales, la estructura gramatical exige que los sujetos, verbos y complementos directos e indirectos estén bien establecidos y no sean intercambiables. Así, en una frase, cuando algo se conoce (objeto) es necesario que haya un conocedor (sujeto). Esto no es una ley natural, sino una exigencia lingüística occidental. Ahora bien, no en todos los idiomas ocurre así; por ejemplo, en chino, la misma palabra puede ejercer de sujeto, verbo u objeto, y en la frase no existen esos requerimientos rígidos de sujeto y objeto. Los idiomas estructuran la mente. Nuestros idiomas occidentales imprimen a la mente la exigencia de un conocedor de lo conocido, mientras que, por ejemplo, en el idioma chino, simplemente, puede existir un conocimiento sin conocedor (Watts, 1988).

20. Prácticas analíticas para la deconstrucción del yo

Atraída por la luz, la mosca vuela hacia la llama.
Sorprendido por el sonido de un instrumento, el venado no repara en el cazador.
Seducido por el olor de una flor, el insecto queda atrapado en su interior.
Apegado al sabor, el pez se precipita hacia el anzuelo.
Impulsado por el fango, el elefante no puede escapar.

Palabras sagradas
Patrul Rinpoche

El origen de los problemas
(Dalái Lama, 2006; Nagarjuna, 2003)

Desde la perspectiva budista, el origen de los problemas siempre está en la mente; más en concreto, en las emociones perturbadoras que se generan continuamente; basándonos en ellas realizamos acciones, tanto positivas como negativas, cargadas de ego, autocentradas, y esto genera karma que nos mantiene de forma indefinida en la rueda del samsara o de los renacimientos.

Existen muchas prácticas específicas para diferentes emociones perturbadoras. Así, las meditaciones analíticas sobre los componentes del cuerpo o sobre los cementerios disminuyen el apego al cuerpo y a los objetos en general. Existen emociones específicas para contrarrestar el odio o para cultivar la compasión. Cada una de estas meditaciones son específicas para una emoción concreta, igual que ocurre con un fármaco, que mejora algunas enfermedades, pero nunca puede resolverlas todas. Sin embargo, las técnicas deconstructivas son prácticas meditativas que permiten identificar la base sobre la que se estructura el apego y las emociones perturbadoras. Sirven para regular todas las emociones a la vez; por eso son tan importantes.

Lo que subyace bajo todo el entramado del mundo es la ignorancia. Consiste en creer que los objetos del mundo son así por sí mismos, intrínsecamente agradables o desagradables, y no por influencia de nuestra mente. La clave, según el budismo, es entender que nada existe por sí mismo, sino que es nuestra mente quien lo modula, y, a partir de ahí, deseamos y rechazamos los objetos y caemos en la red del samsara. Reconocer esa falsa apariencia de las cosas y no aceptar tácitamente esa ilusión es la base de este capítulo.

Los objetos, ¿son agradables por sí mismos?

Vemos en la cita del capítulo cómo los sentidos quedan atrapados por la apariencia, y cómo los animales y nosotros quedamos atrapados en esa red. Cuando tropezamos por primera vez con algo o alguien agradable, simplemente tomamos nota de su presencia. Hasta ahí la mente tiende a ser bastante neutral. Pero cuando prestamos mayor atención al objeto, la mente queda engañada, creyendo que ese atractivo es intrínseco al objeto y que no está producido por nuestra propia mente. Cuando la mente considera que el objeto en sí mismo es atractivo, surge el apego y el deseo de conseguirlo a cualquier precio, generándose odio por lo que obstaculiza esa consecución.

Así surge la idea de «mi cuerpo», «mis amigos y personas queridas» o «mis posesiones». Exageramos el atractivo del objeto, minimizando sus defectos. Nos apegamos a él como fuente de placer y generamos el deseo. Lo mismo ocurre a la inversa, con los objetos que rechazamos: enfatizamos sus características negativas y obviamos las positivas, por lo que lo rechazamos.

El momento clave es cuando, tras contactar con el objeto y catalogarlo como agradable o desagradable, no percibimos que es una categoría de nuestra mente, sino que consideramos que es una cualidad intrínseca del objeto. Así surge el apego o el rechazo y, a partir de ahí, las emociones perturbadoras (odio si nos lo quitan, celos, miedo a perderlo, etc.). Otorgamos a las personas y a las cosas un estado de solidez que, en realidad, no tienen.

Práctica: analizar el proceso del apego

Adopta la postura de meditación. Selecciona un objeto que te guste. Observa cómo ocurrió el proceso:

1. Primero percibes un objeto.
2. Luego observas que el objeto es bueno o malo, te gusta o no te gusta.
3. Posteriormente, concluyes que el objeto existe de forma independiente.
4. Luego concluyes que el atributo bueno/malo o me gusta/no me gusta es inherente al objeto y no es una construcción de tu mente.
5. Por fin, te apegas o lo rechazas, y haces lo que sea para mantener esa posición. Es decir, pasas de ME GUSTA a LO QUIERO. Y en un paso siguiente pasas de LO QUIERO a LO NECESITO. Ahí surge el diálogo interno continuo para conseguir el objeto y surgen las emociones perturbadoras.

Reflexiona sobre cómo se podría parar ese proceso.

La interrelación mutua
o el origen interdependiente

Como dice Nagarjuna (2003): «Para que haya largo, ha de haber corto. Uno y otro no existen por su propia naturaleza». Esta relatividad es la que permite al budismo afirmar que todos los fenómenos tienen un origen «dependiente» y no independiente. Se considera que son dependientes por tres razones:

1. Dependen de causas y condiciones: observa cualquier objeto o persona. No siempre estuvo allí y no permanecerá siempre. Surgió por una serie de condiciones: las personas que construyeron el objeto o los padres que produjeron el nacimiento de esa persona, junto a otras múltiples causas y condiciones.

2. Dependen de sus partes: todo objeto tiene partes. Un coche incluye las ruedas, el motor, la carrocería, el volante y otras partes. Eso es en el nivel burdo, ya que en el nivel sutil está compuesto de átomos y partículas subatómicas. Podríamos considerar un momento de conciencia, por ejemplo, de enfado con alguien. Vemos que tiene unos momentos anteriores y otros posteriores. Todos los procesos, como dice Nagarjuna (2003): «tienen un inicio, un intermedio y un final. Y cada uno de esos momentos tiene también estas mismas partes». El espacio también tiene partes por pequeño que sea: norte, sur, este y oeste. Entre las partes y el todo hay una dependencia mutua. El coche depende de sus partes; si no, no existiría.

3. Dependen del pensamiento: esa interrelación es compleja porque, como dice Nagarjuna (2003): «Lo que existe de forma dependiente no es uno con eso de lo que depende y tampoco es intrínsecamente otra cosa. Por tanto, no es la nada ni existe de forma intrínseca». En suma, la mente imputa sobre las partes del coche la existencia del coche, pero el coche no existe de forma independiente, sino por imputación de la mente sobre la suma de sus partes. Las partes que no son un coche, la mente las convierte en el coche. ¿Si no existiese la mente que imputa la idea del coche sobre sus partes, existiría el coche por sí mismo? En ninguna de las partes del coche está el coche, pero tampoco es sin más la suma de las partes; hace falta que la mente considere que ese conjunto es el coche.

Cuando se ve así el objeto, se posee una visión más completa, ya que se comprende que depende de muchas causas y condiciones del pasado y del presente; de lo contrario, no podría surgir. Si no fuese dependiente, no podría cambiar. Un árbol o un coche siempre serían iguales, no envejecerían o se estropearían porque no dependerían de nada externo. A la hora de tomar decisiones, no tenemos tanta prisa en hacerlo, ni sentimos que es tan sencillo, porque comprendemos los múltiples factores que interactúan; es lo que en ciencias biológicas se denomina «Teoría general de sistemas» (Von Bertalanffy, 1976). Es lo que ocurre por ejemplo en medicina: no basta con los conocimientos de una especialidad para resolver una enfermedad, sino que se requiere una visión integral.

Pero la vacuidad no es sinónimo de «nada». Obviamente, el coche y la casa existen, y son capaces de realizar funciones, pero no existen como nuestra mente piensa que existen; es decir, de forma independiente e incondicionada, de forma «sólida». Por tanto, el budismo no defiende la «vacuidad», la nada, que nos haría perder de vista los valores éticos, como ya comentamos en el capítulo 4. Ni tampoco afirma que los fenómenos existan por sí mismos, que negaría la ley de causa y efecto al no existir interdependencia, de manera que todo estaría causado solo por sí mismo, y no es así. Por eso la vacuidad es un objeto de conocimiento muy complejo. No es accesible a una mente perturbada, continuamente en movimiento; es necesario «centrarla» para que pueda experimentar la vacuidad.

Práctica: los objetos solo existen por imputación

Adopta la postura de meditación. Imagina delante de ti una casa. Si la observas, parece existir de forma permanente e independiente. Pero a) depende de causas y condiciones: piensa en los albañiles y el arquitecto que la construyeron y en los materiales que usaron; sin la interrelación entre todos ellos, la casa no existiría, y b) piensa en las partes de esa casa: el tejado, las habitaciones, las puertas, las ventanas, las paredes, los techos. ¿Esas partes son la casa? ¿En ellas puedes encontrar la casa? No, es el conjunto de esas partes. Pero la mente tiene que «considerar» que todas esas partes forman un ente diferente que es la casa, el cual no existe si no es en dependencia de sus partes. El techo del primer piso, por ejemplo, se convierte en el suelo del segundo. Visto el objeto de esta forma choca con su aparente imagen de solidez e independencia.

Empezar por uno mismo

Ya que es el individuo quien experimenta placer y dolor, la deconstrucción del yo debe empezar por uno, y luego extenderse al resto de objetos. Como el Buda afirma en el *Sutra del Rey de las meditaciones*: «Ahora que has conocido la falsa discriminación de uno mismo, aplica mentalmente eso a todos los fenómenos. Todos los fenómenos están vacíos de existencia intrínseca como el espacio. A través de uno se conoce a todos, a través de uno también se ve a todos».

Como ya hemos visto en este capítulo, igual que un coche existe en dependencia de sus partes (ruedas, volante, motor y demás), el ser sensible, incluido el ser humano, se establece en dependencia de su mente y su cuerpo. Esta es la razón por la que se dice en el budismo que el yo existe «solo de nombre». No quiere decir que no exista, sino que no existe por sí mismo, sino en dependencia de causas y condiciones, y en dependencia de sus partes; solo existe por imputación de la mente. Comprobamos que, aunque busquemos dentro de la mente o del cuerpo, no vamos a encontrar el yo.

Para rebatir el yo y comprender que no existimos de forma independiente, hay que seguir cuatro pasos:

1. Identificar lo que hay que rebatir: es importante, porque, cuando buscamos en el cuerpo y la mente y no encontramos el yo, podemos creer que no existimos, lo cual es el extremo del nihilismo. Lo que estamos negando no es la existencia, sino la «existencia independiente». Para identificar esto, es muy útil desarrollar la conciencia del yo. Por ejemplo, cuando alguien nos critica o nos ensalza: ahí el yo surge con gran fuerza; o también cuando nos enfadamos con nuestra mente (p. ej., cuando hemos olvidado algo importante o hemos metido la pata) o nos enfadamos con nuestro cuerpo (no nos gusta nuestro aspecto físico o las consecuencias de una enfermedad). En todos estos casos parece haber un yo independiente de mente y cuerpo, como si fuese diferente de ellos.

2. Identificar dónde puede estar el yo: si el yo existiese, como parece existir, tendría que ser: a) uno con la mente y el cuerpo, o b) estar separado de la mente y el cuerpo. Así tenemos que comprobar que no existen otras posibilidades. Pongamos el caso de cualquier otro objeto donde se vea más claro, por ejemplo, un río y un plato. Un río solo puede ser un río o diferente de un río (por ejemplo, un plato). No puede ser a la vez un río y un plato. El yo tiene que ser lo mismo que el cuerpo-mente o diferente del cuerpo-mente, no puede ser y no ser el cuerpo-mente.

3. Comprobar si el yo es lo mismo que el complejo mente-cuerpo de forma intrínseca: si el yo fuese lo mismo que el complejo cuerpo-mente, tendrían que ser en todo lo mismo y no podrían diferir en absoluto. Sobre esa base sería imposible poder decir «mi cuerpo» o «mi mente» porque el yo no encontraría separación entre sí mismo y el cuerpo o la mente al mismo tiempo, no podría identificarse con solo una parte. Por otro lado, dado que el complejo mente-cuerpo es plural, lo constituyen dos elementos, también el yo tendría que ser plural, tendría que haber un yo del cuerpo y un yo de la mente. Por último, si el yo fuese intrínsecamente existente, se desintegraría en cada momento (no pudiendo haber continuidad entre nuestro yo de hace 5 minutos y el actual, ya que cuerpo y mente están en continuo cambio), o no podría cambiar (porque no dependería de factores externos, en contradicción con lo que le ocurre al conjunto mente-cuerpo). Vemos que todo ello es imposible.

4. Comprobar si el yo es distinto del complejo mente-cuerpo de forma intrínseca: siempre que sentimos el yo, lo sentimos en relación con algo que le ocurre al cuerpo o que le ocurre a la mente. No hay sensación del yo fuera del cuerpo o la mente. De la comprobación resulta que el yo no es distinto de dicho complejo.

Práctica: hacer surgir el yo y rebatirlo

Adopta la postura de meditación. Recuerda alguna situación de crítica intensa y de alabanza intensa por parte de otras personas. Observa el yo ahí. Parece estar separado de mente y cuerpo. Observa un enfado con la mente un día que cometieses un error importante por despiste o un enfado con el cuerpo, porque algo de él no te gustaba. ¿Dónde está ese yo que se enfada con la mente y con el cuerpo y que se separa o cree estar separado de ellos? Búscalo. Eso es lo que se niega, un yo independiente.

Ya hemos visto que el yo tiene relación con el complejo cuerpo-mente. Ahora tenemos que ver que solo existen dos opciones: o es lo mismo, o es diferente. Un río es un río o es diferente de un río, pero no puede ser y no ser a la vez un río. Si esto lo tenemos claro, ya hemos visto que solo existen estas dos opciones.

Vamos a comprobar si el yo es lo mismo que el cuerpo y la mente. Vemos que el yo puede identificarse con solo el cuerpo o con solo la mente, o incluso con una parte del cuerpo (me duele la cabeza) o de la mente (no puedo parar este pensamiento). Además solo hay un yo, mientras que cuerpo y mente son dos, por lo que tendría que haber un yo de la mente y otro del cuerpo. Por último, observamos que el yo cambia continuamente (por lo que su existencia no es independiente) basándose en los momentos anteriores.

La primera vez que hagamos esta práctica, seguramente, nos parecerá intelectual o superficial. Hay que seguir haciéndola buscando desesperadamente al yo, como si nos fuese la vida en ello. Tenemos que llegar al sentimiento de «Ajá, igual el yo no es tan real, aunque lo parezca». Nagarjuna (2003) hace este análisis usando la propia figura del Buda:

El Buda no es su complejo mente-cuerpo.

No es diferente de su complejo mente-cuerpo.

El complejo mente-cuerpo no está en él; él no está en aquel.

Él no lo posee ¿Qué Buda hay ahí?

Ni nuestro cuerpo ni lo que sentimos ni lo que percibimos…; nada es nuestro yo, pero nuestro yo no es diferente del cuerpo y la mente. Tampoco poseemos el complejo mente-cuerpo; entonces, ¿dónde está? El yo depende del diálogo interno.

Habría una vacuidad burda y otra sutil. La burda es el razonamiento que hemos hecho anteriormente. Si, siguiendo los cuatro pasos de la existencia de un yo que existe de forma independiente, este se suaviza, la vacuidad burda está lograda. En ese momento, cambia el objeto de investigación a una parte de tu cuerpo, por ejemplo, tu pierna. Si también desaparece la sensación de que tu pierna existe de forma independiente, has podido percibir la vacuidad sutil. Pero, inicialmente, será difícil y habrá que seguir trabajando con esta meditación analítica. También hay que tener en cuenta que la ausencia de yo es más fácil de ver cuando más exageradamente se siente el yo, como en las situaciones que hemos elegido en el primer paso del razonamiento en el que se hacía crítica intensa, alabanza intensa. En condiciones normales, cuando el yo no es tan evidente, también es más difícil rebatirlo.

Prácticas informales de vacuidad

Hay que distinguir entre existencia (sin más) y existencia intrínseca. Se niega la segunda, no la primera. Tenemos que experimentar que las personas y las cosas existen como una «ilusión», cumplen sus funciones; pero, cuando las buscamos mediante análisis, no las encontramos. La mente y el cuerpo son sentidos como «posesiones» del yo, quien cree ejercer de amo; y así decimos: «Hoy tengo el cuerpo cansado», o «Ahora no funciona bien mi mente».

Samatha, es decir, el aquietamiento de la mente, puede calmar las emociones perturbadoras, pero no eliminarlas del todo. *Vipassana*, la visión penetrante, sí que puede hacerlo. La estabilidad y claridad que produce *samatha* abre la vía para que *vipassana* analice la realidad. Ambas meditaciones deben asociarse.

Un rostro en un espejo no es un rostro, aunque lo parezca. La luna reflejada en el río no es la luna, aunque pueda confundirnos. Un mago genera la ilusión óptica de una persona atravesada por una espada. Se pueden usar estas metáforas como referencia de la vacuidad, ya que, de la misma forma, las personas y las cosas no existen como parecen, pero pueden ser experimentadas y actuar. Verlas como una ilusión ayuda a no apegarse a ellas y a no generar emociones perturbadoras. Piensa en una persona a la que odies. ¿Te parece sólida? Igual que, en la oscuridad del bosque, la mente puede confundir una liana con una serpiente, creemos que existe un yo, realmente inexistente, por imputación de nuestra mente.

Cada mañana, medita unos minutos en la vacuidad y traslada esta profunda visión a todas las acciones del día. Siente que todo lo que te rodea es un sueño. Chasca los dedos frecuentemente como recomienda el Dalái Lama en señal de impermanencia. Como dice el Buda en el *Sutra del cortador de diamante* (Dalái Lama, 2004):

Contemplas las cosas compuestas de causas,
    como si fueran estrellas centelleantes, fantasías divisadas con ojos enfermos,

como la luz parpadeante de un quinqué, como ilusiones má-
gicas,
rocío, burbujas, sueños, relámpagos y nubes.

Todos los días medita en la impermanencia. Creemos que vamos a vivir siempre y por eso nos aferramos a las cosas; pero,
en cualquier momento, en un chasquido de dedos (ese es el
significado del gesto), todo puede desaparecer: o nosotros, porque muramos, o el mismo mundo, porque ocurra un cataclismo.
Si sentimos la presencia de la muerte y la brevedad de esta vida,
sentimos la necesidad de la práctica. Los objetos también son
impermanentes, como decía el Buda; «tiemblan» por la impermanencia. Tendríamos que poder sentir ese temblor, ese cambio
continuo al que están sometidos, que es lo que constituye la
impermanencia sutil, aunque no la percibamos.

Todas las noches, al acostarnos, deberíamos hacer el ejercicio de morirnos. Despedirnos de todo lo que nos rodea. En
el caso de las personas, ver si nos queda algún tema pendien-
te con ellas y, si es así, reconciliarnos y pedir perdón. Nunca
tener que arrepentirnos por algo que hayamos hecho o dejado
de hacer a otras personas. Y lo mismo con los objetos: ver que
no tenemos apego a nuestras posesiones, nuestra posición y
demás posesiones. Que podemos abandonarlas para siempre
con la muerte, sin aferrarnos a ellas. Esta práctica se encuentra en todas las tradiciones religiosas. En el cristianismo, los
cartujos cavan diariamente su tumba para ser conscientes de la
existencia de la muerte continuamente.

Por último, la consciencia profunda de la vacuidad de los
seres hace que generemos, de forma espontánea, sin necesidad

de meditaciones generativas, la más profunda compasión. Los seres que nos rodean, ignorantes de la verdadera naturaleza de la realidad, viven aferrados a sus yoes, a sus posesiones, a sus emociones perturbadoras, y vagan por la rueda de reencarnaciones durante vidas sin fin. De esta forma, surge el impulso natural de ayudarles a disminuir de alguna forma ese sufrimiento. La mejor manera es, sin duda, que puedan recibir de alguna forma estas enseñanzas que liberan del apego y del sufrimiento.

Prácticas formales e informales de vacuidad

1. Por la mañana y en cualquier momento del día, **medita en la vacuidad.** Usa las metáforas del reflejo de la luna en el río, de la cuerda confundida con una serpiente, de la ilusión óptica del mago que nos hace ver una mujer atravesada con una espada. Así son las personas y los objetos: un sueño. Así no generarás apego ni emociones perturbadoras subsecuentes.

2. Por la mañana y en cualquier momento, medita en la **impermanencia.** Puedes morir en cualquier momento, no sabes cuándo. Tenemos que estar siempre preparados.

3. **Chasquea los dedos** en cualquier momento del día, como señal de impermanencia y, sobre todo, cuando te apegues a algo. Sé consciente de que todo lo que te rodea puede desaparecer en un momento, en lo que dura un chasquido de dedos.

4. Por la noche, haz todos los días el **ejercicio de morirte.** Si fallecieses en ese momento, observa si tienes temas pendientes con alguna persona y resuélvelos al día siguiente. Y si tienes apego a alguna de tus posesiones, suéltala mentalmente; no te la vas a poder llevar contigo a la otra vida.

5. **Desarrolla la compasión más profunda,** la empatía hacia el sufrimiento de los demás seres vivos que no son conscientes de la vacuidad. Y, en la medida de lo posible, haz el compromiso de intentar disminuir su sufrimiento. La mejor forma es transmitir la enseñanza.

21. Prácticas que buscan el vacío de contenidos mentales

> Los seres humanos no vivimos la vida, la pensamos.
>
> *Mindfulness: Nuevo Manual Práctico*
> JAVIER GARCÍA CAMPAYO

El vacío de contenidos mentales

En el Anexo sobre la Estructura de la mente describimos el concepto de nivel o pantalla 3, que se caracteriza porque ya no hay diálogo interno de forma estable. En este estadio existe el yo experiencial, desprovisto de características biográficas, ya que no están mantenidas por nuestro diálogo interno autocentrado, que observa el vacío de contenidos mentales. El yo experiencial es el observador, pero cuando no hay diálogo interno, por lo que observa sin ninguna característica asociada, es la pura conciencia de conocer. En algunas tradiciones se le ha llamado conciencia o alma, aunque es importante no quedarse aturdido por las palabras.

La experiencia de conectar con el yo experiencial cambia nuestra visión del mundo y de la naturaleza de la mente; es difícil de alcanzar para la mayoría de las personas, ya que requiere, en general, años de práctica de la meditación. Debido a lo trascendental de esta experiencia, diferentes tradiciones meditativas han diseñado sistemas para «puentear» niveles previos de la mente y conseguir atisbar este estado, sin necesidad de años de práctica meditativa previos. En general, cuando se utilizan estas técnicas, la experiencia del vacío de contenidos mentales dura solo algunos minutos y, progresivamente, uno vuelve a estados menos atentos de la mente, en los que la aparición de objetos mentales es continua. Como es lógico, la experiencia que se obtiene de esta forma es mucho más inestable que si se alcanza mediante años de práctica meditativa. Pero el positivo impacto que produce en el practicante justifica el aprendizaje de estas técnicas.

En todos los casos, el mecanismo de acción es el mismo. Se trata de obligar a la mente a un elevado nivel de concentración durante unos minutos, de forma que este requerimiento atencional anula o sustituye el diálogo interno. De una forma brusca, se elimina el objeto de atención, con lo que la mente queda en estado de «shock» y tarda algunos minutos en generar de nuevo su habitual diálogo interno. Durante ese corto espacio de tiempo, la mente experimenta el vacío de contenidos mentales. El proceso puede hacerse mediante diferentes vías sensoriales. Algunas de las principales prácticas, que describiremos a continuación, son:

1. Recitar un sonido repetido (mantra).
2. Generar una visualización compleja.
3. Realizar una actividad física que requiera gran atención.

Recitación de mantras

La importancia del sonido
en las tradiciones contemplativas

En las tradiciones meditativas, el sonido es especialmente importante. Así, en el hinduismo, se dice que pudo ser utilizado para la creación (y en este aspecto se vincula con el dios Brahma), para la conservación o para la terapia (y se asocia al dios Vishnu) o para la destrucción (y se conecta con el dios Shiva). Este proceso se aplica no solo a los fenómenos materiales de este mundo, sino también a los procesos mentales.

En relación con la Creación, las *Upanishads*, textos hinduistas sagrados, afirman que la morada original del mantra era el Parma Akasha (el éter primordial), el sustrato eterno e inmutable del universo. En el cristianismo, en el Evangelio de san Juan se dice (Juan I, 1-18): «Al principio era la Palabra. Y la Palabra estaba con Dios. Y la Palabra era Dios». Para la mayoría de las tradiciones religiosas, la palabra es mágica, tiene un poder creador; y el silencio está ligado a la espiritualidad.

Por lo que respecta a la terapia o conservación, Confucio aseguraba que la música influye en que las personas realicen acciones correctas o equivocadas. Se dice que Hipócrates, el padre de la medicina, fue también el creador de la psicoterapia porque para él lo importante no era solo el contenido del discurso, sino la forma de decirlo. Una de las expresiones de este fenómeno es la musicoterapia, que consiste en el tratamiento de las enfermedades por el sonido.

Finalmente, algunos ejemplos de la función de destrucción por parte del sonido se encuentran en la Biblia (Josué 6-20),

donde las trompetas del ejército judío destruyeron las mura-
llas de Jericó; o en el budismo esotérico, en las llamadas artes
marciales «internas», en las que un sonido intenso puede matar.

El mantra

El sánscrito se considera el lenguaje de los dioses, porque el
número de letras de su alfabeto, 1080, es igual al número de
pétalos que tienen los seis principales chakras. Sus 360 conso-
nantes son la forma de la tierra y del fuego (*agni*) y constituyen
la luz de la tierra. Las 360 letras sibilantes son las formas de la
atmósfera y representan al dios Vayu, generando la luz de la atmósfera. Las 360 vocales son las formas del cielo y del sol, es
decir, la luz del cielo. De hecho, tanto en el hinduismo como
en el budismo, los mantras están escritos en sánscrito. Se dice
que el mantra es el puente entre el hombre y la divinidad.

El Mantra Yoga es una parte del Nida Yoga (yoga del sonido),
uno de los 40 yogas existentes. El mantra es una combinación de
sílabas que actúa como un imán que atrae la energía espiritual.
Significa: «man»: pensamiento y «tra»: proteger. Se podría traducir como «el pensamiento que libera y protege» (del samsara
o del mundo fenoménico). El mantra no es una oración, es decir,
palabras de súplica a una divinidad y que implican un diálogo.
Tiene que ser breve, mientras que la oración es más larga y no
tiene un significado, o solo lo tiene relacionado con una divinidad a la que se asocia y que permite realizar una visualización.
La clave es que el mantra evite el pensamiento discursivo o
diálogo interno, lo contrario a lo que se pretende con la oración.

Aunque el mantra es típico del hinduismo y del budismo,
también se emplea en el jainismo y en la religión sikh. En el

cristianismo, se utiliza en algunos grupos de oración el mantra «Maranatha», que en arameo significa: «Ven, Señor». En el islam, se usa en algunos grupos «Ilaha illa'llah», frase del Corán que significa «Alá es el único Dios». El uso del mantras por sectas como los Hare Krishna, como el muy conocido «Hare Krishna, Hare Rama, Rama Hare, Rama Krishna», incluido en la canción del *beatle* George Harrison «My Sweet Lord», generó cierta actitud negativa hacia esta técnica.

De los tres tipos de meditación, el uso de mantras se considera una meditación atencional (Lutz y cols., 2008), que ya en el año 2012 utilizaba, en Estados Unidos, el 1,6% de la población, es decir, 3,6 millones de personas (Burke y cols., 2017). Es una técnica preferida por los norteamericanos respecto a la visualización Qigong y a la meditación Zen (Burke 2012). Para contar el número de mantras, suele usarse un «mala» o rosario tradicional tibetano de 108 cuentas y, aunque con el tiempo no es necesario contar, se sigue haciendo por tradición. El modo de recitarlo varía, desde lentamente, lo que calma la mente, hasta rápidamente, lo que aumenta la energía interna o *prana.*

Mecanismo de acción

Según la tradición, el mantra elimina el diálogo interno siendo este el principal mecanismo, reequilibra los chakras o centros de energía interna y el *prana*, que es el principio vital del universo y se considera que está en el aire que respiramos), actúa positivamente sobre el karma y nos acerca a la divinidad (Vishnu Devananda, 2001). Desde la perspectiva psicológica, el mantra es eficaz porque produce lo que sigue (Engström y cols., 2010; Davanger y cols., 2010):

- Reducción del contenido conceptual.
- Relajación física profunda y disminución de la frecuencia respiratoria.
- Sensaciones físicas producidas por las vibraciones durante la repetición del mantra.
- Mindfulness: volver amablemente la atención al mantra o a la imagen cuando aparece vagabundeo mental.
- Cuando se usa un «mala», el mantra genera también efectos mediante las vibraciones corporales producidas al contar los mantras desplazando sus cuentas.
- No se sabe si podría haber un efecto espiritual asociado a la creencia en el mantra o a la visualización correspondiente.

La mayor parte de los estudios sobre la eficacia de los mantras se realizaron en las décadas de los 70 y 80, cuando estaba en boga la Meditación Trascendental™, también llamada meditación con mantras. Entonces se demostró la utilidad de esta técnica en múltiples ensayos, aunque su calidad metodológica era limitada. Los estudios más actuales confirman la eficacia de la meditación con mantras en el trastorno de estrés postraumático (Borman y cols., 2013), en pacientes VIH positivos (Borman y cols., 2006, 2009) o en parejas con miedos por la salud de los hijos en periodo de gestación (Hunter y cols., 2011). Incluso se ha demostrado que una única sesión de mantras mejora la inmunoglobulina A salivar (Torkamani y cols., 2018).

Práctica: utilización del mantra

Adopta la postura de meditación. Utiliza el mantra «ᴏᴍ», clave tanto en el hinduismo como en el budismo. Repítelo sin visualización asociada, en voz alta y lo más rápidamente que puedas. No dudes sobre cómo hay que repetirlo en cuanto a sonido, frecuencia o volumen. Simplemente, tiene que ser recitado en voz alta y de forma rítmica y continua, pero pueden existir múltiples variaciones individuales. Siente la vibración en tu interior. Mantén la repetición durante un periodo aproximado de 5 a 10 min, sin mirar ningún temporizador, hasta que sientas que ha pasado ese tiempo. En ese momento, interrumpe bruscamente el mantra y permanece en silencio. Intenta que el silencio exterior sea máximo en ese momento y permanece varios minutos en ese estado. Si la práctica ha sido adecuada, es fácil conectar con lo que hemos denominado la tercera pantalla de la mente (véase Anexo), cuando existe vacío de contenidos mentales.

Generación de visualizaciones complejas

Visualizar o generar una imagen mental constituye una de las meditaciones más habituales en todas las tradiciones contemplativas. De hecho, se considera que las pinturas rupestres, la expresión pictórica más antigua de la humanidad, se relacionan con las visualizaciones que realizaba el hombre primitivo antes de cada expedición de caza, dentro de un contexto mágico-religioso, para asegurarse el éxito y la supervivencia (Acanti, 1997). La palabra visualizar puede conducir a error. Ya que la imagen no se produce con los ojos, sino a nivel mental, realmente debería llamarse imaginación. Y lo que se reproduce, según el tipo de práctica, no son solo imágenes, sino también sonidos, olores, sabores, sensaciones y emociones.

En algunas tradiciones, como la del budismo tibetano, la visualización se ha desarrollado hasta niveles increíbles, sobre todo en prácticas como la del *yidam* o deidad interna (Berzin, 2011). En general, las visualizaciones ligadas a tradiciones contemplativas, como el budismo tibetano o algunas escuelas hinduistas, son de una gran complejidad. Las imágenes deben ser tridimensionales, y no visualizarlas con una consistencia sólida, sino ligera, etérea, y, con el tiempo, se solicita al practicante que su tamaño sea progresivamente más pequeño, lo que dificulta la visualización y requiere una máxima atención.

En nuestra sociedad moderna, los individuos no suelen mostrar una gran capacidad de visualizar, a excepción de personas que se dediquen a trabajos artísticos o de diseño, o que posean este rasgo de forma natural. La razón es que nuestra cultura es más verbal y racional, y no potencia tanto los aspectos imaginativos, a diferencia de lo que era habitual en sociedades más primitivas.

Existen diferentes modos de visualización que han sido detallados extensamente por algunas tradiciones, como el budismo Vajrayana o tibetano. Simplificando, diremos que existen dos grandes modelos: 1) visualización precisa desde el inicio: en este modelo, se empieza por alguna de las partes de la visualización, y esta se realiza con la máxima precisión posible y, posteriormente, se extiende hacia el resto del objeto, y 2) esquema general y precisión posterior: En esta versión, primero se realiza una especie de croquis o borrador general de la figura que se quiere visualizar, como suelen hacer los pintores que desarrollan croquis o estudios previos de un cuadro, y luego van perfilando las diferentes partes de forma progresiva. En todos los casos suele haber un «gesto» que da por concluida la visualización, que posteriormente solo es mantenida en la imaginación, no «dibujada» como tal. Este gesto, cuando se desarrollan figuras de divinidades, igual que ocurre cuando se crean en la realidad, suele ser el pintado de los ojos, que se considera que es el acto que «insufla vida» a la divinidad. Más tarde, y como hemos dicho, tiende a reducirse el tamaño de la figura progresivamente, lo que aumenta la dificultad y la capacidad de concentración.

Para las prácticas de vacío de contenidos no se requiere una gran habilidad de visualización, por lo que recomendamos no obsesionarse con este tema. Simplemente, la imagen es soporte de la atención, por lo que debemos ser conscientes de cómo toda nuestra atención se dedica a este proceso. Con eso es suficiente. Si se quiere más información, hemos dedicado un capítulo al proceso de visualizar en el libro *Nuevo manual de compasión* (García Campayo, 2019).

Práctica: vacío de contenidos mentales mediante una visualización

Adopta la postura de meditación preferida. Realiza varias respiraciones de forma consciente para calmar la mente. Visualiza una plaza o una calle de una ciudad que conozcas bien y te guste. La imagen debe ser tridimensional, a color, con el máximo realismo posible, que ocupe todo el espacio de tu mente y que la visualices desde cierta altura, no a ras de suelo. En tu visualización pueden verse las casas, el cielo (que puedes visualizar con mayor o menor luminosidad, soleado, nublado o lluvioso) y las calles en las que se sitúan las personas, caminando o utilizando cualquier tipo de vehículo, como automóviles, motos, bicicletas, o medios públicos de transporte, como autobuses o tranvías. Mantente algunos segundos contemplando todo este paisaje y añade otros componentes sensoriales, aparte de los visuales: el ruido de los coches y de las conversaciones, el olor a árboles y vegetación o a la contaminación de los automóviles, la sensación del viento o del frío o calor del momento.

▶

Tras mantenerte algunos segundos experimentando los matices de la visualización, vamos a «deconstruir» o hacer desaparecer la visualización por etapas:

1. En primer lugar, van a desaparecer las personas y animales: no hay gente en la calle ni en los edificios. Los vehículos, tanto de transporte colectivo (autobuses, tranvías) como individual (automóviles, motos, bicicletas), están parados en la calle o caídos en el suelo. No hay ruido en la ciudad porque los vehículos no funcionan y no hay gente que hable ni animales (mascotas, pájaros) que hagan ruido.
2. En segundo lugar, desaparecen los vehículos: no hay autobuses, tranvías, automóviles, bicicletas o motos. Las calles están absolutamente vacías, desiertas, fantasmales.
3. Posteriormente, ya no está el cielo: permanecen los edificios y las calles vacías, pero el cielo ha desaparecido y, en su lugar, solo queda un espacio negro.
4. A continuación, lo que desaparecen son las calles: permanecen los edificios como colgados en el aire, porque debajo de ellos no hay suelo ni calles, solo un espacio negro; el mismo que se observa por encima de ellos, ya que no existe el cielo.
5. Por último, desaparecen los edificios. No queda nada en nuestro campo visual, y lo que se observa es el vacío de contenidos mentales, que posee un color muy homogéneo, generalmente negro o gris.

Nos mantenemos en ese estado durante unos momentos, sin realizar ningún esfuerzo y sin expectativas. Algunos minutos después podemos dar por concluida la práctica.

Realización de una actividad física que requiera gran atención

Cánones de cognición y fenómeno de simetría

Según la tradición Vedanta Advaita (Sesha, 2015), existen dos cánones de cognición: externo e interno. En el externo, al menos uno de los cinco sentidos está funcionando y, en general, los ojos están abiertos. Excepcionalmente, los ojos podrían estar cerrados y la atención podría estar centrada en los sonidos (más raramente, en olores) o en la sensación física de la respiración. Pero, si los ojos están cerrados, la mente va a tender a situarse en el canon de cognición interno. En él, los ojos deben estar necesariamente cerrados, ya que los cinco sentidos se van a desconectar del mundo exterior, mientras la atención se desplaza al espacio de la mente.

El fenómeno de simetría, lo que implica es que, una vez alcanzado un grado de profundización importante en la meditación con uno de los dos cánones de cognición, ese mismo estado se mantiene en el otro canon, por simetría, por el simple hecho de abrir o cerrar los ojos, desplazando así la atención del mundo interno al externo, o viceversa. Por tanto, lo que haremos, ya que es lo más sencillo, es desarrollar un alto grado de atención con canon externo de cognición, realizando una tarea que requiera de gran intensidad atencional y, posteriormente, cerrar los ojos, con lo que pasaremos a canon interno y podremos experimentar el vacío. El fenómeno inverso, desarrollar un alto grado de atención en el canon de cognición interno y, posteriormente, abrir los ojos, para ver el vacío, resulta más complicado.

Actividades que requieren gran atención
a nivel individual y grupal

Son infinitas las actividades que requieren un gran recurso atencional, y pueden realizarse de forma individual o en grupo, siendo este segundo formato ideal cuando se realiza un retiro. Cualquier actividad deportiva (fútbol, baloncesto, balonmano, voléibol) o lúdica (bailar, cantar, escalar, juegos de mesa) grupal requiere gran atención. En los retiros se suelen realizar juegos sencillos, utilizando pelotas que deben ser pasadas de unos a otros miembros del grupo lo más rápido posible sin que se caigan. La clave está en la ratio pelotas/participantes, que suele estar en 1 a 4, aproximadamente, para que exija suficiente esfuerzo atencional. Si hay pocas pelotas para el total de jugadores, la actividad es casi aburrida. Tras unos 10-15 minutos de realizar esta actividad de forma intensa, se está preparado para realizar la simetría.

En cuanto a actividades individuales, cualquier afición que induzca el estado de *flow* en el individuo puede ser adecuada: pintura o dibujo, tocar un instrumento, coser, yoga u otra técnica mente-cuerpo. En los retiros o cursos, la actividad individual que se utiliza es la activación secuencial de los diferentes sentidos durante un periodo de 15 minutos y, más tarde, se realiza la simetría. En general, es mejor que esta actividad sea guiada externamente y no dirigida por el individuo, ya que, si el sujeto no conoce las órdenes, va a necesitar mayor atención.

Otra opción consiste en desarrollar la atención basándose en el recuerdo. Estas prácticas suelen ser guiadas por alguien externo o mediante la utilización de un audio, ya que es más difícil que sea el propio individuo quien genere las preguntas y las conteste a la vez. Así, podemos recordar:

- Fenómenos y actividades que nos han ocurrido: cuando caminamos en bicicleta por primera vez, cómo fue nuestro primer día de colegio, el primer día de universidad, el primer beso que dimos a una pareja, la última vez que nos cortaron el pelo, que nos dieron un masaje, que estuvimos en el mar, o que montamos en moto.

* Experiencias sensoriales. En esta área podemos recordar el sabor de un limón, el sonido de una guitarra, el olor de una rosa, el tacto de la lana, o la sensación de tocar un cubito de hielo.

La idea es mantenerse realizando esta actividad unos diez minutos, y cuando la atención esté completamente volcada en las respuestas a las preguntas o en la rememoración de las sensaciones, parar el proceso y observar qué hay en la mente.

**Práctica: vacío de contenidos mentales mediante
un ejercicio de recuerdo de las sensaciones
(Sesha, 2015)**

Sentado en una postura cómoda haz varias respiraciones tranquilas. Puedes permanecer con los ojos abiertos o cerrados, excepto cuando la actividad sea visual, en la que los párpados deben estar abiertos. Intenta **escuchar** el sonido de un pájaro. No es necesario que identifiques qué especie concreta es, solo que es un pájaro. Proyéctate hacia el exterior, como si buscases el sonido con una antena de radio, a diferencia de lo que hacemos habitualmente, que es intentar percibir los sonidos en el mismo oído. Es indiferente que encontremos el sonido buscado, lo importante es la atención que hay que poner en ese proceso. Permanecemos 2-3 minutos con esta actividad.

Ahora intentamos **oler** cualquier aroma de comida. De nuevo, no hace falta que identifiquemos de qué alimento específico se trata y, en nuestra búsqueda, nos proyectamos hacia el exterior, lejos de la propia nariz. Estamos algunos minutos practicando.

Cambiamos a la **vista.** No hace falta mover la cabeza, solo desplazamos los ojos. Busca algún objeto, en tu campo visual, circular o esférico. Mantenemos algún minuto esta búsqueda.

Por último, terminamos con el **tacto.** Percibe alguna sensación más fría o más caliente que el resto y mantente en ella unos pocos minutos.

▶

El sentido que más puede proyectarse al exterior es la vista, seguido del oído y, menos, el olfato. El gusto y, aún más, el tacto se realizan pegados al órgano sensorial. Este movimiento de la atención hacia el exterior y hacia la superficie del cuerpo puede percibirse con el cambio en el uso de cada sentido y constituye un aspecto importante del desarrollo de la atención.

Cuando hayamos acabado este proceso, realizamos la simetría. Cerramos los ojos y observamos el espacio de la mente.

¿Qué hacer tras alcanzar el vacío de contenidos mentales?

En todos los casos, lo habitual es que alcancemos la pantalla o estadio 3 de la mente, como describimos en el Anexo final del libro. En ella existe un observador, sin ninguna característica biográfica, que observa el vacío de contenidos mentales. Este nivel de profundidad meditativa ha sido descrito ampliamente en el Anexo. Suele asociarse a una sensación de bienestar y paz. Ocasionalmente, puede producir cierta incomodidad o, a veces, miedo, ya que el yo biográfico, al que tanto nos agarramos, se tambalea ante la ausencia de diálogo interno.

En ese momento, no hay que buscar ni intentar conseguir nada, como un estado mental especial, ni querer retener ese estado. Uno simplemente se abandona, sin lucha ni expectativa, disfrutando de la experiencia sin apego. En alguna de las ocasiones en que se experimenta ese estado, después de un tiempo imposible de determinar, porque la percepción subjetiva del tiempo se ha perdido, uno podría entrar en el siguiente nivel de conciencia: la no-dualidad, lo que hemos descrito en el Anexo como estadio 4 de la mente.

22. Técnicas de autoindagación en el Vedanta Advaita

> ¿Cuál es la respuesta que impide la aparición
> de cualquier otra pregunta?
>
> SESHA

¿Qué es la autoindagación? Fuentes

Para hablar de la autoindagación nos hemos basado, principalmente, en dos de los más reconocidos maestros del Vedanta Advaita del siglo xx, los hindúes Ramana Maharshi (1879-1950) y Nisargadatta Maharaj (1897-1981) (Maharshi 1971, 2007; 2016; Maharaj, 2003). También hemos incluido textos de:

- David Godman (1985), uno de los principales estudiosos de la vida de Ramana y biógrafo de Papaji, seguidor de Ramana.
- Mooji (2012), un maestro *advaita* más reciente nacido en Jamaica y discípulo de Papaji.

- Robert Adams (1999), uno de los principales discípulos occidentales de Ramana.
- Rupert Spira (2017), maestro londinense, discípulo de Francis Lucille y Shantananda Saraswati.
- Sesha (2017), maestro colombiano que no ha tenido un linaje *advaita* tradicional, sino que se considera autodidacta.

Encuadrando la autoindagación

Ramana insistía en que la auténtica enseñanza se transmitía en silencio, y las personas que le entendían simplemente permitían que su «emanación silenciosa» trabajase sobre ellos. Miles de personas se beneficiaron de esta forma de enseñanza, aunque Ramana nunca quiso reconocer su autoría en estos casos. Cuando la gente venía al maestro y le hacía la pregunta habitual, «¿Qué tengo que hacer para iluminarme?», una de sus respuestas habituales era: «¡Permanece quieto, tranquilo!». Este era su consejo básico. Lógicamente, esta quietud no se refería a la inmovilidad del cuerpo, sino a la no actividad de la mente.

Sin embargo, él sabía que la mayoría de la gente no podía mantenerse tranquila de forma natural. Afirmaba que, si su silencio no era entendido, entonces se veía obligado a responder a las preguntas de sus discípulos, pero afirmaba que este método no era tan efectivo. Si esas personas pedían un método, entonces hablaba de la autoindagación. Ramana aseguraba que esta era la principal forma de meditación, la más directa y la más antigua. La autoindagación (*self-enquiry* o *self-inquiry* en inglés, *vichara* en sánscrito) puede definirse como «la constante atención a la consciencia interna del «yo» o «yo soy».

Según Robert Adams (1999), «Vichara o autoindagación es solo apartar la mente de los pensamientos. Eso es todo». Afirma que solo hay tres métodos para alcanzar la realización:

- El primero es la autorrendición, cuando uno se rinde totalmente a Dios o a nuestro yo.
- El segundo es mindfulness: llegar a ser el testigo. Observarnos a nosotros continuamente. Observar nuestros pensamientos y nuestras acciones. Sentarse en meditación y observar lo que aparece en la mente. No intentar cambiar nada ni corregir nada.
- Y el tercero es el que él siempre defiendía: autoindagación. Preguntarte a ti mismo «¿A quién le va este sufrimiento? Me viene a mí. Bien, ¿qué soy yo? Yo soy este yo. ¿Quién soy yo? ¿De dónde vengo?», Y seguir el «yo» hasta su fuente.

Según Ramana (Maharshi, 2007), la autoindagación sería una «consciencia sin esfuerzo de ser», realizada de forma constante, hasta que el pensamiento «yo soy» desaparece. En otros tipos de meditación, todavía se retiene el ego, por lo que surgen muchas dudas y la cuestión última se afronta al final de la práctica. En la autoindagación solo hay una única pregunta que es la realmente importante y que se plantea desde el principio: «¿Quién soy yo?». La meditación requiere un objeto sobre el que meditar, mientras que en la autoindagación solo esta el sujeto y no el objeto. Esa es la diferencia entre ambas. En las demás prácticas, el ego nunca se destruye porque va adquiriendo formas cada vez más sutiles. Ramana afirma que: «es como un ladrón que se convirtiese en policía para atrapar al ladrón que es él mismo». Nunca lo conseguirá.

Objetivo de la autoindagación

Ramana (Om 1971, Maharshi 2007) afirma que toda actividad consciente de la mente o del cuerpo gira alrededor de la asunción tácita de que hay un yo que está haciendo algo. El factor común es «yo pienso», «yo actúo». El yo asume que es el responsable de todas estas actividades. Ramana llamaba a este factor común el pensamiento «yo» (*aham-vritti*), que significa literalmente «modificación mental del yo». El yo real nunca imagina que está haciendo o pensando nada. El yo que imagina es una ficción mental, por eso se le llama modificación. Esta identificación puede ser rastreada hasta una asunción inicial de que el «yo» está limitado al cuerpo, bien sea como su «propietario» que lo ocupa, o como una extensión de su forma física. Esta idea de «yo soy el cuerpo» es la fuente primaria de todas las subsecuentes identificaciones erróneas, por lo que su disolución es la meta principal de la autoindagación.

Ramana (Maharshi, 2007) mantenía que esta tendencia hacia la identificación autolimitativa podía ser detenida intentando separar el «yo» de los objetos del pensamiento con los que se identifica, ya que el pensamiento del «yo» individual no puede existir sin un objeto. Si se enfoca la atención sobre la sensación subjetiva del «yo», con tal intensidad que no surjan los pensamientos de «yo soy esto» o «yo soy eso», el «yo» será incapaz de conectar con los objetos.

Otra expresión del objetivo de la autoindagación es tener una experiencia directa del observador o de la conciencia sobre sí misma (*awareness on awarenes*). El primer y más sobresaliente pensamiento que surge en la mente es el pensamiento del «yo». Solo cuando este pensamiento aparece, el resto de innumerables pensamientos se originan. Solo mediante la práctica de «¿Quién soy yo?», la mente cede. La búsqueda del yo que se encuentra implícita en esa pregunta destruye el resto de pensamientos y, finalmente, se consume «igual que un palo utilizado para remover la pira funeraria que se consume en el fuego».

En el prefacio de su libro, Ramana Maharshi (1971) nos da esta indicación:

El buscador es el que está en busca de sí mismo.

Abandone todas las preguntas excepto una: «¿quién soy yo?». Después de todo, el único hecho del que usted está seguro es que usted es. El «yo soy» es cierto. El «yo soy esto», no. Esfuércese en encontrar lo que usted es en realidad.

Para saber lo que usted es, primero debe investigar y conocer lo que usted no es.

Descubra todo lo que usted no es —el cuerpo, los sentimientos, los pensamientos, el tiempo, el espacio, esto o eso—; nada, concreto o abstracto, que usted perciba puede ser usted. El acto mismo de percibir muestra que usted no es lo que usted percibe.

Cuanto más claro comprenda que, en el nivel de la mente, usted solo puede ser descrito en términos negativos, más rápidamente llegará al fin de su búsqueda y se dará cuenta de que usted es el ser sin límites.

Lo que no es la autoindagación

Mucha gente tiende, erróneamente, a identificar la autoindagación con una técnica dialéctica, ya que se sirve al inicio del proceso de la pregunta «¿Quién soy yo?» o de otras preguntas similares. La pregunta ¿Quién soy yo? significa intentar encontrar la fuente del pensamiento del «yo», encontrar al observador. Buscar la fuente del yo es el medio para que desaparezcan los otros pensamientos. Cuando aparezcan otros pensamientos, uno se debe preguntar: «¿A quién le ocurren estos pensamientos?». Si la respuesta es «A mí», hay que volver a preguntarse «¿Quién es este yo y cuál es su fuente?». La pregunta siempre es: «¿De dónde surgen estos pensamientos?» (Maharshi, 2007). Algunos de los errores principales en la autoindagación son (Maharshi, 1971, 2007; 2016; Om, 1971; Maharaj, 2003; Godman, 1985; Mooji, 2012; Spira, 2017):

1. Contestar la pregunta: un gran error es ocupar la mente con otros pensamientos del tipo «No soy el cuerpo», «El yo no es la mente», «No es tal cosa o tal otra...» y razonarse internamente por qué el yo soy no es tal o cual cosa. Se ha llamado el planteamiento «Neti, neti...», es decir, «No soy esto». La autoindagación evita el pensamiento, no se busca que la experiencia se mezcle con ninguna actividad mental. Uno nunca se contesta verbalmente o de forma racional esa pregunta. No se llega a una respuesta que pueda formularse con palabras. En la autoindagación se pretende aislar el «yo» individual, para que la mente, ese «yo» individual, se hunda en su fuente y se desvanezca. Cualquier técnica que provoque la aparición de objetos de pensamiento no es autoindagación, sino que hace a la mente más fuerte. La mente por sí misma nunca puede alcanzar la autoindagación.

2. Concentrarse en una parte específica del cuerpo: hay personas que piensan: «si no hay que generar pensamientos, la alternativa es poner la atención en el cuerpo, en las sensaciones, ya que frena el diálogo interno». Si haces eso, estás asociando el «yo» con un objeto de percepción. También surgió esa idea porque sabios como Ramana (Maharshi, 1971, 2007, 2016) decían «encuentre el lugar de donde el yo surge». Y él hablaba del centro del corazón, por eso algunos discípulos intentaban concentrarse en ese centro particular. Pero Ramana quería decir concentrarse en el corazón «como es». Esto no es una localización, sino el perceptor como tal. De nuevo, concentrarse en una parte específica del cuerpo, o en todo el cuerpo, esto no es autoindagación, y se estaría practicando de forma incorrecta.

3. Usar la pregunta como un mantra: la pregunta ¿Quién soy yo? (o cualquier otra que utilicemos) no es una fórmula vacía; sirve para orientar la mente hacia el perceptor, hacia la conciencia de la conciencia. Por eso no debe repetirse una y otra vez como si fuera un mantra, sino repetirla ocasionalmente cuando la atención se haya ido del perceptor, para refocalizar de nuevo la conciencia. El objetivo es focalizar toda la mente en su fuente. La clave es «intentar» una y otra vez conectar con el yo, es decir, la perseverancia en busca del perceptor.

4. Esforzarse: otro error importante es creer que la autoindagación requiere un esfuerzo. La verdadera práctica consiste en quedarse en un estado de paz mental. David Godman (1985) asegura que, si usamos la frase «practicar las enseñanzas», asumimos la siguiente secuencia: 1) que Sri Ramana habla de alguna meta que hay que alcanzar; 2) que él enseña un camino, alguna práctica para alcanzar esa meta; 3) que tú usas tu mente vigorosamente para moverte en esa dirección, y 4) que la mente quiere ponerse al mando de esa operación, quiere escuchar al gurú, comprender lo que se requiere y usar la propia mente para moverse en esa dirección.

Pero todo eso es erróneo. La mente no es el vehículo para la práctica, es más bien el obstáculo para experimentarlo. Lo único productivo que puede hacer la mente es desaparecer. Ramana (2007) afirma que: «ser lo que uno ya es es sin esfuerzo, puesto que esa eseidad siempre está presente y siempre se experimenta. Por otra parte, pretender ser lo que uno no es (el cuerpo y la mente) requiere un continuo esfuerzo mental aunque sea inconsciente. En las etapas más avanzadas de la indagación, la cesación del esfuerzo mental revela el yo».

La pregunta en la autoindagación

La pregunta tiene como objetivo crear el espacio mental adecuado para que aparezca la experiencia de la atención replegada sobre sí misma. La pregunta en sí no es importante y, normalmente, no es necesaria llegado cierto nivel de práctica (Adams, 1999, Sesha, 2017). Ramana (Om, 1971, Maharshi, 2007) afirma que la pregunta más habitual es «¿Quién soy yo?». La pregunta no se responde, simplemente uno permanece tranquilo. A los pocos segundos o minutos aparecerán pensamientos. Entonces, interrógate: «¿A quién aparecen estos pensamientos?». Me aparecen a mí. Yo pienso estos pensamientos. Entonces, ¿quién soy yo? Ante cualquier experiencia que nos surja, reformulamos la pregunta inicial para cuestionarnos «A quién le surge esto? Cualquiera de estas preguntas simplemente significa: ¿Cuál es la fuente del yo? ¿De dónde surge todo esto? Sigue al yo hasta la Fuente, hasta el Centro del corazón; y, un día, el yo desaparecerá y quedarás completamente liberado.

Inicialmente, Ramana (Maharshi, 2007, 2016) recomienda que pensar o repetir «yo» mentalmente le conducirá a uno al camino adecuado, pero es solamente una fase preliminar de la práctica, porque todavía implica un sujeto (el pensamiento «yo») que tiene la percepción de un objeto (los pensamientos «yo…», «yo…»). Mientras exista dualidad, el «yo» continuará prosperando. Solo desaparece cundo cesa la percepción de todos los objetos, tanto físicos como mentales. Esto no se consigue siendo consciente de un yo, sino solo siendo el «yo». La etapa de experimentar el «yo», el sujeto, es la fase culminante de la autoindagación.

Ramana (Maharshi, 2007) nos describe magistralmente el proceso de realización. En las primeras etapas de la práctica, la atención a la sensación del «yo» es una actividad mental que toma la fuerza de un pensamiento o de una percepción. En esa fase, la pregunta es necesaria para orientar la atención. Con el tiempo, el pensamiento «yo» da paso a una sensación de «yo» experimentada subjetivamente de forma frecuente. En ese momento, la pregunta no suele ser necesaria. Finalmente, la sensación de «yo» deja de conectarse a pensamientos y objetos y se desvanece completamente. Entonces queda una experiencia de ser en la que el sentido de individualidad ha dejado de operar. Inicialmente, la experiencia es intermitente, pero, con el tiempo, es más fácil de alcanzar y mantener, por lo que se experimenta de forma casi continua. Cuando la indagación alcanza este nivel, hay una consciencia de ser sin esfuerzo, en la que el esfuerzo individual ya no es posible, puesto que el «yo» que se esfuerza ha dejado de existir temporalmente. Esta experiencia repetida destruye las tendencias mentales (*vasanas*) sobre las que surge el pensamiento «yo». Cuando se ha debilitado suficientemente, el poder del «sí mismo» destruye las tendencias residuales y el pensamiento «yo» jamás vuelve a surgir. Este es el estado irreversible de la «realización de sí mismo».

Resultados

Adams (1999) nos instruye sobre cómo conseguir resultados. Recomienda usar los libros solo como referencia y practicar la autoindagación como se ha descrito: observando cómo afrontamos las experiencias de la vida sin reaccionar; observándonos a nosotros mismos cómo nos deprimimos y cómo nos enfadamos; no negando lo que nos ocurre, sino observándolo. Y si nos observamos correctamente, podemos preguntarnos «¿Quién se enfada? ¿Quién se está sintiendo deprimido?». Y seguimos haciéndolo una y otra vez, tantas veces como sea necesario. «Un día, la ira nos abandonará, y la depresión y los pensamientos nos abandonarán. Y simplemente serás». Y continúa diciendo (Adams, 1999): «Entonces, ¿quién soy yo? Permanece quieto durante un tiempo. Sabes que está funcionando cuando empiezas a experimentar un sentimiento de tranquilidad y amor. Cuando empiezas a sentir una paz que no habías experimentado antes. Empiezas a sentir que todo está bien».

No obstante, y aunque Ramana decía que la autoindagación era la práctica más efectiva para realizar el yo, pocas personas alcanzan realmente esta meta. Para la mayoría de nosotros, la mente es demasiado obstinada como para ser superada por cualquier técnica meditativa. Sin embargo, el esfuerzo puesto en la autoindagación nunca se pierde. Si no consigues la Iluminación, generalmente aumentas tu paz y felicidad (Godman, 1985).

¿Cómo se practica la autoindagación?

Uno se sienta solo, en un lugar donde no le vayan a molestar. Al principio, la duración de cada sesión no suele ser superior a 10 minutos, según recomiendan autores como Mooji (2012). Pero si se tiene experiencia, la duración de la sesión puede ser la estándar, entre 30 y 45 minutos, o incluso más. Los ojos pueden estar cerrados o abiertos. La atención se focaliza en una única pregunta que se realiza internamente, sin vocalizar: «¿Quién soy yo?». Se repite de forma ocasional, no seguido de forma continua como si fuese un mantra.

Cuando se empieza la autoindagación aparecen otros muchos pensamientos. No hace falta rechazarlos. Si uno se ancla con fuerza en el pensamiento de «¿Quién soy yo?», los otros pensamientos se desvanecen automáticamente y no te enganchas a ellos. La mente debe permanecer no en las palabras, sino en la sensación interna, en la certeza de «¿Quién soy yo?». No hay que dejar que la mente se mezcle con nada más (pensamientos, emociones o sensaciones), sino que permanezca en el vacío y percibiendo esta sensación natural del observador. Para ayudarse a conectar con esta sensación, uno se hace la pregunta «¿Quién soy yo?» o «¿De dónde vengo?», o cualquier otra que sea útil para él, cuando la atención queda atrapada por los pensamientos. Pero el fin último es ser continuamente consciente del «yo» que asume que es responsable de todas las actividades del cuerpo y de la mente.

La autoindagación es una técnica no represiva, que no intenta, como otras, controlar la mente. No es un ejercicio de concentración, ni pretende la supresión de los pensamientos (Maharshi, 2007). Pretende conectar con la consciencia de la fuente de la que brota la mente. El método y la meta de la indagación es morar en la fuente de la mente, retirando la atención de lo que uno no es. En las primeras etapas, el esfuerzo en la transferencia de la atención desde los pensamientos al pensador es esencial. Ahora bien, una vez que la consciencia de la sensación del «yo» se establece firmemente, más esfuerzo es contraproducente. Desde ese momento es más un proceso de ser sin esfuerzo que de hacer, que un esfuerzo por ser (Maharshi, 2007).

La práctica informal de la autoindagación

Ramana (Maharshi, 2007) afirmaba que la autoindagación no es una práctica que deba realizarse solo durante el tiempo de meditación, sino que debemos practicarlo en nuestro interior en todo momento, independientemente de qué haga el cuerpo. También Adams (1999) afirma que no hay que dejar un tiempo especial para la meditación. Se puede hacer mientras conducimos el coche, mientras estamos trabajando o tocando un instrumento de música. Simplemente hay que ser consciente de uno mismo, de quién somos realmente y tomar conciencia de que el resto son proyecciones de nuestra mente.

La forma habitual de hacerlo es empezar con alguna sensación o pensamiento que aparezca de manera espontánea en tu mente. Por ejemplo, pongamos que aparece en nuestra mente el deseo de cenar, y nos preguntamos a nosotros mismos: «¿Quién está anticipando la cena?». La respuesta, que no hace falta que se exprese verbalmente ni con el pensamiento, es la sensación de «yo soy». Entonces nos preguntamos: «Quién soy yo?», o «¿Qué o quién es ese yo que espera cenar?». No es una invitación a un análisis intelectual sobre lo que ocurre en la mente, sino una invitación para transferir la atención desde el objeto de pensamiento (la cena) hacia el sujeto que está teniendo ese pensamiento específico. Debemos habitar ese «yo» y tratar de experimentarlo subjetivamente cuando no está identificado o asociado a cosas o a pensamientos. Será un momento fugaz, sobre todo al principio, porque la mente está acostumbrada a estar ocupada. Rápidamente, aparecerá un nuevo tren de pensamientos, nuevas asociaciones. En cada ocasión, nos preguntamos a nosotros mismos: «¿Quién está soñando despierto?», «¿Quién está preocupado por las facturas?», «¿Quién piensa en tal o cual cosa?». En todos los casos, la respuesta será «yo». Habitamos en la experiencia del yo no asociado con ningún objeto mental todo el tiempo que podamos. Observamos cómo surge el «yo» y, sobre todo, cómo sobrevive cuando no hay pensamientos a los que asociarse.

Ahí empieza el siguiente estadio de la autoindagación. Cuando podamos aislar la sensación de «yo» de todos los objetos a los que va asociado, descubriremos que empieza a desaparecer. Progresivamente estará más atenuado, y comenzaremos a experimentar paz y alegría, lo que realmente es nuestro estado natural. Por lo general, no lo experimentas, porque nuestra ocupada mente está de continuo cubierta por pensamientos.

Práctica de autoindagación

Siéntate en la postura de meditación habitual. Puedes tener los ojos abiertos o cerrados. La atención no se focaliza en la respiración. Inunda tu mente con una única pregunta realizada internamente, sin vocalizarla: «¿Quién soy yo?» (u otra pregunta relacionada que te inspire). No la repitas sistemáticamente como un mantra, pero vuelve a ella siempre que la mente se distraiga con pensamientos u otros objetos mentales.

▶

No esperes ni desees una respuesta racional, en forma de pensamiento o frase. No intentes racionalmente ir contestando a la pregunta descartando lo que no eres, como, por ejemplo, «No soy el cuerpo», «No soy la mente», «No soy la respiración». No intentes darte razones de por qué no eres tal o cual cosa.

No mezcles la mente con pensamientos, emociones o sensaciones. Intenta sentir qué es lo que realmente eres. Cuando aparezcan otros pensamientos de tipo mundano, no hace falta que los rechaces. Simplemente vuélvete a enfocar en la pregunta única: «¿Quién soy yo?» (o la pregunta que hayas decidido).

Con el tiempo, cada vez te será más fácil permanecer en esta sensación, que va unida a un sentimiento de libertad y expansión.

Al principio puedes hacer sesiones cortas, de unos 10 minutos, y, posteriormente, descansar. Con el tiempo, puedes ir alargando la duración poco a poco hasta que las sesiones duren el estándar al que estés habituado (30 o 45 minutos o más).

Esta es una práctica para todos los días, aunque sea solo una sesión corta de 10 minutos. Y también para practicarla en la vida diaria, mientras caminas, en los tiempos muertos o en las tareas rutinarias.

Recursos esenciales para la práctica

Un recurso valioso para la práctica de la autoindagación es el de Apte (2008) (descargable en http://prahlad.org/gallery/nisargadatta/NisargadattaGita.pdf), que consiste en 231 citas comentadas de Nisargadatta sobre la autoindagación, que constituyen un auténtico tesoro para comprender y apreciar esta técnica.

Otro libro clave, acerca de las enseñanzas de Ramana sobre autoindagación, es el de Sri Saddhu Om (1971) (descargable en http://www.happinessofbeing.com/The_Path_of_Sri_Ramana_Part_One.pdf), sobre todo en los capítulos 7 y 8 donde se describe ampliamente la técnica. Este libro suele conside-

rarse una de las fuentes más autorizadas sobre la autoindagación.

También de Ramana es clave el libro *Sea lo que usted es*
(Maharshi, 2007), en los capítulos 4 a 6, donde comenta la
autoindagación y responde preguntas de los discípulos sobre
el tema.

23. Los *koan* del Zen rinzai

Este mundo es tu mundo, es mi mundo.

Es como si millones de luces, una por cada persona, se iluminaran mutuamente. Cuando yo muera, también morirán conmigo mi monte Fuji, mi cielo y mi tierra.

Esta taza de té morirá conmigo.

Soy mi propio mundo. Si muero, el mundo muere conmigo.

Dirás: «Pero, aun cuando tú mueras, ¡este mundo seguirá existiendo!».

No, mi parte del mundo muere conmigo.

Pues cada uno de nosotros está completo, sin que falte nada.

Seguir la Vía del Buda significa hacerse plenamente consciente de este hecho.

Vienes al mundo con tu universo. Y cuando mueres, tu universo muere contigo.

> *El Zen es la mayor patraña*
> *de todos los tiempos*
> KODO SAWAKI

Concepto y objetivo

Kung-gan en chino, que en japonés se pronuncia *kó-an* (公案), significa, originariamente, documento público, «que sustenta una norma de juicio, por el cual se comprueba si es correcta nuestra comprensión del Zen» (Suzuki, 1986). El primer ideograma, «公» (*kó*), representa las ideas de «público, oficial, gubernamental, común, colectivo, ecuánime y justo». El segundo ideograma, «案» (*an*), se puede traducir como «mesa, escritorio, ley, caso, registro, archivo, plan o propuesta». En esencia, lo que constituye el *koan* es su función de registro y de acceso público a toda la comunidad. Hay que tener en cuenta que las colecciones de *koan* estaban disponibles para todos, como anteriormente lo estaban los *sutras* en el budismo antiguo o los *vedas* en el hinduismo.

Los *koan* son una antigua tradición de historias, frases, poemas o afirmaciones, seleccionadas, a lo largo de los años, por su capacidad de transformar a las personas. Una definición más académica podría ser «una frase o pregunta breve y paradójica que se usa como disciplina meditativa para los novicios en la tradición budista Zen, especialmente en la escuela Rinzai».

El objetivo del *koan* y, por extensión, del budismo Zen, es acceder a la Iluminación. La iluminación es una traducción precaria, un préstamo del léxico del misticismo cristiano, para lo que se conoce como *satori*. El esfuerzo intelectual por «resolver» el *koan* pretende agotar el intelecto analítico y los deseos del ego del individuo, preparando a la mente para una respuesta a nivel intuitivo. El *koan* supone no solo una evaluación de la competencia del novicio, sino también una comunicación mediante la palabra de algunos aspectos de la experiencia del Zen.

El *koan* no es una herramienta mágica que, al leerlo, transporta inmediatamente nuestro espíritu a los mundos más elevados. Es un instrumento que ejercita la mente a fin de prepararla para contactar con el *satori*. Esto no se debe a la pureza y contenido del lenguaje o a la directa transmisión por parte de la divinidad. El *koan* es un objeto textual, con una forma y un diseño específicos, que actúa a través del lenguaje y está diseñado para cumplir su cometido: alcanzar la Iluminación.

Aunque el *koan* parezca algo sin sentido, no es un acertijo o un rompecabezas. No puede ser «resuelto» comprendiéndolo. En la parte final de las antologías de *koan*, no están listadas las respuestas, como sucede con los libros de acertijos y adivinanzas. Solo cuando uno se abre a algo nuevo sobre la auténtica naturaleza de la realidad, cuando uno se abre a que su mente sea transformada, uno llega a ser íntimo con el *koan* y es transformado. Uno nunca vuelve a ser el mismo.

Es interesante conocer las descripciones que han dado del *koan* grandes pensadores. Así, Carl Jung, uno de los más famosos psicoanalistas y discípulo de Freud, padre del concepto de «inconsciente colectivo», lo define como la «representación de la nada» (Jung, 1986). El gran escritor argentino Jorge Luis Borges considera que es «una pregunta cuya respuesta no corresponde a las leyes lógicas» (Borges y Jurado, 1997). Por último, D. T. Suzuki, el introductor del Zen en Occidente, los llama «expresiones del *satori* sin mediaciones intelectuales» (Suzuki, 1986).

Origen histórico de los *koan*
(Keizan Zenji, 2006)

Un acontecimiento dentro de la vida del Buda, llamado el «sermón de la flor», se considera como la primera manifestación en la historia de lo que se llamaría luego *koan*. Un día, al final ya de su vida, el Venerable se dirigía a sus discípulos para impartir la enseñanza. Se dice que se sentó frente a ellos y, sin explicar o decir palabra alguna, les presentó una flor de la mesa y la hizo girar entre sus dedos. Ninguno de los presentes logró comprender el misterio de esa enseñanza, a excepción de Mahakashyapa, uno de sus seguidores más abnegados, quien mostró una sutil sonrisa, demostrando entendimiento (Dussaussoy, 2005). Se dice que esa fue la primera transmisión de la enseñanza del Buda a uno de sus discípulos en el estilo *koan*.

Otro de los *koan* históricos se dice que fue la conversación que tuvo Bodhidharma, el primer patriarca del budismo Zen, con el emperador chino Xiao Yan, de la dinastía Liang. Está recopilado como el primer *koan* de *Crónicas del Acantilado Azul* (*The Blue Cliff Record*) (Cleary y Cleary, 1977; Broughton, 1999). La anécdota la hemos descrito en el capítulo 13 al hablar del Zen: en ella, Bodhidharma confronta al emperador sobre la inutilidad de las obras meritorias como construir estupas o diseminar la doctrina.

Como primer patriarca del budismo Zen, Boddhidharma ejerció una gran influencia en esta escuela, y toda su vida es una continua anécdota que sirve de enseñanza a sus seguidores. Pero la anécdota más representativa de la severidad de Bodhidharma es la muestra de fe y lealtad que su discípulo Dazu

Huike, quien sería luego su sucesor y el segundo patriarca Zen, le mostró. Este diálogo es un gran *koan* y una enseñanza clásica en el Zen (Keizan Zenji, 2006). Aunque ya la hemos descrito en el capítulo 18 al hablar del *awareness*, volvemos a repetirla por su importancia. Bodhidharma, el maestro de Dazu Huike, pese a que este llevaba varios días a la intemperie fuera de su cueva en pleno invierno, mendigando enseñanzas, se negó a dirigirle la palabra e instruirlo en el budismo. Huike se cercenó su propio brazo y se lo ofreció como prueba de su compromiso por obtener la Iluminación. Implorando, el discípulo le dijo (Borges y Jurado, 1997; Keizan Zenji, 2006):

–No hay tranquilidad en mi mente: hazme la merced de pacifi-carla.

   –Muéstrame tu mente y te daré paz –contestó Bodhidharma.

   –Cuando busco mi mente no doy con ella –replicó Huike.

   –Bien –finalizó Bodhidharma– ya estás en paz.

Desde su concepción, a partir del siglo VII, el *koan* adquiere una gran popularidad. «El *koan* estuvo en boga hacia finales del siglo IX» (Suzuki, 1986). Su amplia difusión permitió que el Zen fuese conocido por todas las regiones de China. Su aspecto práctico hace de la Iluminación algo más accesible, y los ilustres nombres que contienen sus historias mantienen un registro de los antiguos maestros y sus hazañas. El *koan* surge como un salvador del budismo Zen, según Suzuki (1986), en un momento histórico en el que corría el peligro de desaparecer por completo.

   La popularidad del *koan* llegó a Japón junto con Kigen Dogen Zenji, el fundador de la escuela Soto del Zen japonés. En el año 1127 (Cleary y Cleary, 1977), tras varios años de estudio en China, Dogen se topó con una antología de *koan*, los cuales tradujo al japonés en una sola noche y llevó de regreso a Japón. A partir de ese momento, el budismo, sobre todo de la escuela Zen, penetró en la vida de los japoneses no solo como doctrina religiosa, sino también como un elemento presente en casi todos los aspectos de su cotidianidad: la ceremonia del té, el ikebana, los jardines zen, el manejo del arco o la espada son solo algunos de los ejemplos de esta asimilación. La escuela Rinzai de budismo Zen en Japón, originaria del siglo XIII, fue una de las instituciones que más enfatizaron el uso del *koan* como el medio principal para acceder a la Iluminación.

Vigente en la actualidad, esta escuela mantiene la práctica del *koan* en uso desde sus inicios, conservando activa la tradición desde que empezó a usarse en el siglo VII. De esta escuela surgen una serie de *koan* más modernos, de concepción japonesa. Hakuin Ekaku (1686-1768) fue uno de sus miembros más ilustres, gran reformador de la escuela Rinzai, y el autor de varios *koan*, entre ellos el *koan* «del sonido de una mano», que se usa actualmente como el primero para entrenar a los novicios. También realizó una clasificación de los *koan* que se sigue aún en la actualidad.

Estructura del *koan*

Para tratar de un tema tan complejo como es la Iluminación, el *koan* tiene una extensión muy breve y se compone de una estructura relativamente simple: pregunta-respuesta.

Su forma parece la de un acertijo, la de un juego. Lo que sentimos después de leerlo «equivale a lo que sentimos al percibir de golpe la respuesta a una adivinanza, la gracia de un chiste o la solución de un problema» (Borges y Jurado, 1997).

El *koan* se puede dividir en dos partes o momentos, la pregunta y la respuesta. Quien hace la pregunta es un ser aquejado por las dudas, pero quien responde es un ser que ha experimentado la Iluminación, el *satori*. La pregunta que conforma la primera mitad del *koan* proviene de un universo conocido. El lenguaje que se emplea es familiar para nosotros, es decir: la pregunta es comprensible. De hecho, la duda que aqueja al alumno es perfectamente capaz de aquejarnos a nosotros también. ¿Quién es el Buda? ¿Cuál es la verdad última de los textos sagrados? ¿Por qué viajó Bodhidharma a China? ¿Qué es la Iluminación? Entendemos la pregunta porque podríamos realizarla nosotros mismos. Utiliza el mismo lenguaje que manejamos todos los días. Podríamos llamar a esta primera parte del *koan*, la pregunta, «el primer lenguaje».

Pero la respuesta se expresa con un lenguaje que nos es absolutamente desconocido. Pertenece a lo irracional, a lo incomprensible y, más allá de todo eso, excede la comprensión humana habitual. La primera vez que lo observamos da la impresión de que la respuesta, generalmente de un maestro o de alguien que alcanza en ese momento la Iluminación, es un disparate y que el Zen no es más que un juego de palabras absurdo. Pero lo que ocurre es que la respuesta obedece a otro sistema de pensamiento; es lo que podríamos llamar «el segundo lenguaje».

El primer lenguaje no sirve para contestar la pregunta, no es un tema de razonamiento lógico ni de inconsciente, no se soluciona con la fe. Requiere una apertura de la consciencia no intelectual. «Al observar el *koan* advertimos, inmediatamente, que no hay lugar para una interpretación intelectual. El cuchillo no es lo bastante afilado para permitir cortar el *koan* y que deje ver cuál es su contenido» (Suzuki, 1986). El *koan* aparece como un conflicto irreconciliable, porque no existe una comunicación entre el primer lenguaje y el segundo lenguaje.

En este lugar no existe la dualidad ni la no-dualidad. «Esta soledad es una soledad absoluta, en la que no hay contraste dualista de ser y no ser» (Suzuki, 1986). A esta zona la podríamos denominar como la tercera instancia, y nos referimos a lo que hasta ahora hemos definido como «iluminación». Esta experiencia tiene dos características esenciales:

- La soledad con la que se enfrenta: uno de los fines del budismo es la deconstrucción del yo.
- Lo inefable, que impide describir exactamente en qué consiste lo que acabamos de experimentar cuando regresamos al mundo normal, ya que el lenguaje se queda corto para relatar la Iluminación. «Quienes lo experimentaron no saben qué hacer para explicarlo coherente o lógicamente. Cuando se explica, con palabras o gestos, su contenido sufre, en mayor o en menor medida, una mutilación» (Suzuki, 1986). Una vez que se realiza el salto conceptual, la pregunta y la respuesta se vuelven inútiles; el *koan* se desecha apenas cumple con su uso. La clave no reside en satisfacer las necesidades banales del primer lenguaje o en comprender los misterios insondables del segundo lenguaje, sino en poder llegar

a la tercera instancia, la Iluminación. «Pero, una vez resuelto, el *koan* se compara a un pedazo de ladrillo que se
emplea para golpear una puerta; cuando se abre la puerta, el ladrillo se tira» (Suzuki, 1986). Este hecho es muy
similar a lo que expresa el Buda con la metáfora de «la
balsa» (*Majjhima Nikaya I*):

Un día el Buda comentó a sus discípulos:

«Oh, monjes. Un hombre está de viaje y llega a una enorme extensión de agua. En este lado, la orilla es peligrosa,
pero en la otra se está a salvo y sin peligro. No hay ningún
barco que lleve a la otra orilla y tampoco hay puente para
cruzar. El hombre piensa que sería bueno construir una balsa. Así lo hace, y con ella consigue pasar al otro lado, al lugar
seguro. Una vez allí, piensa que la balsa ha sido de gran ayuda para él porque le ha permitido cruzar al otro lado. Por tanto, considera que sería bueno llevarla siempre encima, bien
sea en la cabeza o a la espalda.

¿Qué pensaríais, oh monjes, si el hombre actuara de este
modo? ¿Consideraríais que actuaba correctamente? No, señor. Entonces, ¿de qué forma actuaría correctamente respecto a la balsa? Actuaría correctamente si pensase que la balsa le ha sido muy útil para alcanzar un lugar seguro, pero,
ahora, tendría que dejarla en la orilla y seguir su camino.
De igual manera, oh monjes, he enseñado una doctrina que
es como una balsa para atravesar el río y llegar a la otra orilla del sufrimiento. Pero deberíais evitar el apego a la balsa,
a la doctrina.

Características de los *koan*

Hay dos elementos imprescindibles en el *koan*:

- La tensión: proviene de la duda. La tensión a la que se somete el individuo debe tener una cualidad imprescindible: encontrarse al límite de la tolerancia de la que el ser humano es capaz. Cuando leemos un *koan* parecería que la pregunta se le acaba de ocurrir al alumno ese mismo día, pero han tenido que pasar duros y largos meses o años para poder encontrar esa duda, aquella que no le permite continuar en su camino espiritual y que le atormenta. Generalmente, la entrevista con el maestro se da cuando el estudiante se ha topado con un callejón sin salida, un verdadero *impasse* que no es capaz de sobrepasar por sí mismo. Muchos han encontrado las puertas del maestro cerradas, porque estos juzgan que su momento todavía no es propicio, que la tensión no es suficiente. Recordemos el caso de Huike, amputándose su propio brazo ante el impávido Bodhidharma.
- El corte: es la Iluminación. El maestro ofrece al estudiante la hoja desnuda ante sus ojos, «al estudiante del Zen se le da el elemento cortante bajo la forma del *koan*» (Suzuki, 1986). El corte no puede ser cualquiera y no todo *koan* es apropiado para cada tensión que se le aproxima. Es el trabajo del maestro no solo intuir el momento preciso en que el discípulo está preparado, sino elegir la respuesta más apropiada. Por eso, Hakuin rea-

lizó una clasificación de los *koan* y cada maestro adapta la secuencia y el paso a cada discípulo según sus características.

Un tercer elemento necesario es la inmediatez. «El *satori* llega abruptamente y es una experiencia momentánea. De hecho, si no es abrupto y momentáneo, no es *satori*» (Suzuki, 1986). Este elemento ineludible es la conclusión final de la tríada que compone el *koan* (lenguaje primero, lenguaje segundo e instancia tercera). La Iluminación del *satori* es una experiencia momentánea, dura un instante. «[La Iluminación] es algo que debe ser experimentado personalmente por nosotros, y que el mero oír acerca de ella no nos ayuda a penetrar en la naturaleza verdadera de la realidad misma» (Suzuki, 1986).

Clasificación de los *koan*
(Watts, 2004; Hori, 2005; Besserman, 2011)

Hakuin utilizaba una clasificación de los *koan* en 5 grupos:

1. *Hosshin* o *koan* cuerpo del *dharma*. Eran utilizados para el primer despertar en el vacío. Revelan el *dharmakaya* o cuerpo del *dharma* del Buda, es decir, lo fundamental. Introducen lo Indiferenciado y lo Incondicional. Es la puerta de entrada del Zen.
2. *Kikan* o *koan* de acción dinámica o «barrera de la astucia». Ayudan a comprender el mundo fenoménico desde el punto de vista del despertar. Los *hosshin koan* representan la sus-

tancia de lo que hay que comprender, los *kikan koan* representan la función, la forma de comprenderlo.

3. *Gonsen* o *koan* de la «investigación sobre las palabras». Ayudan a la comprensión de las palabras de los antiguos maestros tal y como han sido transmitidas. Representan lo Fundamental; pese a que la Iluminación no depende de las palabras, el *Dharma* que orienta hacia ella es aun así transmitido con palabras, pero sin quedarse atrapado en ellas.

4. *Hachi Nanto* u ocho *koan* «difíciles de pasar». Existen varias explicaciones para estos *koan*. Una es que cortan todo apego a lo comprendido hasta ese momento, generando una Gran Duda, más profunda que las habituales, que rompe en añicos el yo creado a través del *satori*. Hori (2005) ofrece varias fuentes y contabiliza diez *koan* en este grupo.

5. *Goi jujuki* o Los Cinco Rangos de Tozan y los Diez Preceptos Importantes. El inventor de este esquema fue T'ung shan (807-869), pero surge de los contactos del Zen con la Escuela Hua-yen japonesa, y se vincula muy estrechamente con el *Dharmadhatu* o el *Avatamsaka* hindú. A los Rangos, generalmente, se les representa basándose en las posiciones relativas de señor y siervo o de anfitrión y huésped, que simbolizan, respectivamente, el «principio» subyacente (*li*) y «cosas-sucesos» (*shih*) (Watts, 2004).

Así tenemos:

1. El señor mira desde arriba al siervo.
2. El siervo mira desde abajo al señor.
3. El señor.

4. El siervo.

5. El señor y el siervo conversan juntos.

En otras palabras, el Zen considera el Universo, el *Dharmadhatu*, desde varios puntos de vista igualmente válidos: como múltiple, como uno, como al mismo tiempo uno y múltiple, y como ni uno ni múltiple. Pero la posición final del Zen es que no se aferra a ningún punto de vista como tal, sino que es capaz de adoptar cualquier punto de vista de acuerdo con las circunstancias (Watts, 2004).

En otro orden de cosas, la formación también implica un estudio de los preceptos budistas y de las reglas de la vida del monje *(vinaya)* a la luz del Zen. Normalmente, este entrenamiento lleva unos 30 años. La mayoría de los monjes Zen no lo cursan de forma completa, solo aquellos que van a recibir el «sello de aprobación» de su maestro, para convertirse en maestros que podrán enseñar el Zen a los demás (Watts, 2004). El énfasis de Hakuin en la práctica del *koan* tuvo una gran influencia en la escuela Zen rinzai. Su papel fue la selección de los *koan* y el desarrollo de algunos de ellos, como el del «sonido de una mano», que se menciona más adelante.

Cómo se usan los *koan*

El más famoso de todos los *koan* fue descrito por Hakuin Ekaku. Es el que se usa como primer *koan* que se ofrece a los novicios. Es:

Conoces el sonido de dos manos cuando aplauden,
pero, dime, ¿cuál es el sonido de una sola mano?

Hakuin prefería este nuevo *koan*, «el sonido de una mano», sobre el que era clásico en la tradición china, el «*koan* Mu», porque generaba una mayor duda y remarcaba que «su superioridad sobre los antiguos métodos era como la diferencia entre la nube y el barro» (Suzuki, 1986). Anteriormente a Hakuin y a este *koan*, el que se usaba para los novicios era el *koan* Mu, también llamado «el perro de Joshu», que figura el primero en la antología de *koan La puerta sin puerta* (Yamada, 2004):

Un monje le preguntó a Joshu (un maestro zen chino) de forma sincera:

−¿Tiene un perro la naturaleza del Buda o no?

Joshu contesto: «Wu» (en japonés Mu). «No».

Analicemos este *koan*: *mu* equivale al ideograma que representa la palabra «nada» o «vacío», pero también equivale al sonido, en japonés, que hace el perro al ladrar. Cuando un monje indagó sobre esta respuesta, su maestro le respondió: «Es sencillo, el maestro solo respondió lo que el perro habría dicho». Este *koan* ilustra la profunda conexión que tiene este método con el lenguaje y con los dilemas que este presenta a la hora de expresar la esencia del universo y del ser.

En el sistema desarrollado por los seguidores de Hakuin, los *koan* eran asignados a los estudiantes por su profesor y meditaban sobre ellos. Actualmente, los discípulos suelen «resolver» unos 50 *koan* a lo largo de su formación. Una vez que su intelecto se había roto meditando sobre ellos, tenían que demostrar su comprensión en entrevistas individuales con el maestro. Si este sentía que el estudiante había alcanzado un nivel de comprensión satisfactorio con el *koan*, se le asignaba otro.

La forma en que cada persona trabaja con el *koan* es la forma en la que vive, la forma de enfrentarse con la vida. Si uno es muy racional, empezará pensando sobre el *koan*, intentando entenderlo y racionalizarlo. Si el individuo es más emocional, intentará sentir algo en relación con el *koan*. Uno puede «ver» cosas, notar cómo se le aparece en los sueños, sentir que le acompaña continuamente y verlo en todos los objetos que le rodean, o sentir que es como alguien que le cuida. El *koan* suele ser todas estas cosas, y uno se dice a sí mismo: «¿Esto no puede ser, no?». Hasta que, al final, puede ser.

Hay otras formas de practicar los *koan* más actualizadas. Por ejemplo, en el Pacific Zen Institute (Santa Fe, EE. UU.) y el Rockridge Meditation Community (Oakland, California, EE. UU.), se utiliza una forma muy innovadora. Aparte de la dimensión individual de la práctica, con una conversación privada entre estudiante y maestro, en este centro se celebran reuniones periódicas para discutir el *koan*. Esto permite que el *koan* sea compartido por todos los participantes y que se trabaje en grupo, compartiendo las comprensiones personales entre todos. También incluye pequeñas discusiones grupales, lideradas por alguno de los presentes, sobre la práctica del *koan*.

En cualquier caso, los detalles formales de la disciplina *koan* son uno de los pocos verdaderos secretos que subsisten en el mundo contemplativo, en general, y en la tradición budista, en particular. No hay demasiados datos para hablar de ello, a menos que uno se haya sometido a la enseñanza. Por otra parte, si uno ha recibido este entrenamiento, está obligado a no hablar de él, salvo en forma de generalidades imprecisas. La escuela Rinzai siempre ha prohibido la publicación de respuestas formalmente aceptables de los diferentes *koan*, porque la clave del entrenamiento reside en descubrirlos por uno mismo. Conocer las respuestas sin haberlas descubierto sería como repetirlas como un loro. Sin la ruptura psicológica que supone la búsqueda de la solución, las respuestas aisladas dejan una impresión de simpleza y desencanto. Es bien conocido que quien las da sin sentirlas no podría engañar a un maestro zen competente (Watts, 2004).

Proceso de despertar con el *koan*

Un tema clave es la relación maestro-discípulo en el Zen. En las culturas asiáticas es particularmente sagrada, porque se supone que el maestro es responsable del karma del alumno. Por su parte, se espera que el alumno preste absoluta obediencia y reconozca completa autoridad en el maestro. Ante un monje zen, el *roshi* o maestro se presenta como símbolo de la máxima autoridad patriarcal. Es un hombre de edad avanzada, de aspecto feroz como un tigre, que, vestido formalmente para la entrevista, tiene una enorme presencia y dignidad. Constituye un símbolo de todo cuanto nos infunde el temor de ser espontáneos. La posición básica del Zen es que no tiene nada que decir, nada que enseñar. La verdad del budismo es tan evidente que lo único que se consigue al explicarla es ocultarla. Por tanto, el maestro no «ayuda» al discípulo de ninguna manera, puesto que sería en realidad entorpecer (Watts, 2004).

Pese al secretismo que rodea a los *koan*, los detalles generales han sido magistralmente resumidos por Watts (2004). Insiste en que el *koan* preliminar de tipo *hosshin* busca crear confusión en el estudiante. Los primeros *koan* son, normalmente, «Wu» de Chao-chou, «Una mano» de Hakuin o «La cara original» de Hui-Neng. Todo el mundo sabe que la naturaleza del Buda está «dentro» de nosotros, y que no es necesario ir a buscarla fuera, por lo que a ningún discípulo se le ocurrirá ir a buscarla a la India o en la lectura de cierto sutra. Por el contrario, se le dice que la busque en sí mismo, con toda la energía de su ser, sin abandonar nunca su búsqueda, ni de día ni de noche, realizando *za-zen*, trabajando o comiendo (Watts, 2004). En la primera entrevista con el maestro, este suele decir al discípulo que ha sido aceptado a regañadientes, que descubra su «rostro» o «aspecto original», es decir, su naturaleza verdadera, tal como era antes de que fuera concebido por sus padres; y que vuelva cuando lo haya descubierto, ofreciendo alguna prueba de su hallazgo. Por supuesto, no debe discutir el problema con nadie ni buscar ayuda. Mientras, el «monje principal» le instruye en los rudimentos de la meditación, enseñándole a sentarse y las tareas del monasterio, y alentándole a entrevistarse con el maestro tan pronto como sea posible, para demostrarle la comprensión que ha alcanzado sobre el *koan* (Watts, 2004).

En las primeras entrevistas, el discípulo descubre que el maestro no tiene paciencia para escuchar respuestas filosóficas o, simplemente, verbales; quiere algo concreto, una prueba sólida que pueda mostrar. Con frecuencia, el estudiante empieza por presentar «ejemplos de realidad» como objetos (trozos de roca, hojas y ramas, un bastón), expresiones corporales (sonidos o gritos ininteligibles, gestos de las manos o corporales sin sentido) y todo cuanto puede imaginar. Todo esto es rechazado frontalmente por el maestro, cuando no con violencia verbal, para aumentar la presión. En esos momentos, el discípulo es incapaz de imaginar nada más, y ya no sabe qué hacer.

Por fin, el estudiante alcanza un estado en el que se siente completamente incapaz de resolver el *koan*, completamente estúpido, incapaz de pensar en nada más que el *koan*.

Todo el universo que le rodea, inclusive él mismo, es una enorme duda, con el *koan* como «música de fondo». Todo lo que oye, toca o ve es incomprensible, como «la nada» o «el sonido de una mano». En las entrevistas, lo habitual es que se quede mudo, porque se le han acabado los recursos. Todo el día camina o se queda sentado, consciente de todo lo que pasa a su alrededor, respondiendo mecánicamente a las circunstancias, sin pensar en nada, completamente desconcertado por lo que le rodea.

De pronto, toda la duda y el propio *koan* se vuelven absurdos; incluso el estudiante se siente absurdo: comprende que el *koan* es una pregunta sin ningún sentido. No hay nadie que se haga la pregunta o la conteste. Pero, al mismo tiempo, ese absurdo en que se ha convertido el discípulo puede realizar cualquier actividad del día a día sin sensación de que exista un problema, sin lucha. La razón es que «la mente que busca la mente» o «el yo que busca controlar el yo» han desaparecido. Al maestro le basta con mirar una sola vez al estudiante para saber que ha alcanzado ese estado. En ese momento, los mismos objetos o gestos que antes el discípulo presentaba y eran vacíos, ahora, son respuestas adecuadas, ya que el maestro no observa el objeto, sino el estado de la mente del estudiante.

A partir de ese momento, el *roshi* muestra al discípulo algunos *koan* que exigen proezas imposibles, tanto a nivel del juicio como de la acción. Algunos ejemplos son:

«Saca de tu manga las cuatro divisiones de Tokyo».
«Una niña cruza la calle. ¿Es la hermana menor o la mayor?».
«Detén el sonido de aquella distante campana del templo».
«Apaga esa estrella».
«Haz bailar a las montañas».

Estos *koan* son más «difíciles» que los problemas introductorios fundamentales. Demuestran al discípulo que lo que son problemas para el pensamiento son fácilmente resueltos mediante la acción. Así, un pañuelo de papel deviene en las cuatro divisiones de Tokyo. Y el problema de la hermana menor o mayor se diluye imitando el modo de caminar de la niña. Porque, en términos absolutos, la niña es exclusivamente eso: una niña; «mayor» o «menor» es un relativismo conceptual. Al concluir cada *koan,* el maestro suele pedir al discípulo que seleccione un verso del *Zenri Kushu* (lo describimos al final del capítulo, al hablar de los poemas) que exprese el sentido del *koan* con el que se acaba de trabajar.

La enseñanza *koan* culmina en el estadio de perfecta naturalidad y libertad, tanto en el mundo relativo, el de las relaciones interpersonales en el día a día, como en el absoluto, la visión del vacío. Pero esta libertad no se opone al orden convencional, sino que es una libertad que «sostiene el mundo». Por eso, la fase final del estudio es la relación del Zen con respecto a las reglas de la vida social. Una conducta tiene sentido ético solo cuando es libre, sin compulsión de la razón o de la necesidad.

Ejemplos de *koan* y de colecciones

Hemos visto los dos *koan* más utilizados en la tradición Rinzai: «el *koan* Mu» y «el sonido de una mano». Se dice que existen 1.700 *koan* en total. Las dos mayores colecciones de *koan*, y que constituyen la base de la enseñanza de la escuela Zen rinzai, son:

1. Crónicas del acantilado azul (en chino: *Pi-yen lu*; en japonés: *Hekigan-roku*). Es una colección de 100 historias de maestros zen compiladas por el maestro zen chino Yüan Wu (en japonés: Engo Kokugon) (1063-1135), durante la dinastía Song en el año 1125, quien realiza una pequeña introducción a los *koan*. Él se había basado en la colección «One Hundred Old Cases and Verses» compilada por Xuedou Zhongxian (980-1052), quien había incluido un pequeño poema a modo de clarificación. En la versión española, se añaden comentarios del maestro Dokusho Villalba, primer maestro zen español.

Versión inglesa: Cleary, J.C., Cleary, T. *The Blue Cliff Record*. Boston, Massachusetts: Shambhala Publications, 1977.

Versión española: Villalba D. Hekinganroku. *Crónicas del acantilado azul*. Madrid: Miraguano, 1991.

2. La puerta sin puerta (en chino: *Wu-men kuan*; en japonés: *Mumon-kan*). Es una colección de 48 *koan* compilado en 1228 por el maestro zen chino Wumen Huikai (en japonés: Mumon Ekai) (1183-1260). Cada *koan* está acompañado de un comentario y de un verso escrito por Wumen. Hay que pensar que los maestros zen tienden a no ayudar a sus discípulos, para aumentar la duda. Por eso, los comentarios de Wumen están pensados para confundir (Watts, 2004). Una edición clásica de 1246 por Anwan (también llamado Cheng Ching Chih) incluye un *koan* número 49. El tema habitual de estos *koan* es la indagación y la introspección de la conceptualización dualista. Cada *koan* es el epítome de una o más de las polaridades de la conciencia, que actúan como un obstáculo o barrera para alcanzar la Iluminación. Cinco de los *koan* están relacionados con dichos y acciones de Zhaozhou, y cuatro con Ummon, dos grandes maestros zen.

Versión inglesa: Yamada Koun. *The Gateless Gate*. New York, USA: Wisdom Publications, 2004.

Versión española: Ekai M. *La puerta sin puerta*. Palma de Mallorca: Jose de Olañeta, 2017.

Otras colecciones de *koan* son:

3. La flauta de hierro. Se incluyen 100 de los más desafiantes e iluminadores *koan* desarrollados por los patriarcas chinos de las dinastías Ch'an, T'ang y Sung, junto a comentarios de tres maestros zen que ofrecen su guía para aplicarlos en la vida diaria.

Versión inglesa: Senzaki, Nyogen & Ruth Strout McCandless. *The iron flute: 100 zen koans*.

Versión española: Senzaki, Nyogen & Ruth Strout McCandless. *La flauta de hierro*. Madrid: Editorial Edaf, 2001.

4. Crónicas de la transmisión de la luz (en japonés: Denkoroku). En este libro, los *koan* se refieren a la misma biografía de cada uno de los maestros zen, desde el Buda Sakyamuni hasta el maestro zen del siglo XII Ejyo, discípulo de Dogen. Pueden adoptar la forma de circunstancias individuales referentes a algún maestro, y generalmente fueron recopilados por algún discípulo posterior. Estos *koan* suelen transmitir información concreta sobre la enseñanza del maestro, su trayectoria, su nacimiento y su muerte, así como también algunos diálogos sostenidos por el maestro con discípulos u otras personas. Durante la dinastía Song de China fueron varios los maestros que se dedicaron a recopilar *koan* que consideraban especialmente valiosos para el adiestramiento de los estudiantes. Los maestros también solían añadir al *koan* su propio comentario o poema, simultáneamente un reto y una guía muy importante para sus discípulos.

Versión inglesa: Keizan Zenji. *The record of transmitting the light: zen master Keizan's Denkoroku*. Los Ángeles, USA: Center Publications, 1991.

Versión española: Keizan Zenji. Denkoroku. *Crónicas de la transmisión de la luz*. Barcelona: Kairós, 2006.

A continuación, incluimos algunos ejemplos clásicos de *koan*:

«El rostro original» de Hui-Neng.

Cuando el monje Ming acudió a Hui-Neng, el sexto patriarca, para pedirle instrucción, este le dijo:

«Muéstrame tu rostro original antes de que nacieras».

Tres libras de lino (*The Gateless Gate*, caso 18. Yamada [2004, pág. 89]).

Un monje discípulo pregunta al maestro chan Dongshan (807-869):

–¿Qué es el Buda?

–Tres libras de lino –respondió Dongshan.

El ciprés en el patio (*The Gateless Gate*, caso 37. Yamada [2004, pág. 177]).

Otro monje preguntó al maestro Zhaozhou (778-897):

–¿Por qué Bodhidharma vino desde el oeste?

–El ciprés en el patio.

¿Qué es esto? de Hui-Neng.

Esta pregunta proviene de un encuentro entre el sexto patriarca, Huineng (638-713), y un joven monje, Huaijang, quien se convirtió en uno de sus principales discípulos:

Huaijang entró en la habitación e hizo una reverencia a Huineng. Huineng preguntó:

–¿De dónde vienes?

–Vengo del Monte Sung –respondió Huaijang.

–¿Qué es esto, y cómo ha llegado hasta aquí? –reclamó Huineng.

Huaijang no pudo contestar y se quedó sin palabras. Practicó durante muchos años hasta que comprendió. Entonces fue a ver a Huineng para contarle su descubrimiento.

Huineng le preguntó de nuevo:

—¿Qué es esto?

A lo que Huaijang contestó:

—*Decir que es algo no es la cuestión. Pero aun así se puede cultivar.*

Las tres barreras de Hua-lung (1002-1069) (Watts, 2004): Fueron tres preguntas en forma de *koan* que desarrolló este maestro para seleccionar a los muchos discípulos que venían a estudiar con él. Estas fueron algunas de las respuestas «exitosas» dadas por los discípulos; posteriormente habría que analizarlas en conjunto:

Pregunta 1: Todo el mundo tiene un lugar de nacimiento. ¿Dónde está el tuyo?

Respuesta 1: Esta mañana temprano comí gachas de arroz. Ahora de nuevo tengo hambre.

Pregunta 2: ¿En qué sentido mi mano es como la mano del Buda?

Respuesta 2: Tocando el laúd bajo la luna.

Pregunta 3: ¿En qué sentido mi pie es como el casco de una mula?

Respuesta 3: Cuando la garza blanca se para en la nieve tiene otro color.

Otras herramientas auxiliares:
los *mondos* y los poemas

El mondo o «preguntas y respuestas» es el proceso de enseñanza progresivo que se utiliza en el Zen en ambas escuelas: Soto y Rinzai. El sexto patriarca Hui-Neng, en las últimas instrucciones a sus discípulos, incluye una interesante clave para el desarrollo de este método (Watts, 2004):

Si al interrogarte alguien pregunta por el ser, contéstale con el no ser.

Si pregunta por el no ser, contéstale con el ser.

Si pregunta por el hombre corriente, contesta hablándole del sabio.

Si pregunta por el sabio, contesta hablándole del hombre corriente.

Con este método de opuestos en relación recíproca se produce la comprensión del Camino Intermedio.

A cada pregunta que te haga, contesta hablándole de su opuesto.

La posición final del Zen es que no toma ningún punto de vista especial, y sin embargo es capaz de adoptar cualquier punto de vista de acuerdo con las circunstancias. Como dice Lin-chi (Watts, 2004):

A veces hago abstracción del hombre (es decir, del sujeto), pero no abstraigo las circunstancias (es decir, el objeto).

A veces abstraigo las circunstancias, pero no hago abstracción del hombre.

A veces hago abstracción del hombre y de las circunstancias.
A veces no abstraigo ni al hombre ni a las circunstancias.

Por último, muchos maestros *rinzai*, como herramienta de ayuda para trabajar sobre el *koan*, se referían al *Zenrin Kushu*. Es una antología de unos 5.000 poemas de dos líneas, compilada por Toyo Eicho (1429-1501), cuyos dísticos provienen de muy diversas fuentes chinas: budistas, taoístas, literatura clásica o canciones populares. El objetivo era proporcionar a los monjes un repertorio de versos que les sirviera de fuente de inspiración para culminar la expresión del *koan* que acababan de resolver. De hecho, muchos maestros pedían el verso tan pronto como se les había dado una respuesta adecuada al *koan*.

Crítica a los *koan*

Ningún sistema de enseñanza es perfecto y, por supuesto, el sistema de *koan* ha recibido muchas críticas. Una de ellas es que es un sistema muy «mecanizado» y rígido. Otra es que los discípulos establecen comparaciones entre los grados de perfeccionamiento de cada persona y pueden llegar a competir entre ellos. O, por último, que a la «adjudicación de grados» con la que culmina el proceso se le da un reconocimiento muy formal, lo que «refuerza» el yo.

Práctica: *koan* (según el maestro coreano Kusan, descrito por Stephen Batchelor)

Adopta la postura de meditación. Los ojos pueden estar semiabiertos o cerrados. Realiza algunas respiraciones para calmar la mente. Trae a la mente el *koan* «¿Qué es esto?». Hay diferentes maneras de meditar con el *koan*:

1. La más sencilla es hacer la pregunta en combinación con la respiración. Inspiras y, al espirar, preguntas *¿Qué es esto?*
2. El maestro Kusan solía sugerir hacer la pregunta como si fuera un círculo. Empiezas con *¿Qué es esto?* y tan pronto terminas una pregunta empiezas otro *¿Qué es esto?*
3. Otro sistema es hacer la pregunta solo una vez y permanecer durante un rato con la sensación de cuestionar. En cuanto se desvanece, preguntas una vez más, quedándote con la intensa sensación de interrogación, hasta que se vuelve a disipar. Hay que tener mucho cuidado de no preguntar con un enfoque exclusivamente intelectual. Normalmente se recomienda hacer la pregunta como si viniera del abdomen o incluso de los dedos de los pies. Necesitas llevar la energía abajo y no apretarla como un nudo en la mente. Si la pregunta te hace sentir agitado, especulativo o confundido, cambia a la práctica de la respiración durante un rato, para luego volver a la pregunta.

Ten en cuenta que no estás intentando encontrar una respuesta, sino que te estás entregando en cuerpo y alma al hecho de preguntar, intentando volverte uno con la pregunta. La respuesta está en la interrogación misma, que es la parte importante del *koan*.

¿*Koans* en el cristianismo?

David Loy (1997) ha descrito la enorme semajanza entre la vision del libro *La nube del no saber* (Anónimo, 2016) escrito por un monje inglés cristiano anónimo del siglo xiv y la tradición *koan* japonesa que, obviamente, no pudo conocer. Su autor recomienda usar una palabra de una sola sílaba, como «God» o «love» (ya que el autor escribe originalmente en inglés), y repetirla continuamente en nuestro interior hasta que nos lleve a la experiencia de Dios. Para Loy, el hecho de que el *koan* sea monosilábico y se conecte con la respiración, como el *koan* *mu*, es esencial y considera que los paralelismos entre ambas aproximaciones espirituales son enormes (Loy, 1997).

Práctica del *koan* Mu
(según el maestro David Loy, tomado de un retiro)

Adopta la postura de meditación. Tras varias respiraciones conscientes ve entrando progresivamente en contacto con *mu*. No se trata de obtener una respuesta y mucho menos algo racional. Durante la espiración, que como siempre en la meditación es natural y sin forzar, pronuncia mentalmente «Muuuuuuuuu» de una forma profunda, con sonido grave, acompasando a la respiración. Mientras inspiras solamente observa la mente, sin generar nada en ella. Y vuelve a espirar produciendo mentalmente «Muuuuuu». No busques nada, no esperes nada, no hay nada que obtener. No caigas en la dualidad de esperar un fin, céntrate en lo que estás haciendo ahora.

Lo ideal sería hacerlo en un retiro y tendría que ser la única practica. No solo durante la meditación formal, sino mientras comes, andas, haces la cama o realizas cualquier otra actividad.

Si el retiro es de 7 a 10 días, con práctica intensa y con experiencia meditative previa, se observan tres fases:

1. PRIMERA: intentas focalizarte en Mu y dejas pasar todos los demás fenómenos mentales. Lógicamente, aunque lo intentes, no siempre lo lograrás. En esta etapa hay tres objetos: 1) yo; 2) el sonido *Mu*, y 3) todos los demás objetos mentales.
2. SEGUNDA: tras tiempo de práctica habrás acallado la mente y ya no existen más distracciones. Solo existen entonces dos objetos: 1) yo, y 2) el sonido Mu.
3. TERCERA: la sensación de que tú y *Mu* estáis separados se diluye. El mundo es *Mu*. No hay esfuerzo, no hay nada en que enfocarse, no hay dualidad sujeto-objeto. Ahora solo hay un objeto: El sonido *Mu*. No meditas, es *Mu* quien lo hace. No te lavas, andas o comes, es *Mu* quien lo hace.

24. Meditaciones no-duales del budismo tibetano: *dzogchen* y *mahamudra*

> Todos los fenómenos son como un sueño,
> un espejismo, una burbuja, una sombra,
> una gota de rocío en la mañana,
> el resplandor del relámpago.
> Así es como debes meditar sobre ellos.
>
> *Sutra del Diamante*

Dzogchen. Origen y fuentes

Dzogzchen (que podría traducirse como la Gran Perfección) es, según la escuela Nyingmapa del budismo tibetano y la tradición Bön, religión prebudista tibetana que ha influido en el budismo de esta región, el estado primordial y condición natural de todo ser, una condición no-dual, sin apego ni conceptos. Se considera la enseñanza más importante y profunda de esta escuela.

La escuela Nyngmapa (que podría traducirse como la de los antiguos o la de los ancianos) del budismo tibetano enseña un sistema de 9 *yanas* o vehículos. Tres de ellos constituyen la tradición Sutra, y son los caminos del *sravaka*, del *pratyekabuda* y del *bodhisattva*, y que representan diferentes grados del despertar. Los otros 6 vehículos son de la tradición Tantra, con tres exteriores y tres interiores. La tradición Dzogchen o Atiyoga es considerada la cúspide de todas las enseñanzas. Los ocho *yanas* previos se basan en la conciencia ordinaria (*sem* en tibetano), oscurecida por el pensamiento y las emociones. El *dzogchen* se basa en la pura conciencia clara (*rigpa,* en tibetano). *Dzogchen* también es conocido como el «*yana* sin esfuerzo». Lógicamente, esto no quiere decir que no haya que hacer nada, sino que la práctica más importante consiste en centrarse en *rigpa* como única base, en la mente en sí misma en su estado natural, y esta es una meditación en la que no hace falta realizar ningún esfuerzo.

El *dzogchen* es una enseñanza elevada que solo puede transmitir un maestro competente. El discípulo debe haber realizado los preliminares comunes y especiales, los llamados cienmiles, y estar involucrado en la práctica del *yidam* o divinidad personal. En este capítulo haremos una introducción al *dzogchen*, resumiendo algunos aspectos de su complejidad. Para ello, nos hemos basado, fundamentalmente, en el libro del Dalái Lama (2004) sobre el tema, que sigue el texto de Dodrupchen (2000). También hemos consultado libros de autores de referencia como Namkhai Norbu (1996, 2002), Nyoshul Khempo y Surya Das (1996), Sogyal Rinpoche (1989), Capriles (2000) y Chokyi Nyima Rinpoche (1989).

La mente clara (*rigpa*) como fundamento

Según el budismo tibetano, y como se expresa en el *Madhyamakavatara* (VI, estrofa 89): «Es la mente quien da lugar al despliegue inconmensurable de seres en el mundo, y al mundo que los contiene». También el *Sutra sobre las diez tierras* afirma: «Todos los reinos de la existencia no son más que mente». Pero no se trata de cualquier mente. Todos los fenómenos del samsara y del nirvana son la mente fundamental innata de luz clara, y dichos fenómenos constituyen su luz y su despliegue. Por tanto, hay que permitir a los fenómenos basados en la elaboración conceptual posarse y disolverse en el espacio de la mente fundamental innata de Luz Clara. De hecho, en el momento de la muerte, cuando el estado de luz clara se revela ante nosotros, todas nuestras percepciones de apariencias basadas en la elaboración conceptual se disuelven en la clara luz. Pero como no tenemos la capacidad de permanecer en este estado puro, vuelven a surgir los fenómenos basados en la elaboración conceptual y se produce un nuevo renacimiento. Este proceso está descrito en el *Guhyasamaja Tantra*. El pensamiento conceptual, base de la mente ordinaria, está interpenetrado por la mente fundamental, aunque no podamos percibirlo. Aunque el hielo pueda parecer sólido, no pierde la naturaleza del agua. Dice Dodrupchen Jikme Tenpa Nyima: «Una semilla de sésamo está impregnada de su propio aceite» (Dodrupchen, 2000).

A *rigpa* se le ha denominada también *dharmakaya*, uno de los cuerpos del Buda. De la misma forma, nuestra conciencia clara se llama también la Luz Clara Hija, que está deseando fusionarse con la conciencia universal, también denominada la Luz Clara Madre. Esta enseñanza es muy profunda, porque cuando puedes identificar la Luz Clara que penetra los estados burdos de conciencia, incluso cuando las seis conciencias (la mente y los cinco sentidos) estén funcionando intensamente, puedes conectar con los aspectos sutiles de la luz clara y meditar centrado solo en este aspecto. De esta forma, la experiencia de Luz Clara se profundiza y el pensamiento dualista se disipa. La dificultad radica en diferenciar la mente ordinaria de la pura conciencia clara. Aunque la teoría parece sencilla, la mente ordinaria está confundida por el lenguaje, mientras que la mente clara no participa de esta confusión. Sin embargo, nuestro engreimiento, como dice Dodrupchen, puede hacer que meditemos, no en *rigpa*, sino en las claras y vacuas cualidades de la mente ordinaria.

Dzogchen se desarrolla por:

- La visión: es un estado de reposo imperturbable, inamovible, como una montaña.
- La meditación: es un estado de reposo imperturbable como un océano, en el que, por muchas olas que existan en la superficie, su profundidad permanece tranquila. Una vez que tengas la vivencia, la atención a *rigpa* es natural, igual que el sol irradia luz. No exige esfuerzo de la conciencia ordinaria.
- La acción: es un estado de reposo imperturbable frente a las percepciones. Si no te dejas atrapar por los objetos sensoriales, no hay proliferación mental. De esta forma, tus acciones no estarán basadas en el apego y el rechazo, por lo que no habrá esperanza ni miedo.

Una característica clave del *dzogchen* es que no utiliza los niveles más burdos de la mente, como los pensamientos discursivos o conceptuales, sino que, desde el principio, se manifiesta una vivencia clara y desnuda de la Luz Clara.

¿Cómo encontrar *rigpa*?

Los tres pasos que hay que realizar son los siguientes:

1. Obtener la visión de *rigpa* (la visión). Para ello:

- **Relaja y deja la mente:** la agitación, producida por las ondas del pensamiento ilusorio que persiguen los objetos de percepción, vela y oscurece el verdadero rostro de la naturaleza de la mente. Entre tanto pensamiento positivo y negativo es difícil ver la naturaleza de la mente; es como identificar a una persona concreta en una multitud. Ahora bien, eso no puede conseguirse «manipulando la mente», concentrándose, por ejemplo, dado que la luz clara es sin manipulación; por tanto, la mente tiene que estar «ni dispersa, ni concentrada, sino libre de pensamiento».

- **Romper la felicidad:** con la práctica, puede conseguirse que la mente descanse sin moverse, que repose naturalmente en sí misma y que permanezca así (sería el tercer nivel de la naturaleza de la mente, como explicamos en el anexo final del libro). Pero resulta imposible no quedarse prendado de las múltiples experiencias agradables que surgen: «la felicidad», «la claridad», la «no conceptualización». Esos estados provocan apego, aunque más sutil que el de los objetos sensoriales burdos, y nos impiden conocer *rigpa*. Para evitarlo, se emite el sonido «PAT» de forma fuerte, fiera y abrupta, y sobre todo repentinamente. PAT es la unión de PA, la sílaba de los medios hábiles, que concentra y unifica, y T, la sílaba de la sabiduría, que ataja. Tienes que producir sorpresa en tu mente, de manera que quede un hueco entre un pensamiento y el siguiente. Así puede verse la sabiduría innata e indefinible que está por encima de cualquier cesación o emergencia, más allá del existir o no existir.

Rigpa es la visión absoluta, libre de toda elaboración. Es darte cuenta de que todos los fenómenos son el despliegue de *rigpa*, solo existen como resultado de los conceptos y de haber sido etiquetados como tales (Dodrupchen, 2000; Dalái Lama, 1997). Si no has tenido la visión, no puedes meditar sobre ella. Por tanto, toda práctica que realices será solo una meditación elaborada por la mente ordinaria. Este proceso de que te presenten a *rigpa* solo puede hacerlo un maestro con experiencia genuina y que se encuentre con un discípulo entregado, todo lo cual no es nada fácil. De esta forma, eliminarías todos los preliminares del *dzogchen*. Si no encuentras este maestro, tienes que examinar el surgimiento, permanencia y cese de los pensamientos, que conducen a la revelación del «fallo oculto de la mente». Examinar estos tres aspectos es uno de los preliminares del *dzogchen,* si no se ha podido tener la visión directa gracias a un maestro (Dodrupchen, 2000).

2. Decidir acerca de una cosa y solo una (la meditación): una vez que te han presentado a *rigpa*, la forma de mantener dicha experiencia es el proceso de meditación. Ahora, cuando medites, no tienes que preocuparte de qué pensamientos surgen en tu mente. Ya no tienes que reaccionar ante ellos, promocionando unos o eliminando otros. Si surgen pensamientos y emociones, lo hacen en el espacio de la mente primordial, y si cesan, también ocurre en ese espacio. La actividad pensante de la mente genera las emociones negativas, como el enfado o el apego, que constituyen el origen del sufrimiento; o de sensaciones como la felicidad o la tristeza, que son la verdad del sufrimiento. Mientras mantengas el estado natural de *rigpa*, ningún pensamiento o emoción representa una amenaza.

Milarepa (1052-1135), yogui y poeta tibetano de la escuela Kagyu del budismo Vajrayana, considerado el místico tibetano más importante, en uno de sus cantos habla de que las nubes surgen en el cielo y se disuelven luego en su inmensidad. Otros ejemplos son el hielo que se disuelve en el agua o el agua que se enturbia cuando la agitas, pero que se clarifica cuando reposa. Si los pensamientos y emociones surgen o aparecen en *rigpa*, simplemente se desvanecen. La clave es que la mente no se aferre a las cosas como si tuviesen una existencia real, ya que eso es la ignorancia, que constituye la primera de las 12 causas del surgimiento interdependiente.

Cuando en la meditación surgen vivencias de felicidad, claridad o no conceptualización, ocultan el rostro de tu naturaleza real. Hay que liberarse de ese capuchón. Se dice que (Dalái Lama, 2004):

Cuanto más se interrumpa,
mejor será la meditación de un yogui.
Cuanto mayor sea la altura desde la que se precipita,
mayor será la fuerza de la cascada.

¿Cómo se interrumpe? Con una potente exclamación de la sílaba PAT. De esta forma, siempre anclado en *rigpa*, no existe diferencia entre los periodos de meditación y no meditación. Así, no
existe nada sobre lo que meditar, ni el más mínimo instante de
distracción. Ni se medita, ni se está separado de la meditación.
No hay nadie que medite. Sin embargo, los que caen en las garras del pensamiento ilusorio tienen que alcanzar la estabilidad
mediante «pasos progresivos». Para ello, hay que meditar alejados de toda distracción y preocupación, es decir, alejado del
mundo. De lo contrario, en cuanto te reúnas con gente y un pensamiento discursivo te arrastre, volverás a hundirte en el mundo
ordinario. Debido a la tremenda fuerza de nuestros condicionamientos anteriores, volverás a caer en el apego y el rechazo.

3. Liberarse de los pensamientos que surgen (la acción): si
tu meditación solo consiste en relajarte en la serenidad de la
mente, eso no te permitirá superar tu apego ni tu ira, ni podrás
poner fin al karma. Los momentos que demuestran la fuerza
de *rigpa* son cuando surge un gran apego a un objeto de deseo,
cuando existe una intensa ira a un objeto de rechazo, cuando te
sientes satisfecho por las circunstancias materiales favorables,
o cuando estás afligido por el entorno desfavorable.

Un aspecto clave es la liberación de los pensamientos en el
mismo momento en que surgen, para que no dejen ninguna hue

lla en la mente y no den origen a proliferación y a más karma samsárico. No basta con reconocerlos inmediatamente, sino que no hay que dejar que un pensamiento prolifere en un revoltijo de ilusiones inútiles, ni tampoco aplicar una atención pobre. Hay que reconocer la naturaleza irreal de cada pensamiento como una manifestación de *rigpa,* y alimentar esa «liberación instantánea» que no deja huella. La metáfora sería como cuando se escribe en la superficie del agua: cuando se dibuja la segunda letra, ya ha desaparecido la primera. De esta manera, todo pensamiento, por burdo que sea, es el aprendizaje que refuerza *rigpa*. No habrá diferencia entre la mente en calma y la mente en movimiento.

Se dice que la clave es que los pensamientos se liberan. Para una persona corriente, un pensamiento es algo sólido en lo que complacerse (si es positivo), o que hay que reprimir (si es negativo), lo que genera apego y rechazo y más karma. Para el practicante de *dzogchen,* se liberan en el instante en que surgen. Y se dice que hay tres formas de liberarse que cambian conforme avanza la práctica (Dalái Lama, 2004):

- Al principio, los pensamientos que se presentan se liberan en cuanto son reconocidos, como quien se encuentra con un viejo amigo.
- En el medio, los pensamientos se liberan por sí mismos, como una serpiente desenroscándose ella misma.
- Al final, los pensamientos se liberan sin aportar oficio ni beneficio, como un ladrón que entrase en una casa vacía.

La tercera forma se considera la más completa. Se alcanza un estado que no exige esfuerzo, sin nada que obtener ni nada que hacer. Cuando se adquiere la sabiduría de *rigpa*, todos los pensamientos y emociones, las visiones en la meditación o cualquier experiencia de la vida cotidiana, tiene «un solo sabor», el sabor de *rigpa*. Por el contrario, si se medita sin liberar los pensamientos, solamente quedándose enganchado al placer asociado a la inactividad mental, no hay diferencia con las personas que no meditan y viven presas de sus mentes discursivas. Se desequilibrarán ante la primera adversidad que les surja en la vida.

El texto raíz

En uno de los textos raíz del *dzogchen*, «La enseñanza especial de Rey sabio y glorioso» (Dalái Lama, 2004) se describen estos tres pasos minuciosamente:

> Tres palabras dan en la diana del elemento crucial:
>   primero relaja y deja tu mente.
>   Ni dispersa ni concentrada. Libre de pensamientos.
>   Permanece en ese estado de equilibrio relajado y cómodo.
>   Repentinamente emite un tremendo ¡PAT! aniquilador mental.
>   Fiero, fuerte y abrupto. ¡Sorprendente!
>   No hay nada: es absolutamente sorprendente.
>   Sorprendentemente conmovedor y, sin embargo, todo es claro y transparente.
>   Fresco, puro y repentino, por encima de toda descripción.
>   Reconócelo como la pura conciencia clara del *dharmakaya*.
>   El primer elemento crucial es: la presentación directa del rostro de *rigpa*.

Luego, sea en el movimiento o la tranquilidad,

en la ira o en el apego, en la felicidad o en la tristeza,

en todo momento y lugar,

reconoce el *dharmakaya* que reconociste antes,

y la Luz Clara, madre e hija que ya se conocen vuelven a encontrarse.

Establécete en el aspecto de conciencia clara por encima de toda descripción,

serenidad y bienestar, claridad y pensamiento; interrúmpelos una y otra vez,

golpeando repentinamente con la sílaba de los medios hábiles y la sabiduría (PAT),

sin diferencia entre meditación y postmeditación,

sin división entre sesiones y pausas.

Permanece siempre en ese estado indivisible.

Pero, hasta que adquieras la estabilidad,

es crucial meditar alejado de toda distracción y actividad,

dividiendo la meditación en sesiones formales.

En todo momento y lugar,

establécete en la corriente de lo que es simplemente *dharmakaya*.

Decide con una convicción absoluta que no existe nada aparte de esto.

El segundo elemento crucial es: decide acerca de una cosa, solo una.

En momentos así, se trate de apego o aversión, de felicidad o pena,

cualquier pensamiento pasajero, todos y cada uno de ellos,

no deja huella alguna en este reconocimiento.

Reconoce el *dharmakaya* (*rigpa*) en el que se liberan,

y exactamente cómo se desvanece lo que escribes en el agua,

emergencia y liberación se convierten en naturales y continuas.

Y, surja lo que surja, sirva de sustento a la vacuidad desnuda de *rigpa*.

Todo lo que se remueve en la mente es el poder inherente del rey del *dharmakaya*.

Sin dejar huella, innato y puro. ¡Qué alegría!

Aunque las cosas sigan emergiendo como antes,

la diferencia estriba en cómo se liberan: he aquí la clave.

Sin ella, la meditación no es más que un camino de confusión.

Con ello, incluso sin meditar, el estado de *dharmakaya* está presente.

El tercer elemento crucial es: confianza directa en la liberación de los pensamientos que emergen.

Práctica: escribir en el agua

Adopta una postura cómoda. Anclado en la respiración observa solo los pensamientos. Al inicio, observa el proceso por el que aparecen, se mantienen unos pocos segundos y luego desaparecen, sin esfuerzo, sin que los rechaces o quieras que desaparezcan. Posteriormente, libéralos mientras emergen. Desarrolla la sensación de que estás escribiendo en el agua, de que se disuelven automáticamente en el mismo momento en que se generan y que, por tanto, no tienen sustancia.

El *mahamudra*

Enseñanzas similares a *dzogchen* se encuentran en las otras escuelas del budismo tibetano. Nosotros nos centraremos en el *mahamudra*, dentro de la tradición Kagyu, que podría traducirse como «la de la transmisión oral». En ella, la enseñanza más importante es el *mahamudra* o «El gran sello». Es la vivencia de la mente fundamental innata, también llamada Luz Clara. En los «seis preceptos» de Tilopa se encuentra una doctrina que recuerda al Zen por la importancia que concede a lo natural e inmediato (Dalái Lama, 2004):

> Nada de pensamiento, nada de reflexión, nada de análisis,
> nada de cultivarse, nada de intención:
> deja que se resuelva solo.

Uno de los textos más elaborados que presenta la práctica del *mahamudra* es el de Dakpo Tashi Namgyal (1993):

> «Todo lo que nos rodea posee una existencia pura que no nece
> sita ser interpretada. Si tomamos como ejemplo el agua, nosotros solo vemos «el agua para algo»: para lavarse, para beber, para regar, para cocinar, etcétera. Pero nunca nos relacionamos con ella como es, en su naturaleza misma, es decir, simplemente agua. Esta es una experiencia más profunda. Lo mismo ocurre con la mente: más allá de la mente común implicada en emociones como el amor o el odio, que distingue entre lo malo y lo bueno, que está continuamente en diálogo consigo misma, se encuentra el espíritu primordial libre de todas estas fabricacio-

nes. Con esa base del *mahamudra* es con lo que debemos contactar».

El camino del *mahamudra* está constituido por cuatro yogas (Gyetrul Jigme Rinpoche, 2003):

1. Concentración en un punto (*tse chig*): todas las cosas o situaciones, independientemente de su complejidad, pueden ser reducidas a una. Para ello, se trabaja con *samatha* y, avanzando en esta meditación, se llega a la inmovilidad. Esta inmovilidad genera más inmovilidad y, así, se llega a la distensión. Se evita la dispersión y la mente se concentra, inmóvil, en un solo punto. Así se eliminan todos los juegos y todas las actividades superfluas de la mente.

2. Libre de fabricación (*chödrel*) o simplicidad: si la atención permanece en un objeto único, se simplifican mucho las cosas. Podemos permanecer en calma de forma simple y elemental. Esto sería *vipassana*, poder ver cómo son realmente las cosas, al eliminar el filtro de la interpretación personal. Ver las situaciones ordinarias como realmente son es un hecho extraordinario. Esta simplicidad se acompaña de un sentimiento de alegría. Tanto los fenómenos mentales como los externos surgen, permanecen y se disuelven de forma espontánea; por eso se dicen que «están vacíos». El meditador no queda ya fijado en las apariencias o en la vacuidad. La forma es el vacío y el vacío es la forma.

3. Sabor único (*rochig*): lo que vemos y lo que vivimos no están separados. El objeto, el espejo y su reflejo, se hacen uno. El sabor dulce y el salado ya no son válidos. Las apa-

riencias y la vacuidad, el samsara y el nirvana se funden en un sabor único.

4. No meditación (*gonme*): el meditador y la meditación se han hecho uno, ya no hay nada que meditar y ya no hay esfuerzo. La Clara Luz Hija vuelve finalmente a los brazos de la Clara Luz Madre. La Clara Luz Madre es la sabiduría primordial que ha estado siempre presente. La Clara Luz Hija es la sabiduría resultante, elaborada a lo largo del camino por medio del ejercicio con las diferentes técnicas de meditación. El producto fabricado se disuelve en la madre, que es el origen de todo.

Práctica: un único sabor

Adopta la postura de meditación.

1. Genera el recuerdo de un sabor agradable y de otro desagradable para ti. Observa las diferencias y, si más allá de la etiqueta respecto al sabor, hay alguna característica que comparten a un nivel más profundo.
2. Genera el recuerdo de un olor agradable y de otro desagradable para ti. Observa las diferencias y si, más allá de la etiqueta respecto al olor, hay alguna característica que comparten a un nivel más profundo.
3. Haz lo mismo con el recuerdo de una imagen agradable y de otra desagradable, un sonido agradable y otro desagradable y una sensación táctil agradable y otra desagradable. Observa las diferencias y si, más allá de la etiqueta, hay alguna característica que comparten a un nivel más profundo.

Haz esta práctica al menos una vez al día en la vida diaria. Acostúmbrate a la sensación de un único sabor, de la ecuanimidad respecto a las sensaciones, ya que es ahí donde se generan el apego y el rechazo.

Kalu Rinpoche y el *mahamudra*

Tuve la suerte de ser discípulo de Kalu Rinpoche (1994; págs. 148-160) quien recomendaba realizar esta meditación en dos pasos:

1. Observar los pensamientos: observa lo que pasa en la mente. Pronto empezarás a notar que surgen pensamientos de la nada, que no tienen sustancialidad y que desaparecen con el siguiente pensamiento o en un estado de torpor. Pregúntate: «Estos pensamientos, ¿vienen de dentro de la mente o de fuera? ¿Vienen de arriba o de abajo, de la derecha o de la izquierda? ¿De qué dirección? Si vienen de dentro, ¿surgen de la cabeza, del estomago o del corazón? ¿Dónde está el pensamiento mientras estás ocupado con él y dónde está cuando dejas de prestarle atención?».

Observa también:

- ¿Los pensamientos son distintos de la mente, son otra cosa? ¿O son lo mismo que la mente, de la misma naturaleza?
- ¿Qué es un pensamiento? Si piensas en tu ciudad de nacimiento, ¿ese pensamiento es la ciudad donde naciste o es un producto de la mente? ¿Ese pensamiento es lo mismo que tu mente? Si piensas en otra ciudad, ¿son dos pensamientos distintos? ¿Son el mismo pensamiento?

Tras meses o años de estar meditando uno puede comprender que:

- Los pensamientos y la mente son lo mismo.
- Los pensamientos surgen de la mente como las olas surgen del océano.
- La mente no tiene tamaño, no está dentro ni fuera del cuerpo, ni forma ni color. Tampoco tiene límites.
- Por tanto, los pensamientos, que son la mente misma, no tienen forma ni color. La claridad de la mente es lo que permite que surjan y, aunque no tienen sustancia, siguen apareciendo porque la mente no produce impedimento a su aparición.

2. Observar la auténtica naturaleza de la mente, su estado natural

En este paso hay que observar:

- la auténtica naturaleza de la mente, sin pensamientos;
- el cambio, es decir, el surgimiento de pensamientos, y
- el *awareness*.

Hay que poder reposar en el estado natural de la mente, observar cuándo aparece el cambio (los pensamientos) y darse cuenta de ese cambio (*awareness*). La meditación es ser consciente del *awareness*. Meditar sin ser consciente del surgimiento de pensamientos es ignorancia. La comparación sería de la mente con el océano y de los pensamientos con las olas. O de la mente con el suelo y de los pensamientos con los árboles. Mente y pensamiento, ¿son lo mismo?

Por último, ¿son el estado natural de la mente, los pensamientos y el *awareness* lo mismo o son diferentes? Si son diferentes, ¿dónde está cada uno de ellos en un momento dado?

Tras meses o años de estar meditando te darás cuenta de que:

- La mente se caracteriza por un estado natural sin pensamientos, en el que no posee tamaño, forma, color.
- La mente es vacía cuando está en su estado natural, sin pensamientos.
- Es vasta: se la compara con el espacio, porque no tiene límites. Pero también puede ser muy pequeña, ya que los insectos también tienen mente. Y lo invade todo como el espacio.
- Cuando aparecen los pensamientos, la mente cambia. De hecho, Kalu Rimpoché dice que el pensamiento es el cambio de la mente. Pero pensamientos y estado natural son la misma mente.
- La clave para la meditación es *awareness*. Si no lo hay, cuando no hay pensamientos es torpor, y cuando los hay son pensamientos. Pero si hay *awareness*, si no hay pensamientos es el estado natural, y si hay pensamientos es meditación. Los tres aspectos son lo mismo. Lo importante y el objeto último de las meditaciones de no-dualidad es el *awareness*. Cuando se alcanza el estado más avanzado de meditación, el *awareness* surge sin esfuerzo.

Cuando medites, no trates de tener buenos pensamientos ni eliminar los negativos; no trates de parar los pensamientos ni los persigas. No quieras comprender cuál es el origen de ellos, ni entenderlos. No quieras apuntar los pensamientos valiosos. Simplemente sé consciente de ellos.

El gran maestro *kagyupa* Tilopa condensaba la enseñanza del *mahamudra* en estas palabras: «No distracción, no plan, no meditación».

- No distracción: conciencia total de la mente en su estado natural. Haya o no pensamientos hay *awareness*, hay atención.
- No plan: no hay nada que hacer, nada que buscar u obtener. Se deja la mente en su estado natural.
- No meditación: no hay pensamientos de malo o bueno, no se fuerza nada, no hay estructura. Es una atención espontánea.

25. Otras meditaciones complementarias para desarrollar no-dualidad

Cuando miro dentro de mí y comprendo que no soy nada, eso es sabiduría.

Cuando miro fuera de mí y comprendo que lo soy todo, eso es sabiduría.

Entre ambas comprensiones discurre mi vida.

Yo soy eso
Nisargadatta

En este capítulo vamos a referir algunas otras prácticas meditativas menos conocidas o utilizadas para la deconstrucción del yo, pero que pueden ser técnicas complementarias muy eficaces. Las hemos dividido en:

- **Técnicas visuales:** 1) meditación con los ojos abiertos en espacio abierto, y 2) efecto *overview* o visión general.

- **Técnicas corporales:** 1) postraciones, 2) yoga de Cachemira, 3) meditación caminando, y 4) otras técnicas mente-cuerpo.
- **Técnicas emocionales:** 1) experiencias «cumbre» y «meseta», 2) terapias, 3) leer vidas de maestros, y 4) ver la dualidad en todo.

Técnicas visuales

1. Meditación con los ojos abiertos en espacio abierto: canon de cognición externa

En las tradiciones contemplativas orientales se medita, mayoritariamente, en lugares cerrados, como templos o cuevas, y con los ojos cerrados, lo que conforma un canon de cognición interno (Sesha, 2015), como se explica en el capítulo 21. Incluso cuando se medita con los ojos abiertos/semiabiertos, como en el budismo Zen, se realiza en un *dojo* cerrado, frecuentemente mirando a la pared. El predominio del canon de cognición interno en la meditación puede ser debido a que, según algunos maestros (Sesha, 2015), al ser humano le resulta más difícil alcanzar la no-dualidad usando el canon externo, por la gran atracción que ejercen sobre nosotros los objetos sensoriales. Otra razón de orden mucho más práctico podría ser la dificultad para usar el canon de cognición externo en comunidades monásticas que viven en espacios cerrados y reducidos, cuya vida diaria se encuentra exhaustivamente reglamentada.

Por el contrario, la meditación con los ojos abiertos o canon de cognición externo, en espacios abiertos, es frecuente en muchas tradiciones chamánicas, como las nativas americanas (Castaneda, 1972), en las que «los hombres de poder» no se agrupan en comunidades, sino que viven de forma aislada. También puede encontrarse en las tradiciones meditativas orientales, pero sobre todo en místicos y anacoretas. Así, Milarepa, el gran místico ermitaño tibetano, utilizaba esta meditación para «descansar la mente» tras días de meditación en cuevas (Preciado Idoeta, 2013).

Si se realiza esta práctica, existe una serie de recomendaciones que se deben tener en cuenta:

- Desarrollarla en el contexto de un retiro: su práctica en la vida normal es muy difícil, porque la mente está atrapada en los objetos cotidianos, y en el canon externo la tendencia a la dispersión es muy grande.
- Alternar con canon interno: igual que en los retiros de mindfulnes o de *zazen* se intercalan prácticas sentadas con otras caminando (*kin hin* en japonés), es útil intercalar ambos cánones, aunque primando el interno.
- Efecto simetría: lo hemos descrito en el capítulo 21. Al final de esta meditación es útil cambiar el canon de cognición mediante simetría, simplemente cerrando los ojos. También a nivel interno vamos a poder experimentar una gran profundidad en la meditación.
- Efecto *overview*: lo describimos a continuación. Para aprovecharlo, se recomienda meditar en paisajes de la naturaleza impactantes, como la cima de una montaña, frente al mar, en un bosque o similar. Y siempre des-

de cierta altura, dominando el paisaje, no a ras de suelo. Milarepa meditaba en las montañas donde se situaban las cuevas en las que meditaba, mirando el valle a gran distancia (Preciado Idoeta, 2013).

**Práctica: meditación con los ojos abiertos
en espacio abierto**

Adopta tu postura de meditación habitual. Los ojos pueden estar completamente abiertos (dejando que parpadeen a su ritmo natural) o semiabiertos (con la máxima apertura que permita que no exista parpadeo). Se recomienda que la mirada esté desenfocada. Aquí el anclaje es multisensorial: predomina la imagen que captan nuestros ojos, pero suele estar acompañada de sonidos naturales (pájaros, viento, agua) y sensaciones táctiles (viento, sol). El efecto conjunto de todos ellos produce una intensa conexión con la naturaleza. Tras realizar una práctica de duración estándar (30 min), puedes permanecer 5 min en canon interno, y producir el efecto simetría cerrando los ojos.

---

2. El efecto *overview* o visión general

«Earthrise» o «salida de la Tierra» es el nombre dado a la fotografía de la NASA (National Aeronautics and Space Administration) NASA A08-14-2383 tomada desde la Luna, el 24 de diciembre de 1968, por el astronauta de la misión Apolo 8 William Anders, y que reproducimos a continuación. En ella se ve la Tierra parcialmente en la sombra, en un primer plano de la superficie lunar. Esta foto se convirtió en mundialmente famosa porque, por primera vez, toda la humanidad, y no solo los astronautas, como hasta ese momento, tenía acceso a una visión de nuestro planeta desde un plano relativo en el conjunto del sistema solar. Aunque el ser humano conoce desde hace siglos que la Tierra no es el centro del universo, como creían nuestros antepasados más lejanos, una imagen de este tipo confronta de forma inmediata y visceral con la pequeñez de nuestro planeta y con la fragilidad de la existencia de nuestra especie. Se puede ver la foto en https://www.nasa.gov/multimedia/imagegallery/image_feature_1249.html

A partir de esta visión, White (1987) describió el denominado «overview effect» (efecto visión general), que define la profunda experiencia emocional producida por la visión de la Tierra desde fuera de su atmósfera. Según este autor, el «overview effect» es una experiencia general que se produce al observar paisajes comunes desde lejos y desde arriba, como ocurre cuando se está en la cima de una montaña. Lógicamente, considera que ver la Tierra desde el espacio es la versión quintaesencial de dicho fenómeno.

Se considera que esta experiencia incluye una serie de componentes (Yaden y cols., 2016):

- **Sobrecogimiento o fervor:** se define como la experiencia de una intensa emoción resultante de observar algo inmenso. Puede ocurrir al contemplar fenómenos naturales, como un tornado o un paisaje de gran belleza, o procesos sociales, como estar ante un gran líder o presenciar una gran manifestación de personas.
- **Autotrascendencia:** es un sentimientos temporal de unidad con disminución de la saliencia o llamada de atención del ego y enormes sentimientos de conexión con la humanidad o con la propia existencia. Este es el componente más importante.

Este efecto explicaría la experiencia trascendental que también describen los alpinistas cuando se encuentran en la cima de los grandes picos, sobre todo los denominados «ocho mil». Y sería la causa de una especie de adicción hacia la montaña, que les impulsa a seguir conquistando nuevas cimas, aun a riesgo de sus vidas y aunque ya hayan sufrido los efectos adversos de la escalada, como amputaciones de dedos de manos y pies. Todas estas experiencias podrían incluirse dentro de las denominadas «experiencias cumbre» (*peak experiences*) descritas por Abraham Maslow (2013) y que también comentaremos posteriormente.

Aunque la NASA ha hecho accesibles de forma gratuita muchas imágenes, no solo de la Luna, sino también de todo el espacio (http://eol.jsc.nasa.gov.), por nuestra experiencia sabemos que produce mayor resultado observar de forma directa un fenómeno natural que el visionado de fotografías, por espectaculares que sean. Por eso, recomendamos hacer esta práctica en una montaña o por la noche mirando a las estrellas, o en cualquier otro entorno natural impactante que tengamos accesible.

Práctica: *overview effect*

Adopta la postura habitual de meditación en un entorno natural impactante, como una montaña u observando las estrellas por la noche. Como en la práctica anterior, los ojos pueden estar completamente abiertos o semiabiertos, y también se recomienda que la mirada esté desenfocada. El anclaje es la imagen que captan nuestros ojos, pero la experiencia también será multisensorial, con sonidos y sensaciones táctiles. Tras realizar una práctica de duración estándar (30 min), puedes permanecer 5 min en canon interno para producir simetría, cerrando los ojos.

Técnicas corporales

1. Postraciones

Dentro del budismo tibetano o Vajrayana, las postraciones constituyen el primero de los Cuatro Preliminares Especiales (en tibetano: *ngon.dro*) y se denomina «Tomando refugio y adoptando la actitud iluminada». Se realizan cuando se ha tomado refugio, se ha está familiarizado con los preliminares comunes y el lama ha dado el permiso (*lung*) para estos preliminares. En teoría, se realizan 100.000 postraciones, y por eso se llama también a estas prácticas los cienmiles. Sin embargo, se recomienda hacer 111.111 postraciones, una cifra que nos asegura que se «compensan» las que hayamos podido no hacer por equivocación u olvido.

Como es habitual en el budismo tibetano, esta práctica incluye una visualización (actividad de la mente), un mantra (actividad del habla) y un gesto (actividad del cuerpo), para purificar todos ellos. La postración consta de dos partes: el saludo y la postración en sí. El saludo consiste en hacer el *mudra* (gesto sagrado) de salutación o devoción, uniendo las manos por las palmas, con los pulgares juntos bajo los índices. Con las manos así unidas, visualizamos el árbol del Refugio. Del Buda que tenemos delante surgen rayos de luz que se dirigen a la coronilla, la frente, la garganta o la boca y el corazón. Unir las manos sobre la coronilla representa la aspiración que tenemos de llegar a ser budas, simbolizando la protuberancia que tiene el Buda en la cabeza. Al unir las manos sobre la frente, la luz que emana el Buda purifica el karma de haber actuado mal con nuestro cuerpo (p. ej., robar, matar, tener una sexualidad inapropiada). Unir las manos sobre la garganta o la boca permite que esa luz purifique el karma producido con la voz (mentir, cotillear, insultar o hablar con dureza). Unir las manos sobre el corazón produce que se purifiquen los malos pensamientos (envidiar, tener maldad o una visión incorrecta del *Dharma*).

La postración como tal se realiza acercando las manos abiertas, palmas abajo, hacia el suelo; apoyando las rodillas en el suelo, se desplazan las manos hacia delante, para agacharnos hasta tocar con la frente el suelo. Entonces se juntan las manos mínimamente para hacer el *mudra* de salutación. Para levantarnos, sin erguir la cabeza, echamos los brazos hacia atrás y, apoyándonos en las manos, nos erguimos hasta incorporarnos totalmente. Puede verse la secuencia en imágenes de las postraciones en este *link*: https://sanghavirtual.wordpress.com/practicas/postraciones/.

Aparte de como preliminares, las postraciones deberían hacerse en tres ocasiones: 1) al entrar en un templo budista; 2) en presencia de un maestro, y 3) al poner o quitar un altar. Las postraciones sirven para purificar el karma negativo de mente, palabra y cuerpo, como ya hemos dicho, y para acumular mérito, pero, sobre todo, para disminuir el orgullo, para que el «yo» no sea el centro de nuestro funcionamiento mental. En este sentido, puede decirse que es una práctica deconstructiva. Existen muchos libros en castellano que describen los Preliminares especiales, siendo uno de los más clásicos *La antorcha de la verdad. Prácticas preliminares del mahamudra* de Jamgon Kongtrul Lodro (editorial Fundación Rokpa, 2014). Pero no hay que olvidar que, en la tradición tibetana, esta práctica no se pude hacer sin la transmisión de un lama.

2. Yoga de Cachemira

Procede del shivaísmo tántrico no-dual de Cachemira, siendo su principal representante el filósofo y místico Abhinavagupta, (950-1020), autor del *Tantraloka*, la biblia del shivaísmo de Cachemira. Este yoga se extendió por la India entre los siglos VII y XII, y llegó a Occidente con Jean Klein, en los años 1960, siendo transmitido en la actualidad por su discípulo Eric Baret. En consonancia con la visión no-dual, no se utiliza el yoga para alcanzar algo con el cuerpo físico, sino para observar y escuchar mente y cuerpo con la excusa del movimiento. No se busca el esfuerzo ni generar tensión. Como dice Eric Baret: «Hay que ser muy maduro para, después de estar veinte años practicando esta disciplina, hacerse consciente de que no se ha conseguido nada». El yoga de Cachemira sería la actividad física específica más cercana al Advaita.

3. Meditación caminando

Aunque en mindfulness la meditación caminando suele considerarse una práctica menor comparada con la meditación sedente o con el *body scan*, en muchas tradiciones budistas no es así. La razón es que, de las cuatro posturas del cuerpo (tumbado, sentado, de pie y caminando), solo el caminar nos permite ver la impermanencia y la vacuidad de esa postura. Nagarjuna en el capítulo 2 de su *Tratado fundamental de la Vía Mediana* o *Mulamadhyamakarika* (*MMK*) (Nagarjuna, 2003), dedicado exclusivamente al movimiento, afirma que «empezar a andar no puede ocurrir cuando estamos quietos, porque quieto implica que no hay movimiento. Y tampoco puede empezar cuando estamos en movimiento, porque entonces ya está moviéndose, luego no puede empezar». Lo mismo ocurre con el proceso de dejar de andar. Como alternativa podríamos decir que empieza después de estar quieto y antes de empezar a moverse. Pero tampoco funciona: si ese momento incluye movimiento, no se ha empezado, y si incluye quietud, no se puede empezar. También podríamos afirmar que ese momento no tiene duración, pero no existe un momento que no dure aunque sea una millonésima de segundo. Este proceso podría acortarse indefinidamente hasta un momento en que no hubiese duración.

También lo aplica al andar del pasado y del futuro. Afirma que el andar del pasado ya no existe y el del futuro no ha llegado. Solo existe el andar del presente, pero esto es complicado ya que moverse implica desplazamiento entre dos puntos a lo largo del tiempo. En un momento dado, solo puedo estar en un punto, por lo que el otro punto solo puedo alcanzarlo en un momento diferente del presente. Por tanto, o estoy en dos momentos temporales y geográficos a la vez cuando me muevo, lo cual es imposible, o el andar como tal es imposible.

Como se ve estos razonamientos son muy similares a las aporías (en griego «paso impracticable», «camino sin salida») de Zenón de Elea. Las más famosas son las de:

- «Aquiles y la tortuga», en la que Aquiles, que se desplaza el doble de rápido que la tortuga, nunca podría alcanzar a esta porque siempre habría alguna distancia, por mínima que fuera, que los separaría. Cada vez que Aquiles llegase a un lugar donde estaba la tortuga, esta habría recorrido algo de movimiento en ese tiempo.

- «La flecha», prácticamente igual a la de Nagarjuna. Dice que, para que haya movimiento, la flecha debe cambiar de posición, pero que en un momento dado la flecha solo esta en un sitio, por lo que no puede haber movimiento.

Sin embargo, lo que hace Nagarjuna, a diferencia de Zenón, es ampliar esta aporía a todo lo existente: cualquier situación en el mundo y cualquier estado de la mente no tienen inicio ni final. Todo lo que requiere tiempo puede ser refutado de esta forma. Nagarjuna dice que no solo el inicio del samsara no puede ser encontrado, sino el inicio de todas las cosas, de cualquier objeto, no puede ser encontrado (*MMK* 11: 7-8). La aplicación a la meditación es que los sucesos no tienen extremos duros, puntiagudos, sino que fluyen de una manera natural. En cualquier suceso que nos desagrade podemos ver esta menor solidez, el hecho de que las cosas no están reificadas, no son sólidas sino que fluyen.

Práctica: la vacuidad en mindfulness paseando

En la tradición Zen, la meditación caminando se llama *kin-hin* y se realiza en grupo, dentro del *dojo* (lugar de meditación), en círculo. Los practicantes se colocan a la distancia de un brazo y caminan muy lentamente, con las manos a la altura del abdomen, con la mano izquierda en forma de puño y la derecha cubriéndola. El movimiento se realiza muy lentamente, a cámara lenta, descomponiendo el paso en tres fases: el apoyo del talón, de la zona media y de la punta. Tradicionalmente dura unos 15 min. ▶

En la escuela Theravada de los bosques, se anda en el bosque solo, no en grupo, una distancia de 30-50 m que suele ser de un árbol a otro, repitiendo continuamente ese paseo y a una velocidad solo un poco más lenta de lo normal. En ambas tradiciones, el objetivo es caminar sin objetivo, sin ir a ningún sitio y tener la sensación de que no hay un yo que lo haga, sino que el movimiento se realiza solo.

En cualquiera de las dos opciones inicia la práctica de meditación caminando con mindfulness, hasta que apenas haya diálogo interno. Entonces, puedes saltar a una práctica no-dual: observa el inicio del proceso de andar. Comprueba que no puede empezar cuando estás quieto y cuando estás en movimiento ya ha empezado. No hay una tercera opción, ya que por mucho que acortes el momento será de un tipo u otro, y si lo acortas al máximo no existe tiempo, lo que tampoco es posible. Contempla el parar de una forma similar durante unos minutos. Toma conciencia de que el andar no tiene principio ni fin, no tiene una realidad intrínseca.

¿Dónde ocurre el andar: en el camino ya andado o en el camino que queda por andar? Andar no ocurre en el pasado ni en el futuro. Justo en el presente no estás en movimiento. Sé paciente con este proceso, la mente no lo percibe de forma inmediata, se requiere un tiempo. Si lo percibes, ¿cómo se nota? Descansa en esa sensación y relaja el análisis. Disfruta de esos momentos de percepción. Cuando se vaya perdiendo la sensación, vuelve al análisis y muévete entre sensación y análisis durante unos minutos. Contempla las partes de andar y observa que no hay existencia inherente. Este análisis puedes hacerlo con todo lo que no te guste, con lo que te produzca sufrimiento. Es muy útil para disolver la sensación de solidez de las cosas.

4. Actividades físicas y técnicas mente-cuerpo

Se sabe que se puede desarrollar mindfulness sin meditar, incrementando la aceptación (García Campayo, 2018; 2020) y también mediante técnicas mente-cuerpo, psicoterapias y otras actividades que, en apariencia no están relacionadas con la meditación, como se confirma en un importante estudio recientemente publicado (Xia y cols., 2019). Aunque no existen estudios específicos sobre no-dualidad, es razonable pensar que estas mismas técnicas podrían tener una función deconstructiva del yo. Algunas de las técnicas que se han demostrado eficaces en incrementar mindfulness, según un reciente metaanálisis sobre el tema (Xia y cols., 2019), son las que siguen a continuación. Las agrupamos por tipo de actividad, explicando con quién fueron utilizadas y, entre paréntesis, su grado de eficacia:

- **Actividad física:** senderismo para adolescentes (eficacia muy alta), actividad física para adultos con estrés (alta), pilates para colegiales (media), excursiones en la naturaleza para universitarios (media), ejercicio para varones sanos sedentarios (baja), girokinesis (yoga sobre movimiento de baile, con mínimo impacto articular, mientras se utiliza la respiración del yoga kundalini) para colegiales (baja), tango para depresión (baja).
- **Técnicas mente-cuerpo e intervenciones relacionadas con mindfulness:** actividades mente-cuerpo para supervivientes de cáncer (media), aikido para universitarios (baja), meditación con mantras para veteranos con estrés postraumático (baja) y para colegiales (baja).

Como puede verse, la realización de algunas actividades físicas y técnicas cuerpo-mente o relacionadas con mindfulness puede ser un excelente complemento a la meditación.

Técnicas emocionales

1. Experiencias cumbre y meseta
(«*peak and plateau experiences*»)

El psicólogo norteamericano Abraham Maslow (1908-1970), padre de la Psicología humanista, en contra de los planteamientos psicoanalíticos imperantes en su época, decidió estudiar individuos sanos en vez de personas con trastornos psiquiátricos. De esta forma, describe el fenómeno de la autorrealización, el ideal al que todo ser humano desea llegar para expresar su máximo potencial y desarrollarse como persona. Genera la teoría de que los individuos sanos viven «experiencias cumbre» de forma ocasional, pero son mucho más frecuentes en las personas autorrealizadas.

Describe las experiencias cumbre (Maslow, 2013) como «momentos de elevada felicidad y plenitud», «un estado de unidad con características místicas, una experiencia en la que el tiempo tiende a desvanecerse y el sentimiento que sobrecoge hace parecer que todas las necesidades se hallan colmadas». Una fórmula que utiliza para que las personas identifiquen las experiencias cumbre es: «Piensa en la experiencia más maravillosa de tu vida, el momento más feliz, situaciones de éxtasis y arrobamiento. Quizá estar enamorado, escuchar música o "ser golpeado" por un libro, un cuadro o un momento creativo» (Maslow, 1962).

Las características de esta experiencia son:

- Un intenso afecto positivo.
- Trascendencia de las categorías de espacio y tiempo.

- Sentimiento de unidad holística e integrada de la naturaleza, del universo y de unidad con todo ello, con total ausencia de conflictos internos, como miedo, duda o autocrítica.
- Sentido de inefabilidad de la experiencia y sentido de lo sagrado.
- Efectos posteriores positivos: permite ver el mundo y a uno mismo de forma diferente, más valiosa y con significado. Por otra parte, el individuo busca repetir la experiencia.

Los principales desencadenantes de las experiencias cumbre son: la actividad artística (sobre todo, la música), la naturaleza, el deporte, generalmente extremo (escalada, bici de montaña, esquí, actividades subacuáticas), el sexo, experiencias creativas, el conocimiento científico o la introspección (Privette, 1983). Nótese que las experiencias pico no son lo mismo que las experiencias de *flow*, aunque ambas pueden ser experimentadas a menudo por una persona autorrealizada. Mientras el *flow* es una experiencia subjetiva que ocurre internamente, la experiencia cumbre está relacionada con una situación externa que induce al individuo a funcionar en un nivel óptimo (Privette, 1983). La experiencia cumbre sería el resultado de la autorrealización, pero, a su vez, es fuente de nuevos estados de conciencia. Los estudios afirman que estas experiencias son frecuentes en la población en general (Hay y Morisy, 1978).

Junto a las experiencias cumbre, Maslow reconoce también las experiencias meseta, que define como: «Una experiencia serena y calmada hacia lo milagroso, lo inefable, lo sagrado.

Poseen un elemento cognitivo y noético, lo que no siempre ocurre en las experiencias cumbre, que son más emocionales. Las experiencias meseta poseen mayor carácter voluntario que las cumbre, ya que uno puede aprender a sentir esta unión con el universo casi a voluntad» (Gruel, 2015).

Un subtipo específico de estas experiencias serían las «experiencias cercanas a la muerte» (*Near-death experiences*), que suelen aparecer de forma espontánea y que han vivido ya millones de personas en todo el mundo; pero también pueden ser autoinducidas con una finalidad de desarrollo espiritual como analizamos en un artículo específico (Van Gordon y cols., 2018). No sabemos si la repetición de experiencias cumbre y meseta pueden acercarnos a la experiencia de no-dualidad, pero estudios como los realizados por nosotros con experiencias cercanas a la muerte (Van Gordon y cols., 2018) y otras prácticas de vacuidad sugieren dicho efecto (Van Gordon y cols., 2019).

2. Terapias

Como se describe en el importante estudio de Xia y cols. (2019), las siguientes terapias incrementan los niveles de mindfulness, lo que suponemos también inducirá aspectos deconstructivos. Incluimos entre paréntesis el nivel de eficacia de cada una de ellas: terapia con caballos para personas con estrés postraumático (alta), compasión para veteranos con estrés postraumático (alta), terapia breve por internet y presencial para síntomas médicos no explicados (media), entrenamiento en felicidad por internet para trabajadores sanos (media), entrenamiento en coherencia cardíaca para enfermos con dolor musculoesquelético crónico (no sirvió en adultos sanos, eficacia media), autoayuda para personas con alto neuroticismo o inestabilidad emocional (media), entrenamiento en *biofeedback* para mejorar la variabilidad de la frecuencia cardíaca en jóvenes con estrés (media), programas de potenciamiento de la salud en depresivos crónicos (media), programa de envejecimiento saludable para ancianos con dolor crónico (media), programa de dieta y ejercicio para obesos (media), entrenamiento en afecto-consciencia para pacientes con psicosis (baja), terapia cognitiva para supervivientes de cáncer con insomnio (baja), terapia cognitivo-conductual para ansiedad social (baja), activación conductual para depresivos (baja) y terapia de apoyo grupal para supervivientes de cáncer de mama (baja).

3. Leer vidas y anécdotas de maestros espirituales

Las vidas y anécdotas de maestros de la no-dualidad son una fuente de inspiración y de conocimiento, basada en metáforas, cuyo procesamiento es diferente del que usamos con las enseñanzas teóricas normales, por lo que se complementan perfectamente. En la tradición Zen, estas anécdotas son frecuentemente utilizadas como enseñanza, a menudo en forma de *koan y mondos*, y por eso hemos incluido algunas de ellas, así como las colecciones de *koan* más famosas.

También en los maestros de la tradición Advaita estas anécdotas son frecuentes. Uno de los autores que más ha escrito sobre este tema es David Godman. Ha publicado varios libros en formato periodístico, basados en entrevistas con los personajes en cuestión, en los que salen este tipo de anécdotas. Muchos de ellos se han traducido al castellano y son accesibles en librerías especializadas. Los principales son:

- *Mis recuerdos de Sri Nisargadatta Majarah*, sobre sus visitas a Nisargadatta.
- *El poder de la presencia*, sobre Ramana Maharsi.
- *Últimas conversaciones con Annamalai Swami*, uno de los discípulos más antiguos de Ramana.
- *Living by the Words of Bhagavan*, sobre los primeros años del Ramana Ashramamam, basado principalmente en conversaciones con Annamalai Swami.
- *Nothing ever happened* (3 volúmenes), que es la biografía del gran maestro Papaji, basada en su contacto directo con él.
- *No mind, I am the self*, la biografia de Lakshmana Swami, también basada en entrevistas con el biografiado.
- *The power of presence*, una recopilación de historias de personas que fueron a visitar a Ramana.

Muchas de estas anécdotas están en su canal de YouTube, en el que cuelga vídeos largos en los que habla de estos maestros. David Godman ha pasado su vida en Tiruvannamalai, la meca del Advaita. Su canal es este: https://www.youtube.com/channel/UCBcqQGNwcSEwlv6gJXP-U9A

Además, existen libros en formato de diario o carta que recogen las interacciones de Ramana con la gente que iba a visitarlo en diferentes épocas. Los más importantes y cómo descargarlos de internet son:

* *El evangelio de Maharshi*
    https://docs.google.com/viewer?url=https://ramana-files.s3.amazonaws.com/digital_library/spanish/EL_EVANGELIO_DEL_MAHARSHI.pdf

* *Cartas desde Sri Ramanashramam*
    https://docs.google.com/viewer?url=https://ramana-files.s3.amazonaws.com/digital_library/spanish/Cartas.pdf

* *Conversaciones con Sri Ramana Maharshi* (3 volúmenes):
    https://docs.google.com/viewer?url=https://ramanafiles.s3.amazonaws.com/digital_library/spanish/Conversaciones_I.pdf
    https://ramanafiles.s3.amazonaws.com/digital_library/spanish/Conversaciones_II.pdf
    https://docs.google.com/viewer?url=https://ramanafiles.s3.amazonaws.com/digital_library/spanish/Conversaciones_III.pdf

4. Ver la no-dualidad en todo (Loy, 1999; 2000)

Todo lo que nos rodea está impregnado de dualidad. Los conceptos duales son lo mismo: por ejemplo, rico y pobre están en los extremos de la misma escala. Ocurre igual con todos los pares de opuestos. Pero el problema es que si deseas uno de los dos extremos, tendrás horror al otro. Así, si quieres ser rico en la vida, estarás aterrorizado con la idea de ser pobre. Si quieres ser virtuoso o puro, tendrás que monitorizar al máximo todos los pensamientos y acciones de tu vida, para que no sean impuros. La dualidad más compleja es el bien y el mal. En las religiones monoteístas, si Dios es todo bondad, ¿cómo puede existir el mal? Es necesario crear un depositario de todo el mal en el mundo, como Satanás. O es necesario crear el pecado original para explicar el mal que existe ahora. En el Zen se dice que buscar el extremo (pureza, bien, verdad) es «atarnos a nosotros mismos sin necesidad de una cuerda».

La meditación puede modificar la forma de ver el mundo y de juzgar a las otras personas y a nosotros mismos, según cumplamos o no esas expectativas. Un martillo solo ve clavos, un carterista solo ve carteras. Si siempre vamos buscando cosas, el resto del mundo son obstáculos a nuestros deseos de obtenerlas. Sentir que siempre nos falta algo hace que siempre estemos pensando en el pasado (donde lo hemos perdido) y en el futuro (donde lo encontraremos). Hacernos conscientes de que estamos completos, de que no necesitamos nada más, nos permite disfrutar del eterno presente que es la única realidad existente.

El tiempo es otro constructo social; creemos que es como una especie de túnel dentro del cual estamos nosotros. Pero nosotros no estamos «en» el tiempo, «somos» el tiempo. Somos un conjunto de fenómenos mentales y físicos cambiantes. Si somos no-duales con ellos, podremos vivir en el eterno presente.

Samsara y nirvana son también dualidades. Como se dice en el *Lankavatara Sutra* II, 28: «Por otra parte, (Mahamati) ¿qué significa no-dualidad? Significa que luz y sombra, largo y corto, negro y blanco, son términos relativos, Mahamati, y

no independientes uno de otro; como Nirvana y Samsara. Todas las cosas son «no dos». No hay Nirvana salvo donde hay
Samsara; no hay Samsara, salvo donde hay Nirvana, pues la
condición de la existencia no es de carácter mutuamente ex-
cluyente. Por tanto, se dice que todas las cosas son no-duales,
como lo son Nirvana y Samsara».

La dualidad más problemática, después de la primordial
entre yo y no-yo, es la que el ser humano ha establecido con el
resto de las criaturas y con el planeta, sintiendo que estamos en
la cúspide y que todos los demás están para servirnos. Mientras
no abandonemos esa visión dualista y no nos alineemos con el
planeta, el problema ecológico no tendrá solución. Todas las
dualidades son expresión de la misma dualidad. Si podemos
ir soltando algunas de ellas, experimentaremos otras, porque
todas están conectadas.

El tercer patriarca zen Seng-tsan en su famoso libro *Xin Xin
Ming* (2008) dice:

> Si quieres que la verdad aparezca claramente enfrente de ti,
> nunca estés a favor o en contra.
>
> La lucha entre a favor y en contra es la mayor enfermedad
> de la mente.
>
> No hay necesidad de buscar la verdad: solo deja de tener pre-
> ferencias.

26. Experimentando la no-dualidad y la deconstrucción del yo

La Iluminación siempre es un accidente.
La meditación nos hace propensos a ese accidente.
…
La Iluminación es como caerse de un avión en marcha.
La mala noticia es que no hay paracaídas.
La buena noticia es que no hay suelo.

Más allá del materialismo espiritual
CHÖGYAM TRUNGPA

En este capítulo final vamos a incluir algunas experiencias cercanas a la Iluminación que los seres humanos de todas las tradiciones han descrito alguna vez de alguna forma. De hecho, no es excepcional que las personas que acaban un retiro largo tengan dificultades durante un corto tiempo, cuando vuelven a casa, para percibir el mundo como lo hacían antes. A veces puede resultar difícil conducir o realizar ciertas actividades y, por esta razón, debe tenerse precaución. Empezaremos hablando de las experiencias no-duales como una forma temporal de acercamiento a esta gran realidad. Continuaré considerando la actitud compasiva como un acercamiento a la experiencia no-dual. Y, por último, incluiremos algunas experiencias de Iluminación en diferentes culturas y analizaremos algunas de las características que constituirían esta experiencia.

Las experiencias no-duales

Existen diferentes tipos de experiencias no-duales, según describe Loy (1999) de una forma intensiva en su libro *No-dualidad* que recomiendo encarecidamente. Hablaremos de: 1) la percepción no-dual, que incluiría tanto escucha no-dual como visión no-dual; 2) la acción no-dual, y 3) el pensamiento no-dual.

1. La percepción no-dual

En la filosófica occidental, desde los pensadores de la antigua Grecia hasta Kant, el reino de los sentidos se considera transitorio y no fiable, mientras que la Realidad Superior sería inmutable, subyacente a la realidad y no perceptible directamente. En las tradiciones orientales, la perspectiva es, a veces, contradictoria. El Buda afirma en el *Discurso del fuego* (Samyutta Nikaya 35, 28), el tercer discurso tras alcanzar la Iluminación, que «solo podrán superar las pasiones y alcanzar la liberación mediante el rechazo de los órganos, los objetos y el contacto sensorial». Sin embargo, en el famoso *Discurso a Bahiya* (*Samyutta Nikaya* 47, 15-17) que vimos en el capítulo 18, asegura que «solo es posible trascender el sufrimiento –es decir, alcanzar el Nirvana– cuando en lo oído solo existe lo oído, en lo visto solo existe lo visto, y en el conocimiento solo lo conocido». El fundador del Vedanta Advaita, Samkara (1974), también nos recuerda que «el universo constituye un flujo ininterrumpido de percepciones de *Brahman*; de ahí que, en todos sus aspectos, el universo sea idéntico a *Brahman*». También Seng-ts'an en el famoso texto budista *Hsin Hsin Ming* (2008) afirma: «Si vas tras las apariencias, dejarás de ver la fuente primordial. Si quieres hollar el Camino Único, no rechaces el dominio de los sentidos, porque la verdadera Iluminación no está en desacuerdo con aceptar el mundo de los sentidos». Es decir, el problema no sería lo que percibimos por los sentidos, sino la forma de percibirlo, ya que sería posible percibir la Realidad tal como es y eso nos acercaría a la Iluminación.

Eduardo Conze en su libro *Buddhist Thought in India* (2008) analiza los tres niveles de percepción existente según el Canon Pali:

- La señal de captación: sería una «percepción pura». En ella uno elige el objeto de percepción, pero no puede elegir el tipo de sensación que experimentará;
- La señal de reconocimiento: esa percepción aún no clasificada es identificada como algo ya conocido y que es traído a la mente por la memoria. Así, ese conjunto de

imágenes y sonidos se transforma en una persona, un animal o cualquier objeto conocido.
* La señal de acceso: es el componente emocional y volitivo que se sobreañade a la percepción. Esa persona nos atrae y queremos citarnos con ella, o el objeto nos gusta y queremos comprarlo.

Por tanto, el objetivo sería no aferrarse a los objetos agradables que aparecen en nuestra vida, ni rechazar los desagradables, sino permanecer en la experiencia sin generar apego o rechazo. Esto no implica que uno no pueda disfrutar de aquello que le gusta. La clave sería evitar pasar de ME GUSTA a LO QUIERO y, mucho menos aún, a LO NECESITO, porque si no lo obtengo, no podré ser feliz. En el sentido contrario consistiría en evitar pasar de NO ME GUSTA a LO EVITO y, mucho menos, a LO ABORREZCO. El apego y el rechazo pervierten la percepción y generan nuestro sufrimiento, mientras que la experiencia pura, no-dual, nos acerca a la Liberación. En suma, esta sería la principal actividad que debería mantener la mente *mindful* en relación con las sensaciones en cada momento del día para evitar todo el proceso de sufrimiento.

En relación con la percepción, tendríamos la escucha y la visión no-dual. La escucha es la experiencia no-dual seguramente más frecuente entre los seres humanos, sobre todo con la música. Muchas personas describen su experimentación cuando escuchan música, principalmente clásica, a menudo solo instrumental, a volumen alto. Describen la sensación de que la música las llama, se sienten atraídos hacia ella como si fuese un abismo, todo lo demás desaparece, incluida la percepción del tiempo, y la sensación de bienestar es intensa. Lógicamente, la experiencia puede aparecer escuchando cualquier otro tipo de música, y en otras circunstancias, como, por ejemplo, escuchando a un gran maestro de meditación, como le ocurrió a Bahiya. O también escuchando los sonidos de la naturaleza como el agua, el viento o los animales del bosque, u otros artificiales como una campana, fenómenos que se describen con alguna frecuencia en el Zen. Así Yasutani describe: «Cuando oímos el sonido de una campana pensamos consciente o inconscientemente: "Escucho una campana". En este caso existen tres elementos que hay que considerar: el yo, la campana y el acto de escuchar. Pero cuando la mente está madura […] solo existe el tañido de la campana. Esto es *kensho* (la Iluminación)» (Kapleau 180, págs. 107 y 153). Pero esto ocurre de forma involuntaria: si uno quisiese tener la experiencia escuchando una campana o un sonido natural, no lo lograría, porque se parte de una situación dual: un sujeto que escucha un objeto deseando conseguir algo como la no-dualidad.

Otro aspecto interesante de la escucha no-dual es la importancia del silencio, que puede ser percibido como algo independiente y casi sólido. La filósofa Simone Weil (1996) relataba que cuando rezaba el padrenuestro en griego cada mañana, que era su forma de meditar: «… mi mente parece separarse de mi cuerpo y se ve transportada a un lugar fuera del espacio en que no existe perspectiva ni punto de vista alguno […]. Y esta inmensa infinitud está llena de un silencio que no es tanto la ausencia de sonido, como el objeto de una sensación más intensa incluso que la del sonido». El sonido no oscurecería el silencio, sino que sería una expresión del silencio, no habría dualidad entre ellos. Neruda, para expresar este sonido puro, usa la preciosa metáfora del «ladrido sin perro» en su poema «Solo la muerte (I): el ladrido sin perro», en el que dice:

> Hay cadáveres,
> hay pies de pegajosa losa fría,
> hay la muerte en los huesos.
> Como un sonido puro,
> como un ladrido sin perro,
> saliendo de ciertas campanas, de ciertas tumbas,
> creciendo en la humedad como el llanto de la lluvia.

La visión no-dual parece menos frecuente. Podría ocurrir en lugares de gran belleza natural, casi siempre donde existe mucha luz solar, o en situaciones donde aparece el «efecto perspectiva» que hemos comentado en el capítulo 25. El Maestro Eckhart (1260-1328), quizá el místico cristiano más cercano a la no-dualidad oriental, en su libro *El fruto de la nada* escribe: «El ojo con que veo a Dios es el mismo ojo con el que Él me ve a mí. El ojo de Dios y el mío son el mismo ojo» (Eckhart, 2011). Pero quizá la experiencia más remarcable sería el «fotismo» (Loy, 1999), es decir, una importancia suprema a la luz como símbolo de la realidad suprema y como manifestación perceptible de esa realidad. En el budismo tibetano, a la mente se la define como «la no-dualidad de lo profundo y lo luminoso», siendo la principal cualidad de la conciencia trascendente (Loy, 1999). Y también en el Vedanta se afirma que: «Los conocedores de *Brahman* contemplan por doquier la Luz Suprema que resplandece en *Brahman*, una luz que, como la luz del sol, lo impregna todo» (*Chandogya Upanishad* III, xvii, 7).

Otra característica importante en la visión no-dual, como veremos al final del capítulo cuando traigamos la experiencia de Iluminación del teólogo y sacerdote anglicano Tomas Traherne (1636-1674), es la sensación de infinito. Los objetos, como una silla, no tienen forma en sí misma, y el perceptor podría llegar a sentir esa carencia de forma. Constituye una presencia que adopta la forma de silla.

Una de las descripciones más famosas del camino no-dual, de la Iluminación en suma, es la de «Las diez estampas del pastoreo espiritual del buey» de Kuo-an-Shi-yan, maestro chino del siglo xii (Kapleau, 1989, pág. 304), donde se hace referencia a la escucha y visión no-dual. Sirviéndose de la metáfora de la búsqueda de un buey, cuando describe la primera etapa, «El atisbo del buey», afirma: «Si escuchas atentamente los sonidos cotidianos, llegarás a la realización y, en ese mismo instante, realizarás la Fuente. Cuando la visión interior se halla adecuadamente concentrada, uno llega a comprender que los seis sentidos no son diferentes de la verdadera Fuente […] y, miremos donde miremos, no vemos otra cosa». El Maestro Eckhart (2011) decía que la gracia de Dios siempre está fluyendo a nuestro alrededor, la cuestión es si nosotros estamos preparados para percibirla.

2. La acción no-dual

Muchos de nosotros habremos experimentado acciones no-duales. En deportes, aficiones, juegos o actividades que nos gusten, se nos den bien y no nos cuesten esfuerzo, entramos en esa sensación de *flow* o fluir. En ella no hay sensación de esfuerzo, el cuerpo funciona solo, se pierde la noción del tiempo, ya que no hay diálogo interno y parece que uno se diluye en la acción porque no existe noción de alguien actuando.

En la acción no-dual, los actos no son creados para conseguir algo, se realizan sin ninguna motivación. Como decía el Maestro Eckhart: «Hazlo todo desde el centro de tu alma, sin "por qué" alguno […]. Si le preguntas a una persona auténtica, es decir, a una persona que actúa desde el fondo de su corazón: "¿Por qué estás haciendo eso?", esa persona te responderá del único modo posible: "¡Lo hago porque sí!" El hombre justo no quiere nada, no busca nada y no tiene razón alguna para hacer nada. Al igual que Dios, el hombre justo actúa sin motivo y como la vida, que vive por sí misma y no necesita razón alguna para ser, así el hombre sabio no basa sus acciones en motivo alguno» (Maestro Eckhart, 1983).

En las tradiciones orientales se abunda en esta idea. La segunda noción más importante del taoísmo, después de la del propio *tao*, es la acción sin acción (*wei-wu-wei*), la acción de la persona que ha alcanzado el *tao* (Cap. 37 del *Tao-te-king*):

El tao es la no acción continua, pero nada queda sin hacer.
Si el gobernante mora en la no acción, todo se gobierna solo.

Sería una acción que no fuerza, sino que permite, que se realiza sin esfuerzo.

En el budismo también se habla de esta acción inmotivada, que sale de dentro de nosotros y no busca un objetivo: «… comprenderéis que no existe ninguna razón ni motivo para ponerse el hábito […] Tratad de investigar este por qué. ¡No hay razón alguna para este "por qué"! ¡No hay razón alguna para ponerse en pie, simplemente nos levantamos! Y cuando comemos, simplemente comemos, sin razón ni "por qué" alguno. Cuando nos ponemos el *kesa* (hábito zen), simplemente nos lo ponemos. Nuestra vida es un continuo simplemente… simplemente… simplemente…» (Yamada, 2004). De hecho, Tathagatha, el nombre que se le daba al Buda refleja esta idea: «Aquel que (simplemente) va o viene».

Quizá el Vedanta Advaita es quien mejor lo expresa en esta frase famosa de la *Gita*: «Aquel que encuentra la inacción en la acción y la acción en la inacción es un sabio entre los hombres. Está en el sendero de la unión (yoga) y puede hacer cualquier acto (Bhagavad Gita IV, 18).

Nosotros hemos comentado en nuestro libro *Cómo reducir el sufrimiento con aceptación y mindfulness* (García Campayo, 2020) que una de las características que más han asombrado en Occidente de las tradiciones orientales, como el taoísmo, el budismo o el vedanta advaita, es la escasa tendencia del llamado «hombre sabio» a actuar. Esto es muy contrario a la tradición occidental que es muy dada a la acción, a la intervención en el mundo. De hecho, en Occidente se ha acusado a tradiciones espirituales como el budismo de ser pasivas, cuando no poco comprometidas con la sociedad. Sin embargo, esa tendencia a la inacción no esta producida por la falta de compromiso o de compasión, sino por la duda sobre su eficacia. Uno de los fundamentos del budismo y también de otras tradiciones orientales es el que se describe como la primera cita de esta sección: «Todo esta producido por causas y condiciones». Esta visión del mundo se denomina en el budismo «Originación interdependiente» y es una de sus enseñanzas más importantes.

Por eso, si analizamos una situación concreta, como por ejemplo un conflicto de pareja, una situación económica adversa o la situación de crisis en un país, desde la perspectiva de las tradiciones contemplativas orientales, hay que ser consciente de que ninguna situación se debe a una única causa, sino que existen múltiples causas, algunas de ellas desconocidas, que coinciden y producen el resultado teniendo cada una un porcentaje de responsabilidad variable. Por tanto, cualquier intervención, que suele actuar sobre una única causa, no está claro que vaya a solucionar el problema. Por otra parte, una acción no genera una única consecuencia, sino que tiende a generar varias de ellas, algunas predecibles pero otras muchas no. Nunca tenemos la certeza de que la acción más intensa vaya a ser la que nosotros deseamos, pero sí sabemos que se van a producir otras muchas consecuencias. Este fenómeno que se aplica y se conoce en muchas ciencias, en psicología se denomina «Teoría de sistemas». Podría resumirse con el siguiente axioma: «Una acción en una parte del sistema producirá cambios en el resto del sistema».

Por tanto, la persona entrenada en meditación es muy consciente de que su acción no sabe hasta qué punto va a poder resolver el problema, pero sí tiene la certeza de que generará muchas otras consecuencias, de intensidad y características impredecibles.

Como se ve, esta visión es muy diferente a la occidental donde predomina la idea de una linealidad y exclusividad de causas y efectos, por eso somos más propensos a la acción, aunque con frecuencia comprobemos que los resultados no son los esperados.

En suma, la acción no-dual, propia de personas que han alcanzado estados de despertar espiritual muy elevados se caracteriza porque:

- Antes de realizarla: no existe ningún deseo, ninguna voluntad de ejecutarla. Se realiza sin un «por qué»; simplemente porque lo pide el mundo, porque lo exige el presente. Es algo que ocurre más allá de nosotros mismos. Por eso no existe duda ni miedo al actuar; simplemente es así.

- Durante su ejecución: no existe sensación de agente, de que somos nosotros quienes cumplimentamos la acción. Como dice el maestro Kodo Sawaki (2013): «Cuando te sientas en *zazen* no eres tú quien practica *zazen*. Ahí solo hay un espacio ilimitado. Es este espacio ilimitado quien practica».

- Después de materializada: no hay ninguna expectativa de resultado, de agradecimiento o reconocimiento por parte de otras personas. Tampoco existe la culpa. La acción se olvida porque ya es parte del pasado y el presente nos exige de nuevo y continuamente nuestra atención.

Por otra parte, hay que ser consciente de que el ser humano NO PUEDE DEJAR DE ACTUAR. Una pregunta típica en los cursos es que si desarrollamos aceptación, «no haremos nada», nos volveremos indiferentes. Ahora bien, el ser humano está condenado a actuar. Solemos preguntarles: ¿Qué crees que harías si tuvieses máxima aceptación? ¿Quedarte en la cama y no hacer nada? Podrías hacerlo un tiempo, pero tendrías que levantarte a hacerte la comida o alguien tendría que hacértela. Al final tendrías que ir a la tienda a comprar comida. Seguirías necesitando trabajar, para obtener dinero y comprar comida. Lo mismo que ahora. Lo único que variaría es la motivación, el porqué hacemos las cosas y qué esperamos de ellas. Pero tendríamos que seguir actuando.

3. Pensamiento no-dual

Resulta extraño hablar de pensamiento no-dual porque el pensamiento parece ser lo que se interpone para alcanzar experiencias no-duales. Hui-Neng aclara que el término ausencia de pensamiento no se refiere tanto a la mente vacía de todo pensamiento, sino a la mente libre de toda identificación. «Si [...] no permitimos que nuestra mente se identifique con nada, alcanzaremos la liberación» (Conze 2008, págs. 76, 101, 104, 116). De hecho, Hui-Neng describe que él alcanzó la liberación cuando oyó la siguiente cita del *Sutra del Diamante*: «No permitas que la mente (el pensamiento) se fije en nada». Si surgen pensamientos, surgen sin apoyo en nada anterior, no producidos por un pensador, sino producidos por sí mismos de forma no-dual. Como dice Ma-tsu, nieto espiritual de Hui-Neng: «los pensamientos, tanto anteriores como intermedios y posteriores, se siguen unos a otros sin que existan entre ellos vinculo alguno. Cada uno de ellos es la paz absoluta» (Conze 2008, pág. 76). El *mahamudra* considera que el movimiento del pensamiento no-dual coexiste con la conciencia del no movimiento (Loy, 1999), lo que el maestro zen Taisen Deshimaru y otros maestros budistas llaman «pensar sin pensar» o «pensar desde el fondo del no pensamiento».

Por el contrario, en el Vedanta Advaita, la clave se encuentra en el hueco entre pensamientos. Como dice Ramana Maharsi: «El intervalo existente entre un pensamiento y el siguiente nos permite experimentar el yo en toda su pureza [...]. El intervalo existente entre un pensamiento y el siguiente es la Realidad inmutable, nuestro verdadero Ser» (Conze 2008, págs. 66-67). Vemos que esta respuesta es ligeramente diferente a la budista pero coherente con los principios que defienden ambas: para el Mahayana, lo importante es la vacuidad de todos los fenómenos, por lo que pensamiento y no pensamiento son lo mismo; mientras que el Advaita enfatiza la Realidad vacía de los fenómenos, devaluando estos (Loy, 1999).

Esta visión ayuda a entender muchos diálogos zen en los que se pide al discípulo que dé una respuesta inmediata, no en el sentido de velocidad, sino de no estar encadenado con otros pensamientos previos, como una respuesta no-dual de totalidad. Huang Po dice: «¿Por qué los discípulos zen no dejan que cada pensamiento concluya, como si no fuera nada, como si no fuera más que un pedazo de madera descompuesta, una piedra o las cenizas frías de una hoguera apagada?» (Conze 2008, pág. 66-67).

Como dice Loy (1999), es el proceso continuo de la mente de involucrarse con la búsqueda de objetos lo que impide conocer su auténtica naturaleza, que consiste en no morar en ninguna parte. No es que la mente quiera algo concreto, porque en cuanto lo logra ya busca otra cosa, lo que quiere la mente es alcanzarse a sí misma, pero nunca lo logrará porque... ¡el yo esta vacío, no existe. Y es el malestar, la ansiedad por esa consciencia de vacuidad, lo que le impele a seguir buscando incansablemente para llenar un vacío que nunca será saciado.

La motivación compasiva como acercamiento a la experiencia no-dual

> Siembra un pensamiento y cosecharás un acto.
> Siembra un acto y cosecharás un hábito.
> Siembra hábitos y cosecharás un carácter.
> Siembra un carácter y cosecharás un destino.
>
> Anónimo

El karma es lo que hace el yo, es el sentido del yo. No es que el yo produzca karma, es que es karma, porque incluye nuestras motivaciones e intenciones habituales. Vemos aquí otra dualidad que no es tal, sino las dos caras de lo mismo: yo y karma. El yo podría describirse como un patrón recurrente de pensamientos, emociones y acciones que generan una idea de personalidad que se cree independiente y existente por sí misma. Pero según el budismo, mucho más importante que la acción en sí es la intención, la motivación. Esto es lo que crea karma. No se considera una ley mecánica como pensaban los contemporáneos del Buda. El sentido del yo está asociado al carácter y crea el karma. Si cambio mis intenciones, mi motivación, modifico mi carácter y, por tanto, mi karma. El yo sería un «precipitado», en el sentido químico, de mi forma de actuar y sentir.

La motivación es lo más importante porque CREA el mundo, modifica el mundo que percibimos, ya que todo es una interpretación. Si estoy en una sala con otras personas y soy un carterista, en los demás solo veo personas con dinero en una cartera que puede ser robada para mi beneficio. Pero si estoy en el mismo sitio y soy un buda, los demás son seres que sufren y yo solo quiero ayudarles a disminuir su sufrimiento.

Una vez establecida la motivación, las acciones son coherentes con ella. El carterista no puede expresar claramente sus intenciones de robar; tendrá que relacionarse con la persona, entreteniéndola, ganándose su confianza para, al final, en algún momento dado, robarle. Esto es lo que hacemos todos en mayor o menor medida: nuestro yo hace que los demás sean vistos como objetos, como algo que ganar: afecto, influencia, sexo, dinero. Nuestro yo siempre quiere algo. Esto es lo que describe muy bien Eric Berne en su libro *Juegos en que participamos* (1964), en el que analiza nuestros patrones de comportamiento para conseguir de los demás lo que queremos.

Sin embargo, el Buda o Jesucristo, que solo quieren ayudar a otros, nunca tienen que ocultar su intención, pueden ser transparentes, sinceros en toda ocasión. Esto es lo que hace que estas grandes personalidades espirituales sean descritas como personas con un carácter hipnotizante, fascinante, porque son lo que son, no tienen que ser otra cosa; porque no hay un yo detrás que esté intentando obtener algo de los demás sin que ellos lo perciban, como hacemos todos nosotros. Por eso en el budismo se le da tanta importancia a la *sangha*, a los amigos espirituales, a personas que tienen la misma visión sobre la vida que nosotros y que nos ayudan en el camino.

Por otra parte, aquello que haces te convierte en cierto tipo de persona. Tus actos forjan tu personalidad y generan un destino, que va asociado a felicidad o sufrimiento. Emanuel Swedenborg (1688-1772), científico y místico sueco, en su famoso libro *Del cielo y del infierno* (2017) describe su supuesta experiencia en ambos lugares. Pero uno de los aspectos más interesantes, en la línea que estamos comentando, es que afirma que las personas que van al cielo o al infierno no van allí como premio o castigo por sus actos, sino por aquello en lo que se han convertido; es decir, las buenas o malas obras nos convierten en un tipo u otro de personas y por eso se va al cielo o al infierno, por lo que se es, no por lo que se hace. Lo que ocurre es que repitiendo unos actos u otros nos convertimos en personas diferentes.

El filósofo holandés de origen sefardí Baruch Spinoza (1632-1677), en su libro *Ética: demostrada según el orden geométrico* afirma que: «La felicidad no es la recompensa por la virtud, sino que la felicidad es la virtud en sí misma». No es una consecuencia, sino que la propia bondad genera felicidad intrínseca. De forma relacionada, en el budismo la conducta recta que describe el Noble Óctuple Sendero no tendría una función ética, sino que resulta imprescindible para que el individuo pueda practicar la meditación y alcanzar la sabiduría más fácilmente. La razón: una conducta no ética va asociada a muchas más preocupaciones y sufrimiento que le dificultarían el camino.

Por tanto, modificar nuestra MOTIVACIÓN FUNDAMENTAL EN LA VIDA modificará nuestro mundo, la percepción que tenemos de él y la forma de relacionarnos con él. Esa motivación nos inclinará a realizar unos actos u otros, que, mediante su repetición, nos convertirán en un tipo de persona u otra. A su vez, ser de tal o cual forma hará que interpretemos el mundo de una forma determinada, y esa forma de ver el mundo irá asociada a la felicidad o al sufrimiento. A continuación incluyo una leyenda que refleja esta idea.

EL CIELO Y EL INFIERNO

Se cuenta que a un gran santo se le permitió ver cómo eran el cielo y el infierno. El ángel que le acompañaba le comentó que ambos lugares eran exactamente iguales uno a otro; lo que los hacía diferentes era la mente de las personas que habitaban en ellos. En el infierno, las personas que allí estaban se generaban a sí mismos el sufrimiento, mientras que en el cielo ellos mismos se producían la felicidad.

Fueron al infierno y vio que las personas estaban comiendo. La comida consistía en unos deliciosos dulces situados en unas ollas. No podían tocar la comida con las manos, para cogerla tenían una especie de palillos que eran largos como escobas. Era imposible con esos palillos meterse la comida en la boca, porque eran más largos que la longitud del brazo y la comida se caía. Todo el mundo estaba enfadado y hambriento, sufriendo intensamente.

Cuando fueron al cielo, vieron la misma situación: los dulces deliciosos en ollas que tenían que ser tomados con palillos muy largos. Pero aquí unos daban de comer a otros, y viceversa, con lo cual todos estaban pudiendo comer gracias a que otra persona les ponía el alimento en la boca. Todos eran felices y estaban disfrutando de su comida.

La experiencia de la Iluminación

Existen muchos retazos de la experiencia de la Iluminación o de la unión con la divinidad en la literatura mundial; presentan muchas semejanzas. Incluiremos un ejemplo, de los muchos que existen, de la tradición occidental cristiana y dos de las tradiciones orientales, del budismo y del vedanta advaita.

Ejemplo de la Iluminación
en la tradición occidental: Thomas Traherne

Aunque en nuestro contexto católico hispanoparlante los místicos que naturalmente surgen en nuestra memoria son Juan de la Cruz o Teresa de Jesús, por su desconocimiento en nuestro entorno, prefiero citar un místico protestante angloparlante, aún no traducido a nuestro idioma. Thomas Traherne (1636-1674) fue un escritor, teólogo y sacerdote anglicano nacido en Inglaterra y perteneciente a los llamados poetas metafísicos del siglo xvii. Su libro *Siglos de meditaciones* (Traherne, 2013), que no fue publicado hasta 1908, es considerado una de las piezas maestras de la mística. A continuación resumimos su descripción de su experiencia espiritual. Hay que tener en cuenta que Traherne no conoció el budismo, el advaita ni otras religiones orientales, lo que confirma que estas experiencias sublimes ocurren en todas las culturas y religiones, y no solo en las orientales (Traherne, 1988; 2013):

El grano era trigo iridiscente e inmortal, que nunca debería haber sido cosechado, ni incluso sembrado. Pensé que siempre había permanecido allí en pie desde la eternidad y hasta la eternidad. El polvo y las piedras de la calle eran tan preciosas como el oro; las puertas eran, en un primer momento, el final del mundo. Cuando vi por primera vez los verdes árboles a través de una de las puertas, me transportaron y violaron; su dulzura y belleza inusual sobresaltaron mi corazón y casi me enloquecen con el éxtasis. Eran unas cosas tan extrañas y maravillosas. ¡Los seres humanos! Qué criaturas tan venerables y dignas de reverencia me parecieron los ancianos. ¡Querubines inmortales! ¡Y los jóvenes, relucientes y chispeantes ángeles! ¡Y las sirvientas, extrañas piezas seráficas de vida y belleza! Niños y niñas cayendo y jugando en las calles eran joyas en movimiento. No sabía que ellos habían nacido o que iban a morir. Todas las cosas permanecían eternamente como si estuviesen en el lugar adecuado. La eternidad se manifestaba en la Luz del Día, y algo infinito aparecía detrás de todo, lo que hablaba a mis expectativas y movía mi deseo. La ciudad parecía estar situada en el Edén o haber sido construida en el Cielo. Las calles, la iglesia, la gente eran mías. El cielo, el sol y la luna, las estrellas eran mías. Todo el Mundo era mío […] como si yo fuese el único espectador y el único que pudiese disfrutarlo.

Ejemplo de la Iluminación
en la tradición Vedanta Advaita: Sesha

El maestro vedanta advaita Sesha, Iván Oliveros, al que profeso una gran admiración y respeto, y cuyas enseñanzas pueden encontrarse en http://www.vedantaadvaita.com/, ha descrito ampliamente en su libro *Una historia por contar* (Sesha, 2014) su experiencia de Iluminación. De forma más resumida describió para nuestro libro *Cómo reducir el sufrimiento con aceptación y mindfulness* (García Campayo, 2020) cómo era su vida diaria sin diálogo interno, una de las características de la Iluminación. Y esta es la experiencia que incluimos:

Cuando se carece de fantasía, la mente no se extravía en recuerdos innecesarios. No invaden sentimientos ni pensamientos irrelevantes el momento que se vive. La atención en lo cotidiano se hace tan firme que no existe la opción de caminar por senderos del pasado o del futuro que sean superfluos.

Emerge entonces una continua sensación de relax mental. No hay el más mínimo esfuerzo para pensar ni para comunicarse. Alrededor se crea una esfera de silencio que no es penetrada por voces, canciones o sensaciones auditivas internas que sean tóxicas; se parece al vacío sonoro del ambiente mientras la nieve cae.

Florece una sensación de continua atención cuya base es estable, firme y muy tranquila. La mente no se proyecta ni compara constantemente los recuerdos. No te ves regresando de creaciones mentales a las cuales no sabes cómo llegaste. Las cosas simples, como una pared, el movimiento de las hojas de un árbol o escuchar música o caminar, cobran una relevancia sencilla y, a la vez, extraordinaria.

No hay cansancio mental ni aparece miedo. Los sentimientos patológicos quedan restringidos, pues la atención al iluminarlos desde fuera hace que desaparezcan. El mundo se ve desde ningún lugar en especial; la cabeza ya no es el eje de lo conocido. Proyectada la atención, flota esta en el espacio y, desde allí, se percibe y se procesa la percepción.

Surge de manera natural la alegría por las cosas simples, por el acto de vivir, por la simpleza de existir. Los sentimientos se sutilizan y abarcan regiones antes inexploradas. Nuevas formas de expresión del sentir y en nacimiento de una intuición más práctica florecen con el paso del tiempo.

Queda mucho tiempo libre para contemplar cosas y situaciones a las que antes no dábamos importancia, pues la mente no se extravía ahora en cosas innecesarias. La eficiencia cognitiva mejora, pues es posible concentrarse profundamente en situaciones complejas o cotidianas. La mente deja de ser la cárcel que obliga a pensar y se convierte en el lazarillo que guía un presente carente de estrés y esfuerzo.

No fantasear tranquiliza el cuerpo, aquieta la mente, permite flotar sobre el presente y advertirlo bajo el manto mágico de la comprensión. Tomarás con facilidad decisiones y te empoderarás de tu propio mundo. Gozarás de la simpleza de lo natural y advertirás una naturaleza más espontánea, pero, ante todo, tu cabeza descansará de tanto pensar en cosas innecesarias y dará paso a ver el mundo desde otro lugar: la no-dualidad.

Ejemplo de la Iluminación
en la tradición budista Zen

De forma muy breve, el maestro zen Dogen describe en el *Shobogenzo* su experiencia de la Iluminación de esta forma: «Llegué a realizar claramente que la mente no es otra cosa que los ríos y las montañas y la gran tierra, el sol, la luna y las estrellas».

Características comunes a las experiencias de Iluminación a través de las culturas y religiones

Algunas de las características comunes que presentan todas estas experiencias son las siguientes (Loy, 2014):

1. Luz y extasis: los místicos de muchas tradiciones han enfatizado la importancia de la luz: los objetos no solo brillan, sino que la diferencia entre ellos y la luz que irradian se diluye. De esta forma, el mundo no está compuesto por objetos estáticos, materiales, autoexistentes, sino que es una confluencia de procesos luminosos que interactúan. Todo ello produce una sensación de éxtasis, de intensa belleza, de rapto.

2. Ausencia de tiempo: mientras muchas religiones están preocupadas por la inmortalidad, los místicos suelen describir «la eternidad», aquello que no muere ni nace, que siempre es el eterno presente. Traherne (1988) llega a decir que «Todo el tiempo era la Eternidad». El budismo también habla de lo que «no muere», de lo «no nacido», de que no existe un yo que pase de una vida a otra, dado que nuestra mente nunca nació y, por tanto, no morirá.

3. Vacuidad: Traherne describe que: «algo infinito aparecía detrás de todo». Apenas menciona a Dios. Nos recuerda la afirmación del poeta inglés William Blake (1757-1827) en su libro *El matrimonio del cielo y del infierno*: «Si las puertas de la percepción estuvieran purificadas, todo se presentaría ante el hombre como es, infinito». Este infinito que describen ambos poetas no es diferente de los objetos percibidos. Como dice el *Sutra del Corazón*, enfatizando la no-dualidad entre vacuidad y apariencia: «La forma es el vacío y el vacío es la forma». Estrictamente, no es que la apariencia o la forma sea una cáscara debajo de la cual se encuentra la vacuidad. La idea es que lo que se presenta es el mundo fenoménico, que está vacío porque no posee existencia real, independiente. Un infinito eterno y luminoso se nos presenta bajo una forma tangible y concreta, aparentemente autoexistente.

4. Trascendencia: la dualidad entre un mundo terreno que debe ser superado para alcanzar otro mundo espiritual es una de las principales dualidades, como analizamos en el primer capítulo. Esta idea implica una devaluación del mundo presente. La experiencias de Iluminación, como las de Traherne, Seshao Dogen, no hablan de otro mundo, porque todo está en este. Veíamos en el capítulo 1 que Nagarjuna insiste en que samsara y nirvana son lo mismo. Traherne también afirma que su ciudad «parecía estar situada en el Edén o haber sido construida en el Cielo».

5. No-dualidad: aunque suele aparecer en todas las experiencias de Iluminación, la expresión puede ser diferente en Occidente y en Oriente. Así, Traherne afirma que todo es suyo: «las calles, la iglesia, la gente... eran mías. El cielo, el sol y la luna, las estrellas eran mías». En el budismo Zen, sin embargo, Dogen afirma que él no es algo separado, sino que es el universo: «La mente no es otra cosa que los ríos y las montañas y la gran tierra, el sol, la luna y las estrellas». Realmente ambos han trascendido la experiencia ilusoria del dualismo, del ansioso yo que pugna por diferenciarse del resto del mundo. No hay diferencia entre «ser todo» y «no ser».

27. Conclusiones

> El vacío de la vacuidad está lleno de
> causas y condiciones.
>
> BHIKKHU ANALAYO

Hemos presentado en este libro numerosas y diferentes meditaciones de tipo deconstructivo o en la línea de la no-dualidad, que constituyen solo uno de los tres grandes tipos de meditaciones aceptadas en psicología (Dahl y cols., 2015). La mayoría apenas han sido investigadas por la ciencia moderna porque, tradicionalmente, se han considerado la cumbre de la experiencia mística y contemplativa y, como tales, poseían un cierto carácter de secreto y solo se enseñaban en las fases más avanzadas del aprendizaje espiritual.

Nosotros siempre hemos defendido que la deconstrucción del yo es el núcleo del sufrimiento humano y, por eso, lo hemos situado en el centro de nuestro modelo de práctica meditativa (García Campayo, 2018). Aunque todas las meditaciones pueden conducir a este objetivo, estas prácticas son especialmente directas y efectivas para conseguir dicho fin.

Por eso, a lo largo de este libro, hemos insistido en temas como la impermanencia y las pretensiones no realistas del yo plasmados en los «proyectos de carencia»; la dualidad creada por el yo frente al mundo, que es semilla de otras dualidades como el apego y la aversión; la necesidad de desenmascarar al yo y deconstruirlo, para recuperar la unidad con el Todo, más allá de los dualismos. Y hemos hablado del camino para conseguirlo, que pasa por no identificarse con las formaciones mentales y el diálogo interno para quitarle el alimento al yo. También hemos reflexionado sobre la paz de ese vacío imperturbable que se vislumbra como la única realidad.

En los retiros y cursos que ofrecemos, algunos buscadores sinceros me preguntan cómo debe ser su práctica. Muchos consideran que debe ser ciega, siguiendo literalmente la práctica específica de su maestro, y mantenerla así toda la vida. En mi humilde opinión, nuestro compromiso es con la práctica, con la enseñanza, no con un determinado maestro. Cada uno es el mejor juez sobre la eficacia de las prácticas que realiza. Hemos descrito en otros libros las señales que se asocian a una adecuada práctica meditativa (García Campayo, 2018), entre las que destacamos: mayor aceptación, flexibilidad mental, conexión con el mundo y sensación de felicidad, así como menor importancia personal. Si la meditación no nos lleva por el camino adecuado, lo razonable es abandonarla y probar otro tipo de prácticas a partir de otros maestros o de otros referentes.

El propio Buda recomienda ser escéptico en su famoso *Discurso a los kalama*:«No aceptéis nada por tradición oral, por linaje de enseñanza, por rumores, por una colección de escrituras, por razonamiento lógico, por inferencia, por reflexión sobre las causas, por aceptación de una idea tras haberla ponderado, por la aparente competencia del expositor o porque penséis "ese errante es mi maestro"» (*Anguttara Nikaya* III: 65; *Bodhi, 2012*, pág. 280).

En épocas pasadas, la distancia geográfica y las malas comunicaciones obligaban a que los discípulos permaneciesen durante años con sus maestros, pudiendo conocer a pocos de ellos. Sin embargo, los tiempos actuales ofrecen la increíble posibilidad de conocer y practicar con múltiples maestros, ya que no hay distancias insalvables para hacer un retiro, debido a los actuales medios de transporte, o para recibir una formación, gracias a las nuevas tecnologías de la telecomunicación.

Como afirmó el Buda: «Así como el gran océano tiene un solo sabor, el sabor de la sal, también este *Dharma* y disciplina tiene un solo sabor, el sabor de la liberación» (*Paharada-sutta* AN IV, 200).

Por eso, me despido invitando a los lectores a convertirse en buscadores de la verdad, a aprender y practicar con maestros que consideren sabios y sinceros, a compartir lo aprendido con otros compañeros del camino y a comprometerse con este universo y con toda la humanidad, para intentar que nuestro mundo vaya un poco mejor. Si lo hacemos así, cuando muramos, tendremos una sonrisa en el rostro, porque sentiremos que hemos hecho lo que había que hacer y que nuestra vida, pese a todas las sombras que nos acompañan a los seres humanos, habrá valido la pena. Mientras, es posible que el asombro y la magia que impregnan este mundo nos hayan penetrado y hayamos podido descubrir nuestra auténtica Naturaleza del Buda.

Anexo.
Estructura de la mente

(Guen Lamrimpa, 1997; Trangu Rinpoche, 2002; Dalái Lama, 2010; Sesha, 2014; García Campayo, 2019)

Para entender el funcionamiento de la mente, una de las metáforas más exactas sobre su funcionamiento es considerarla como un videojuego con diferentes niveles, pantallas o plataformas. En cada uno de estos niveles, las leyes que rigen el funcionamiento de la mente son diferentes. Por esta razón le resulta tan complicado a una persona, cuya mente se encuentra en pantallas iniciales, entender su funcionamiento en pantallas superiores. Cualquier descripción de ese funcionamiento es inexacta, porque las palabras no pueden describir la complejidad del funcionamiento. La única forma de entenderlo es mediante la experiencia. Ponemos como ejemplo que es como intentar explicar el sabor de una fruta, digamos la fruta de la pasión, a alguien que nunca la haya probado. Tras dos horas solo tendrá una idea aproximada de cómo es el sabor, mientras que, probando un solo trozo, tendrá la experiencia clara.

La práctica de la meditación es la palanca que permite a la mente pasar de una pantalla a otra de forma progresiva. Ahora bien, este proceso no es lineal; hay cierta correlación entre cantidad y calidad de práctica y sus resultados, pero no es siempre proporcional. Existen otros factores que influyen en este proceso y que han sido descritos por las tradiciones meditativas. Pero, sobre todo, este proceso no es voluntario ni controlable, sino que la mente se reconfigura hacia pantallas más profundas de forma automática durante la práctica. Cualquier esfuerzo voluntario para alcanzar niveles de mayor autoconsciencia retrasa, cuando no imposibilita, el proceso. Recordemos que mindfulness es la capacidad de poner la mente en modo «ser», de no buscar ni desear nada. Si queremos alcanzar ese estado, ya estamos deseando algo, seguimos en modo «hacer». La gran dificultad de mindfulness es que es «querer no querer nada».

Nivel o pantalla 1.
Identificación o fusión absoluta
con los contenidos de la mente

Esta es la pantalla en que se encuentran las personas que nunca han meditado, es decir, la mayoría de la humanidad a lo largo de la historia. Su principal rasgo es la existencia de diálogo interno continuo. Hay que ser consciente de que todas las ciencias humanistas, como la filosofía o la psicología-psiquiatría, hasta la aparición de las psicoterapias tipo mindfulness, están basadas en el principio de que el ser humano está sometido a diálogo interno continuo. Por eso no pueden entender otros niveles de la mente, que han sido considerados «fenómenos religiosos», cuando no «paranormales», en vez de simples estadios del entrenamiento de la mente. Las características de este primer nivel son las siguientes:

Funcionamiento de la mente:

- Diálogo interno continuo. La mente divaga la mayor parte del tiempo y fluctúa entre pasado y futuro, siendo excepcional centrarse en el presente.
- No se pueden observar, ni se imagina la posibilidad de que puedan existir, «huecos» sin actividad en el funcionamiento de la mente.
- Fusión cognitiva y emocional continua: nos identificamos absolutamente con pensamientos y emociones y consideramos que eso es la «sal de la vida».

El yo. Absoluta identificación con el yo autobiográfico, con el personaje que hemos ido desarrollando a lo largo de la vida. No se concibe que pueda existir el yo en cualquier otra forma. Cualquier crítica a las etiquetas que conforman este yo genera emociones negativas.

Motivación. Se basa en la «tríada del deseo»: lo que me gusta, lo que no me gusta y lo que es indiferente. La felicidad hedónica es el principal objetivo. La compasión es una cualidad que se intenta desarrollar de forma forzada, ya que el yo mediatiza y sesga cualquier intento de ayudar al otro.

Los otros. Todo lo que no es el yo es lo «otro». La diferenciación sujeto-objeto es absoluta, siendo inimaginable que no sea así. La consciencia se sitúa dentro del cuerpo y con límites bien definidos respecto al no-yo, siendo inconcebible cualquier otra alternativa. En la búsqueda compulsiva de la felicidad hedónica, los demás suelen ser daños colaterales en la consecución de nuestros objetivos egoicos.

Nivel o pantalla 2.
Inicio de la meditación. Aparición de
la metacognición o de la figura del «observador»

En esta pantalla se entra cuando se empieza a practicar meditación de forma regular. Se caracteriza por la aparición de la metacognición o de la figura del «observador». Este es un proceso progresivo, ya que, inicialmente, el observador es muy débil, mientras que los contenidos de la mente (sensaciones, pensamientos, emociones e impulsos) son muy intensos. Con la práctica de la meditación hay un cambio progresivo (recordamos que no existe correlación directa entre práctica y progreso), y cada vez el observador está más desarrollado y los contenidos de la mente son menos intensos, aparecen menos tiempo, y se genera el fenómeno de «derrealización»; es decir, no nos los creemos ni nos identificamos con ellos, comprendemos que son el simple juego de la mente, su funcionamiento por defecto. Lo que describimos a continuación es el funcionamiento durante la práctica meditativa, ya que en la vida diaria, fuera de la práctica, el individuo suele estar en la pantalla 1, hasta que, con los años de práctica, las diferencias entre práctica formal de meditación y vida diaria se minimizan. La mayor parte de la humanidad que practica meditación no progresa más allá de esta pantalla.

Funcionamiento de la mente:

- El diálogo interno ya no es continuo. La mente sigue divagando parte del tiempo y fluctuando entre pasado y futuro, pero cada vez es más frecuente que pueda centrarse en el presente.
- Empiezan a observarse «huecos» sin actividad en el funcionamiento de la mente. Al principio pueden durar milisegundos o algún segundo, y pueden producir sensación de miedo o malestar, ya que son momentos de «disolución» del yo biográfico. Con el tiempo, estos «huecos» pueden durar minutos y se experimentan con una gran sensación de paz y bienestar.
- La fusión cognitiva y emocional es progresivamente menor. Las emociones no se viven con tanta intensidad y los pensamientos sabemos que no son la realidad, solo el resultado del funcionamiento de la mente, una simple interpretación. Empieza a emerger con fuerza la metacognición, es decir, la figura del «observador».

El yo. La identificación con el yo autobiográfico no es tan absoluta, porque los periodos sin diálogo interno debilitan esa visión. La identificación con las etiquetas que conforman este yo es mucho menor, por lo que las emociones negativas son menos intensas y duraderas.

Motivación. Aunque la «tríada del deseo» sigue siendo importante, el principal motivo para la acción lo pasan a ser los valores y el sentido de la vida. La búsqueda de la felicidad hedónica no es tan compulsiva, y va sustituyéndose por la felicidad eudaimónica, que se define como la satisfacción con la situación de uno mismo en la vida. Como la identificación con el yo no es tan intensa, la compasión va surgiendo de forma más espontánea.

Los otros. Los «huecos» sin actividad mental van socavando, lenta pero progresivamente, la diferenciación sujeto-objeto tan absoluta. La conexión espontánea con los otros es mayor al ir debilitándose el yo biográfico.

Nivel o pantalla 3.
El yo experiencial observa el vacío
de contenidos mentales

Conforme el observador va ganando potencia, los contenidos de la mente la pierden de forma inversa. En este nivel, el cerebro se ha desconectado de las experiencias sensoriales y permanece en el llamado «espacio de la mente», el lugar donde ocurren los fenómenos mentales. Se caracteriza por la aparición de un observador (metacognición) muy potente, que no posee ninguna característica biográfica y que está situado en la parte posterior y a una altura variable, en el espacio de la consciencia, de la pantalla que surge cuando se medita o se visualiza. Apenas hay fenómenos mentales ni diálogo interno, por lo que se observa el vacío de la mente y el observador no posee ninguna característica, ya que el diálogo interno ya no sustenta al yo biográfico.

A esta pantalla se tiene acceso ocasionalmente en el nivel anterior, pero se considera que se está en este nivel cuando se puede permanecer durante unos minutos en este estado. En general, los practicantes experimentados pueden alcanzar esta pantalla hacia los 5-15 minutos (las cifras son muy variables según las personas) desde el inicio de la práctica meditativa formal. Las tradiciones contemplativas han desarrollado sistemas de acceso directo a este estado de forma temporal, como, por ejemplo, mediante la práctica del mantra. Estas técnicas sustituyen el diálogo interno durante minutos y, más tarde, se discontinúan de manera brusca, con lo que la mente queda en vacío durante un corto tiempo.

Funcionamiento de la mente:

- No existe casi diálogo interno ni aparición de contenidos mentales. Si ocasionalmente aparecen, estos son poco intensos y duraderos, y existe una clara sensación de desrealización, de que no son la realidad, sino solo fenómenos producidos por el juego de la mente.
- No puede haber fusión cognitiva y emocional porque no hay casi contenidos mentales durante la práctica formal. En los periodos fuera de la práctica, esta fusión es poco intensa, porque la figura del observador es muy potente.
- Los «huecos» sin actividad mental son duraderos, por lo que puede observarse claramente el vacío de contenidos mentales. Este fenómeno se caracteriza por ser:

- **Estable.** No cambia como los pensamientos y los fenómenos mentales. No desaparece, no se puede quitar de la mente.
- **Homogéneo.** La mente presenta un color uniforme, frecuentemente negro u oscuro, aunque podría ser más claro; pero todo el espacio mental es igual, sin variación.
- **Sin límites.** Ese espacio de la mente no tiene límites en ninguna dirección, no hay ningún tope o barrera. Puede «navegarse» por él sin restricción.
- Se mantiene la **distinción sujeto-objeto.** Por eso hay un yo experiencial observando el vacío de contenidos mentales, pero sujeto y objeto están bien diferenciados.
- **Experiencia subjetiva de bienestar.** Al principio, puede experimentarse cierta sensación de miedo, porque el yo autobiográfico se diluye y da paso al yo experiencial. Pero, después, se experimentan una sensación de gran bienestar y paz.

El yo. En la práctica formal solo existe el yo experiencial, sin ninguna característica, ya que, al no haber diálogo interno, el yo autobiográfico no se mantiene. El observador, mientras existe diálogo interno, mantiene características autobiográficas, pero cuando el diálogo interno desaparece, se convierte en el yo experiencial. En la vida diaria, el diálogo interno es escaso, por lo que existen muchos momentos en que aparece el yo experiencial. El yo biográfico está debilitado y la identificación con las etiquetas de nuestro yo biográfico es casi nula, por lo que las emociones negativas son mínimas.

Motivación. La «tríada del deseo» solo suele aparecer en relación con las necesidades más básicas del ser humano, como el sexo, la comida, o la evitación de dolor. Los valores son el principal motivo de la acción y empiezan a aparecer acciones donde no hay sensación de un yo que las ejecute. La felicidad hedónica casi ha desaparecido, porque la felicidad eudaimónica, la que surge por el simple hecho de estar vivo, la ha sustituido. Se desarrolla una compasión natural, en la que se es consciente de que lo único que puede hacerse por los otros es enseñarles la práctica de la meditación. Cada uno es quien decide su destino.

Los otros. La conexión espontánea con los otros es mayor, al ir debilitándose el yo biográfico. Surge una ética natural, interna. Empieza a haber experiencias ocasionales en las que la consciencia parece no estar constreñida a los límites del cuerpo, con lo que la sensación de unidad cósmica se sospecha.

Nivel o pantalla 4.
No-dualidad

Cuando se permanece tiempo en la pantalla anterior, en un momento dado, como solo hay vacío de contenidos mentales y nada que observar, el observador se vuelve sobre sí mismo. En ese momento, el perceptor ya no está en la parte posterior del espacio de la mente, sino que desaparece, se diluye como si fuese un gas y tiene la sensación de estar presente en todo el campo de consciencia, no en un sitio fijo. No obstante, todavía uno siente que el espacio en el que se desarrolla la experiencia está constreñido al espacio de la mente, que no está conectado con el resto del Universo, con el Todo. Por eso, aunque el espacio de la mente se percibe como ilimitado, se siente como cerrado, no conectado a todo lo demás. Este proceso de pasar a la cuarta pantalla no se puede forzar ni perseguir de forma voluntaria (lo que constituiría «modo hacer»), sino que surge de manera espontánea en la mente como resultado de solo observar sin ninguna expectativa («modo ser»). Aunque se pueden tener experiencias de no-dualidad, ocasionalmente en la pantalla anterior, se considera que se ha estabilizado esta pantalla si en la mayoría, o en todas las prácticas meditativas formales, uno alcanza este estado a los pocos minutos del inicio. Este no es un estadio único, sino que tiene muchos niveles distintos de profundidad, que han sido descritos en las tradiciones meditativas como «estados de absorción».

Funcionamiento de la mente:

- En la práctica formal. No hay contenidos mentales ni diálogo interno, por lo que no puede haber fusión cognitiva ni emocional. Existen diferentes grados de profundidad o absorciones, en los que, inicialmente, desaparece el deseo (se llama el «Mundo del Deseo») y, más tarde, desaparece la forma (se llama el «Mundo de la Forma»). Más allá de esos dos niveles, que incluyen diferentes subniveles, la fase más elevada es el «Mundo de la No Forma». Se experimenta continuamente una sensación de intensa paz y arrobamiento, de gozo intenso por estar vivo. En absoluto hay apatía o indiferencia, por no existir las emociones habituales. Por eso, es fácil quedarse atrapado en estos niveles sin avanzar, porque se tiene la sensación de haber llegado al Nirvana.

• En los periodos fuera de la práctica no hay reactividad mental a las experiencias externas en forma de pensamientos o emociones, estado que el Buda describe como «morar en el Nirvana».

El yo. En la práctica formal, solo existe el yo experiencial no-dual, sin diferenciación con el objeto. En la vida diaria, las fronteras entre sujeto y objeto son muy difusas. Uno puede llevar una vida externa aparentemente normal, aunque su funcionamiento mental es muy distinto al del ser humano corriente. Por eso se dice que «el sabio no deja huella».

Motivación. El deseo ha desaparecido. Los valores son solo un concepto vacío.

No hay un yo que genere deseos y, por tanto, realice acciones. Las acciones se realizan porque es necesario, porque lo pide el presente: sin deseo de hacerlas, sin consciencia de un hacedor y sin expectativa de resultado.

Los otros. La experiencia de no-dualidad sujeto-objeto es intensa. Si los otros y yo somos lo mismo, ¿cómo podría dañarlos? La conexión espontánea con los demás seres humanos y con el universo es muy intensa.

Nivel o pantalla 5.
Conexión con la mente universal

Pocas personas en la historia de la humanidad han alcanzado este estado. En pantallas anteriores no se tiene ninguna experiencia de este tipo, ya que es específica de este nivel. Puede tenerse una sola vez en la vida o, como mucho, unas cuantas veces, pero no puede ocurrir en cada meditación, como sí que puede ocurrir con las experiencias del resto de las pantallas.

Consiste en la vivencia de no-dualidad, pero no solo constreñida al espacio de la mente, sino que se siente la conexión e identidad con todo el Universo. La mente conoce de forma no conceptual e inmediata la experiencia de todos los universos posibles en los tres tiempos (pasado, presente y futuro), de modo que no existen barreras espaciales ni temporales, ni barreras al conocimiento. Se conecta con el inconsciente individual y colectivo, que se hacen, por fin, conscientes. La experiencia es de muerte, de disolución de la individualidad, de pérdida de control. Hay una resistencia inconsciente a este proceso, que puede retrotraer a la mente a pantallas previas. Pero, si uno se abandona, entra en el *nirvikalpa samadhi*.

La experiencia puede durar horas o días. La recuperación de todo el sistema nervioso, después de esta vivencia, puede tardar semanas o meses. Es de tal intensidad que no se puede llevar en los días posteriores una vida normal tal y como la entendemos; por eso, la experiencia solo ocurre en personas que están en retiros meditativos, alejados del mundo.

Funcionamiento de la mente, yo, motivación y los otros:

- En la práctica formal. No hay mente, no hay yo, ni siquiera hay no-dualidad, sino fusión con el universo. No
hay actividad ni movimiento mental, solo conocimiento
extático de todo lo cognoscible. No hay ya inconsciente.
- En los periodos fuera de la práctica. En los días posteriores a la práctica, los límites del yo y el no-yo son la-
xos, como también lo son los límites de los objetos entre
sí. Hay una experiencia de conexión con todo lo demás.
Uno tiene que aprender a funcionar en el mundo, después de esta experiencia, como si fuese un niño.
- No hay motivación, no hay deseo, no hay esfuerzo, no
hay sensación de hacedor.
- Los otros son idénticos a uno mismo, no hay separación,
ni de nosotros ni del Todo.

Bibliografía

Acanti E. *L'art rupestre dans le monde, L'imaginaire de la Préhistoire*. París: Larousse Bordas, 1997.

Adams R. *Silence of the heart. Dialogues with Robert Adams*. Washington: Acropolis Books, 1999.

Alvarado J. *Historia de los métodos de meditación no-dual*. Madrid: Sanz y Torres, 2012.

American Psychiatric Association (APA). DSM-IV (Diagnostic and Statistical Manual, 4th ed). Barcelona: Masson, 1995.

Analayo B. *Compassion and emptiness in early buddhist meditation*. Cambridge, UK: Windhorse Publications, 2015.

Analayo B. *A meditator's life of the Buddha*. Cambridge, UK: Windhorse, 2017.

Anónimo. *La nube del no saber: texto anónimo inglés del siglo xiv*. Barcelona: Herder, 2006.

Apte P. *The Nisargadatta Gita*. Willsonville, Oregon, USA: Gita. Sirius Productions, 2008.

Arnau J. *Leyenda del Buda*. Madrid: Alianza Editorial, 2011.

Asín Palacios M. *Un precursor hispano-musulman de San Juan de la Cruz*. Reimpreso dentro de *Huellas del islam*, 1941, páginas 235-304.

Berne E. *Juegos en que participamos*. Nueva York: Editorial Grove Press, 1964.

Broughton, J. *The Bodhidharma Anthologhy: The Earliest Records of Zen*. Los Ángeles: University of California Press, 1999.

Bakker A B. The work-related flow inventory: Construction and initial validation of the WOLF. Journal of Vocational Behavior. 2008;72:400-14.

Berzin A. *Introduction to the Kalachakra initiation*. Nueva York: Shamballa, 2011.

Besserman, P; Steger, M. *Zen Radicals, Rebels, and Reformers*. Londres: Wisdom Publications, 2011.

Blanke O, Metzinger T. Full-body illusions and minimal phenomenal selfhood. Trends Cogn Sci. 2009;13:7-13.

Blofeld J. *Zen teachings of Huang po*. Nueva York: Grove Press, 1958.

Blyth RH. En «Ikkyu's Doka». The Young East, vol. 2, n.º 7. Tokyo, 1953.

Bodhi Bhikkhu. *The Numerical Discourses of the Buda: A Translation of the Anguttara Nikaya*. Sommerville (Massachusetts): Wisdom Publications, 2012.

Borges JL Jurado A. *Qué es el budismo*. En: Jorge Luis Borges. Obras completas en colaboración. Buenos Aires: Emecé, 1997.

Bormann JE, Thorp SR, Wetherell JL, Golshan S, Lang AJ. Meditation-based mantram intervention for veterans with posttraumatic stress disorder: A randomized trial. Psychol Trauma Theory, Res Pract Policy. 2013;5:259-67.

Bormann JE, Carrico AW. Increases in Positive Reappraisal Coping During a Group-Based Mantram Intervention Mediate Sustained Reductions in Anger in HIV-Positive Persons. Int J Behav Med 2009;16:74-80.

Bormann JE, Gifford AL, Shively M, Smith TL, Redwine L, Kelly A et al. Effects of spiritual mantram repetition on HIV outcomes: a randomized controlled trial. J Behav Med. 2006;29:359-76.

Brewer JA et al. What about the «Self» is processed in the posterior cingular cortex? Front Human Nuerosci. 2013;7:647.

Brigas Hidalgo, A. *Psicología. Una ciencia con sentido humano*. México: Esfinge, 2012.

Burbea R. *Seeing that frees*. Devon, UH: Hermes Amara Publications, 2014.

Burke A, Lam CN, Stussman B, Yang H. Prevalence and patterns of use of mantra, mindfulness and spiritual meditation among adults in United States. BMC Complement Alternat Med. 2017;17:316.

Burke A. Comparing individual preferences for four meditation techniques: Zen, Vipassana (mindfulness), Qigong and Mantra. Explore. 2012; 8:237-42.

Vishnu Devananda S. *Meditación y mantras*. Madrid: Alianza Editorial, 2001.

Butlein D. *Nondual Embodiment Thematic Inventory*. Institute of Transpersonal Psychology, 2005a. Unpublished doctoral dissertation.

Butlein DA. *The impact of spiritual awakening on psychotherapy: A comparison study of personality traits, therapeutic worldview, and client experience in transpersonal, non-transpersonal, and purportedly awakened psychotherapists*. Institute of Transpersonal Psychology, ProQuest Dissertations Publishing, 2005b:3202046.

Capriles, E. *Budismo y dzogchén. La doctrina del Buda y el vehículo supremo del budismo tibetano*. Vitoria: Barcelona: La Llave, 2000.

Carro Marina L. *Las preguntas de Milinda*. Madrid: Biblioteca Nueva, 2002.

Carse JP. *Finite an infinite games*. Nueva York: Ballantine Books, 1987.

Castaneda C. *Viaje a Ixtlan. Las lecciones de Don Juan*. Nueva York: Simon & Schuster, 1972.

Cebolla A, Demarzo M, Martins P, Soler J, García Campayo J. Unwanted effects: Is there a negative side of meditation? A multicentre survey. PLoS One. 2017;12:e0183137.

Chokyi Nyima Rinpoche. *The Union of Mahamudra and Dzogchen*. Hong Kong: Rangjung Yeshe, 1989.

Chu Cha'n (transcrito por John Blofeld). *The Huang po Doctrine of universal Mind*. Londres: Buddhist Society, 1947; pág. 29.

Cleary JC, Cleary T. *The Blue Cliff Record*. Boston, Massachusetts: Shambhala Publications, 1977.

Conze E. *Buddhist thought in India. Three phases of Buddhist philosophy*. Londres: Routledge, 2008.

Craig ADB. How do you feel--now? The anterior insula and human awareness. Nat. Rev. Neurosci. 2009;10:59-70.

Critchley H, Seth A. Will studies of macaque insula reveal the neural mechanisms of self-awareness? Neuron. 2012;74:423-6.

Csikszentmihalyi M. *Flow: The psychology of optimal performance*. Nueva York: Cambridge University Press. 1990.

Csikszentmihalyi M. If we are so rich, why aren't we happy? American Psychologist. 1999; 54:821-27.

Dahl CJ, Lutz A, Davidson RJ. Reconstructing and deconstructing the self: Cognitive mechanisms in meditation practice. Trends in Cogn Sci. 2015;19:515-23.

Dalái Lama. *El mundo del budismo tibetano*. Palma de Mallorca: Olañeta, 1997.

Dalái Lama. *Dzogchen. El camino de la Gran Perfección*. Barcelona: Kairós, 2004.

Dalái Lama. *Conócete a ti mismo como realmente eres*. Barcelona: Penguin Random House, 2006.

Dalái Lama. *La mente despierta*. Barcelona: Kairós: 2013.

Damasio A. *Self comes to mind: Constructing the conscious brain*. Barcelona: Random House, 2012.

Davanger S, Ellingsen O, Holen A, Hugdahl K. Meditation-specific prefrontal cortical activation during acem meditation: an fMRI study. Percept Mot Skills. 2010;111:291-306.

Davis LS. Londres: Continuum International Publishing, 2010.

deBary T. *Selections from Chuang-tzu. Sources of Chinese Tradition* vol 1. Nueva York: Columbia University Press, 1964.

Denny BT et al. A meta-analysis of functional neuroimaging studies of the self- and other judgements reveal a spatial gradient for mentalizing in medial prefrontal cortex. J Cogn Neurosci. 2012;24:1742-52.

Ding X et al. Short-term meditation modulates brain activity of insight evoked with solution cue. Soc Cogn Affect Neurosci. 2014;10:43-9.

Dodrupchen Jikme Tenpa Nyima. Collected Works. Gangtok, Sikkim: Deorali, 2000.

Dorjee D. Kinds and dimensions of mindfulness: Why it is important to distinguish them. Mindfulness, 2010;1:152-60.

Dragan M, Dragan W. Temperament and anxiety: The mediating role of metacognition. Journal of Psychopathology and Behavioral Assessment. 2014;36:246-54.

Du X, Liu Y, Li Y. The effect of familiarity on out-group homogeneity. Psychological Science. 2003;26:625-27.

Dussaussoy D. *El budismo zen.* México D.F.: Siglo XXI, 2005.

Ekai M. *La puerta sin puerta.* Palma de Mallorca: Jose de Olañeta, 2017.

Engström M, Pihlsgård J, Lundberg P, Söderfeldt B. Functional magnetic resonance imaging of hippocampal activation during silent mantra meditation. J Altern Complement Med. 2010;16:1253-8.

Evans-Wentz. *El libro tibetano de la gran liberación.* Buenos Aires: Kier, 1977.

Farb NAS, Anderson AK, Mayberg H, Bean J, McKeon D, Segal ZV. Minding one's emotions: mindfulness training alters the neural expression of sadness. Emotion. 2010;10:25-33.

Farb NAS, Segal ZV, Mayberg H, Bean J, McKeon D, Fatima Z, Anderson AK. Attending to the present: mindfulness meditation reveals distinct neural modes of self-reference. Soc Cogn Affect Neurosci. 2007; 2:313-22.

Feldman G, Greeson I, Senville J. Differential effecta of mindful breathing, progressive muscle relaxation and loving-kindness meditation on decentering and negative reactions to repetitive thoughts. Behav Res Ther. 2010;4:1002-11.

Feldman C. *The Buddhist Path to Simplicity*. Londres: Thorsons, 2001.

Feliu-Soler A, Soler J, Luciano JV, Cebolla A, Elices M, Demarzo M, García Campayo J, et al. Psychometric properties of the Spanish version of the nonattachment scale (NAS) and its relationship with mindfulness, decentering and mental health. Mindfulness. 2016;7:1156-69.

Fresco DM, Moore MT, Van Dulmen MHM, Segal ZVSH, Teasdale JD, Williams JMG. *Initial P*sychometric Properties of the Experiences Questionnaire: Validation of a Self-Report Measure of Decentering. Behavior Therapy. 2007;38:234-46.

Freud S. *El porvenir de una ilusión*. Buenos Aires: Amorrortu, 2016.

Fung Yu-lan. *Zhuanh Zi*. Barcelona: Kairós, 1996.

Gallagher S. Philosophical conceptions of the self: implication for cognitive science. Trends Cogn Sci. 2000;4:14-21.

Gangaji. *You Are That!* Satsang With Gangaji, Vol. 1, Boulder, Colorado: Satsang Press. 2 vols., 1995.

García Campayo. *Mindfulness. Nuevo Manual Práctico*. Barcelona: Siglantana, 2018.

García Campayo J, Demarzo M. *¿Qué sabemos del mindfulness?* Barcelona: Kairós, 2018.

García Campayo J. *Cómo reducir el sufrimiento con aceptación y mindfulness*. (García Campayo, 2020).

Garfield JL. *The Fundamental Wisdom of the Middle Way*. Nueva York: Oxford University Press, 1995 (traducción del *Mūlamadhyamakakārikā* [*MMK*] de Nagarjuna).

Gazzaniga MS. Forty-five years of split-brain research and still going strong. Nat Rev Neuroscie. 2005;6:653-59.

Getch J, Kessel R, Forkmann T, Gaugel S, Drueke B, Scherer A, Mainz V. A mediational model of mindfulness and decentering: sequential psychological constructs or one and the same? Biomedcentral Psychology 2014;2:1-13.

Godman D. *Be as you are. The teachings of Sri Ramana Maharsi.* Londres: Penguin Books, 1985.

Goode G. *¿Viene usted de las enseñanzas advaitas?* Science and Nonduality, 2014. Disponible en: https://www.nodualidad.info/articulos/viene-del-advaita.html

Goodman D. *Nothing Ever Happened*, Vol. 1, Boulder, Colorado: Avadhuta Foundation, 1998.

Goetz JL, Keltner D, Simon-Thomas E. Compassion: An Evolutionary Analysis and Empirical Review. Psychol Bull. 2010;136:351-74.

Grabovac AD, Lau MA, Willet BR. Mechanisms of mindfulness: a Buddhist psychological model. Mindfulness. 2011;2:154-66.

Grimes JA. *A concise dictionary of Indian philosophy: Sanskrit terms defined in English.* Nueva York: State University of Nueva York Press, 1996.

Gruel N. The plateau experience: an exploration of its origins, charactertistics, and potential. The Journal of Transpersonal Psychology. 2015;47:44-63.

Gudykunst WB, Matsumoto Y, Ting-Toomey S, Nishida T. The influence of cultural individualism-collectivism, self-construals, and individual values on comunication styles across cultures. Human Communication Research. 1996;22:510-43.

Gunaratana B. *Beyond mindfulness in plain English.* Boston: Wisdom Publications, 2009.

Gyetrul Jigme Rinpoche. *El sabor del Dharma.* Graus, Huesca: Chabsol, 2003.

Hamill S. *Crossing the Yellow River: Three Hundred Poems from the Chinese.* Rochester, NY: BOA Editions, 2000.

Hanley AW, Nakamura Y, Garland EL. The Nondual Awareness Dimensional Assessment (NADA): New tools to assess nondual traits and states of consciousness ocurring within and beyond the context of meditation. Psychol Assess. 2018 Jul 30. doi: 10.1037/pas0000615.

Hargus E, Crane C, Barnhofer T, Williams JMG. Effects of mindfulness on meta-awareness and specificity of describing prodromal symptoms in suicidaldepression. Emotion. 2010;10:34-42.

Harvey P. *The Selfless Mind: Personality, Consciousness and Nirvana in Early Buddhism,* Londres: Routledge, 2004.

Hasenkamp W, et al. Mind wandering and attention during focused meditation: a fine-grained temporal analysis of fluctuating cognitive states. Neuroimage. 2012;59,750-60.

Hay D, Morisy A. Reports of ecstatic, paranormal or religious experience in Great Britain and the United States. A comparison of trends. J Scient Study Religion. 1978;17:255-68.

Hayes SC. Acceptance and commitment therapy, relational frame theory, and the third wave of behavioral and cognitive therapies. Behavior Therapy. 2004;35:639-65.

Heine SJ, Kitayama S, Lehman DR. Cultural differences in Self-Evaluation. Japanese readly accept negative self-relevant information. J Cross-Cult Psychol. 2001;32:434-43.

Hofstede GH. *Culture's consequences: International differences in workrelated values*. Beverly Hills, CA: Sage Publications, 1980.

Hölzel B, y cols. How Does Mindfulness Meditation Work? Proposing Mechanisms of Action From a Conceptual and Neural Perspective. Perspectives on Psychological Science. 2011;6:537-59.

Hölzel B, Lazar SW, Gard T, Schuman-Olivier Z, Vago DR, Ott U. How does mindfulness meditation work? Proposing mechanisms of action from a conceptual and neural perspective. Perspect Psychol Science. 2011;6:537-59.

Hori, VS. *The Steps of Koan Practice*. En: John Daido Loori, Thomas Yuho Kirchner (eds.). *Sitting With Koans: Essential Writings on Zen Koan Introspection*, Londres: Wisdom Publications, 2005.

Hunter L, Bormann J, Belding W, Sobo EJ, Axman L, Reseter BK, et al. Satisfaction and use of a spiritually based mantram intervention for childbirth-related fears in couples. Appl Nurs Res. 2011;24:138-46.

Ingalls D. Samkara's arguments against te Buddhism. Philosophy East and West. 1954;3:291-306.

Ingram, DM. *Mastering the core teachings of the Buddha*. Londres, UK: Aeon Books, 2008. Disponible en: http://static.squarespa-ce.com/static/5037f52d84ae1e87f694cfda/t/5055915f84aedae ee9181119/1347785055665/

Ionta S, *et al*. Multisensory Mechanisms in Temporo-Parietal Cortex Support Self-Location and First-Person Perspective. Neuron. 2011;70:363-74.

Irish D. En: *Ethnic variations in dying, death and grief*. En: Diversity in universality. Irish D, Lundquist KF, Jenkins- Nelson V, editors. Philadelphia: Taylor &Francis; 1993.

Jha A, *et al*. Mindfulness training modifies subsystems of attention. Cogn. Affect. Behav. Neurosci. 2007;7,109-19.

Josipovic Z. Neural correlates of nondual awareness in meditation. Ann N Y Acad Sci. 2014;1307:9-18.

Jung C. *Introducción al budismo zen*. Bilbao, España: Mensajero, 1986.

Kalu Rinpoche. *Gently whispered. Oral teachings by the Very Venerable Kalu Rinpoche*. Nueva York: Station Hill Press, 1994.

Kapleau P. *The three pillars of Zen*. Nueva York: Anchor Books, 1980.

Karma Chagme. *Naked Awaremess. Practical Instructions on the Union of Mahamudra and Dzogchen*. Ithaca, NY, USA: Snow Lion Publications, 2000.

Karmapa N. *The Mahamudra Eliminating the Darkness of Ignorance*. Dharamsala: Library of Tibetan Works and Archives, 1981.

Keizan Zenji. *The record of transmitting the light: Zen master Keizan's Denkoroku*. Los Ángeles, USA: Center Publications, 1991.

Keizan Zenji. *Denkoroku. Crónicas de la transmisión de la luz*. Barcelona: Kairós, 2006.

Kelsang Gyatso G. *Mahamudra del Tantra*. Vejer de la Frontera (Cádiz): Editorial Tharpa, 2006.

Killingsworth MA, Gilbert DT. A wandering mind is an unhappy mind. Science. 2010;330,932.

Kitayama S, Karasawa M. Implicit Self-Esteem in Japan: Name Letters and Birthday Numbers. Personality and Social psychology Bulletin. 1997;23:736-42.

Kohn L. *Taoist Meditation and Longevity Techniques*. Anne Arbor: University of Michigan, 1989.

Kounios J, Beeman M. The cognitive neuroscience of insight. Annu Rev Psychol. 2014;65:71-93.

Kozhevnikov M *et al*. The enhancement of visuospatial processing efficiency through buddhist deity meditation. Psychol. Sci. 2009;20,645-53.

Kuo T, Ho L. Individual difference and job performance: The relationships among personal factors, job characteristics, flow experience, and service quality. Social Behavior and Personality. 2010;38:531-52.

Lehto R, Stein KF. Death anxiety: an analysis of an evolving concept. Res Theory Nurs Pract. 2009;23:23-41.

Loy D. A Zen Cloud. Comparing Zen Koan Practice with The Cloud of Unknowing. Budhi. 1997;1:15-37.

Loy D. *No-dualidad*. Barcelona: Kairós, 1999.

Loy D. How does an awakened person perceive the world? Science & Nonduality. 2014. Disponible en: https://www.scienceandnonduality.com/article/how-does-an-awakened-person-perceive -the-world

Loy D. *Lack and Trascendence: The problema of Death and Life in*

Psychotherapy, Existentialism, and Buddhism. Nueva York: Humanity Books, 2018.

Lu K'uan Yu. *Practical Buddhism*. Hong Kong: Buddhist Book Distributor, 1971.

Lutz A, Brefczynski-Lewis J, Johnstone T, Davidson RJ. Regulation of the neural circuitry of emotion by compassion meditation: effects of meditative expertise. PLoS One. 2008;3(3):e1897.

Lutz A, *et al.* Investigating the phenomenological matrix of mindfulness-related practices from a neurocognitive perspective. Am. Psychol. 2015; http://dx.doi.org/10.1037/a0039585

Lyubomirsky S, Nolen-Hoeksema S. Effects of self-focused rumination on negative thinking and interpersonal problem solving. Journal of Personality and Social Psychology. 1995;69:176-90.

Madhavananda S. *Brihadaranyaka Upanishad*. Calcuta: Advaita Ashrama, 1975.

Maestro Eckhart. *El fruto de la nada y otros escritos*. Madrid: Alianza Editorial, El libro de bolsillo, 2011.

Maestro Eckhart. *Tratados y sermones*. Barcelona: Edhasa, 1983.

Maharaj N. *Yo soy eso*. Barcelona: Sirio, 2003.

Maharsi R. *Las enseñanzas de Bhagavan Sri Ramana Maharsi en sus propias palabras*. Buenos Aires: Kier, 1971.

Maharsi R. *Nan Yar ¿Quién soy yo?* Mostoles (Madrid): Open Sky, 2016.

Maharsi R. *Sea lo que usted es*. Alcorcón (Madrid): Sanz y Torres, 2007.

Martín J, Padierna A, Unzurrunzaga A, González N, Berjano B, Quintana JM. Adaptation and validation of the Metacognition Questionnaire (MCQ-30) in Spanish clinical and nonclinical samples. J Affect Disord. 2014;167:228-34.

Maslow A. *Religiones, valores y experiencias cumbre*. Barcelona: Ediciones La llave, 2013.

Matsumoto D. Culture and self: An empirical assessment of Markus and

Kitayama's theory of independent and interdependent self-construals. Asian Journal of Social Psychology. 1999;2:289-310.

Mendis, N. K. G. (2006). *The Abhidhamma in practice*. Tomado el 29 de octubre de 2010 de http://www.accesstoinsight.org/lib/authors/mendis/wheel322.html

Mills PJ, Peterson CT, Pung MA, y cols. Change in sense of nondual awareness and spiritual awakening in response to a multidimensional well-being program. J Alternative Complement Med. 2018;24:343-51.

Miovic M. An introduction to spiritual psychology: Overview of the literature, east and west. Harv Rev Psychiatry. 2004;12:105-15.

Mooji. *Before I Am: The Direct Recognition of Truth – Dialogues with Mooji*. Londres: Mooji Media; 2.ª ed., 2012.

Moghaddam, F.M. *Social psychology: Exploring universals across cultures*. Nueva York, NY: W.H. Freeman & Company, 1998.

Montero-Marín J, Puebla-Guedea M, Herrera-Mercadal P, Cebolla A, Soler J, Vázquez C, Rodríguez-Bornaetxea F, García Campayo J. Psychological Effects of a 1-Month Meditation Retreat on Experienced Meditators: The Role of Non-attachment. Front Psychol. 2016;7:1935.

Nagarjuna. *Versos sobre los fundamentos del camino medio*. Barcelona: Kairós, 2003.

Namkhai Norbu. *El estado de autoperfección*. Barcelona: La llave, 2002.

Namkhai Norbu. *El cristal y la vía de la luz. Sutra, Tantra y Dzogchén*. Barcelona: Kairós, 1996.

Nanamoli B. *The Path of Purification*. Kandy, Sri Lanka: Buddhist Publication Society, 1975.

Narada Maha Thera. *A manual of Abhidhamma*. Malaysia: Buddhist Missionary Society, 1987.

Newby JM, Williams AD, Andrews G. *Reductions in negative repetitive thinking and metacognitive beliefs during transdiagnostic internet cognitive behavioural therapy (iCBT) for mixed anxiety and depression*. *Beh*aviour Research and Therapy. 2014;59:52-60.

Nour MM, Evans L, Nutt D, Carhart-Harris RL. Egodissolution and psychedelics: Validation of the Ego- Dissolution Inventory (EDI). Front Hum Neurosci. 2016;10:269.

Nuttin J. *La estructura de la personalidad*. Caba, Argentina: Kapelusz, 1967.

Nyanaponika Thera (2010). *Seeing things as they are*. *Access to Insight*. Consultado el 16 de diciembre en: http://www.accesstoinsight. org/lib/authors/nyanaponika/seeingthings.html.

Nyoshul Khempo Rinpoche y Lama Surya Das. *La Gran Perfección Natural*. Novelda (Alicante): Dharma, 1996.

Om, Sri Saddhu. *The path of Sri Ramana*. Tiruvannamalai, India: Kanvashrama Trust, 1971.

Osborne A. *True Happiness. The Teachings of Ramana Maharsi*. Charlotesville, VA (USA): Hamptom Roads Publishing Company, 2015.

Poonja HWL. *Satsang Transcripts August–December 1992a*, www.livingessence.com and www.poonjaji.org.

Poonja HWL. *Wake Up and Roar: Satsang with HWL. Poonja*, Vol. 1. Boulder, Colorado: Satsang Foundation, 2 vols., 1992*b*.

Poonja HWL. *Wake Up and Roar: Satsang with HWL. Poonja*, Vol. 2. Boulder, Colorado: Satsang Foundation, 2 vols., 1993.

Pa Auk Sayadaw. *Knowing and seeing*. Buddha Dharma Education Association, Inc. Consultado el 16 de diciembre en: www.buddhanet. net/pdf_file/know-see.pdf.

Preciado Idoeta I. *Historia de Milarepa. Grande y poderoso yogui*. Madrid: Miraguano, 2013.

Price AF, Wong-Mou-lam. *Prajna-Paramita Sutra* (*Sutra del Diamante*). Boston: Shambala, 1990.

Privette G. Peak experience, peak performance and flow: A comparative analysis of positive human experiences. Journal of Personality and Social Psychology. 1983,45:1361-368.

Purser R, Loy D. *Beyond McMindfulness*. Huffington Post, July 1st 2013. Disponible en http://www.huffingtonpost.com/ron-purser/beyond-mcmindfulness_b_3519289.html. Versión española disponible en: http://www.barakaintegral.org/articulo-mc-mindfulness/

Raphael. «Presentación». En: *Shankara. La esencia del vedanta*. Barcelona: Kairós, 1995.

Rosenthal R, Jacobson L. Pygmalion in the classroom, The Urban Review. 1968;3(1):16-20.

Safran J, Segal Z. *El proceso interpersonal en la terapia cognitiva*. Buenos Aires: Editorial Paidós, 1994.

Sahdra BK, Shaver PR, Brown KW. A scale to measure nonattachment: A Buddhist complement to Western research on attachment and adaptive functioning. Journal of Personality Assessment. 2010;92:116-27.

Sahdra BK, Ciarrochi J, Parker PD, Marshall S, Heaven P. Empathy and nonattachment independently predict peer nominations of prosocial behavior of adolescents. Frontiers in Psychology. 2015;6:263.

Sahdra B, Ciarrochi J, Parker P. Nonattachment and mindfulness: Related but distinct constructs. Psychological Assessment. 2016;28:819-29.

Sammut G, Daanen P & Moghaddam FM. *Understanding the Self and Others: Explorations in Intersubjectivity and Interobjectivity*. Nueva York, NY: Routledge, 2013.

Samkara. *Vivekacudamani 521*. Traducido por Madhavananda, Calcuta: Advaita Ashrama, 1974, pp. 194. (En español: *Vivekacudamani: joya suprema del discernimiento*. Madrid: Edaf, 1995).

Santideva. *La marcha hacia la luz*. Madrid: Miraguano, 2015.

Sawaki Kodo. *El zen es la mayor patraña de todos los tiempos*. Alicante: Tábula, 2013.

Segal ZV, Williams JMG, Teasdale JD. *MBCT. Terapia cognitiva basada en el mindfulness para la depresión*. Barcelona: Kairós, 2015.

Semerari A, Carcione A, Dimaggio G, Falcone M, Nicolo G, Procacci M, Alleva G. How to evaluate metacognitive functioning in psychotherapy? The Metacognition Assessment Scale and its applications. Clinical Psychology & Psychotherapy: 2003;10:238-61.

Seng-ts'an J. *Xin Xin Ming. Canto al corazón de la confianza*. Valencia: Ediciones i, 2008.

Senzaki, Nyogen & Ruth Strout McCandless. *La flauta de hierro*. Madrid: Editorial Edaf, 2001.

Sesha. *Una historia por contar*. Bilbao: Asociación Filosófica Vedanta Advaita Sesha, 2014.

Sesha. *Meditación. Teoría y práctica*. Bilbao: Asociación Filosófica Vedanta Advaita Sesha, 2015.

Sesha. *La autoindagación del yo. ¿Quien soy yo? ¿Qué es eso?* Valencia. Asociación Filosófica Vedanta Advaita, 2017.

Seth AK. *Interoceptive inference, emotion, and the embodied self*. Trends Cogn Sci. 2013;17:565-73.

Sevilla H. *Espiritualidad filosófica. El paradigma de la vacuidad en Nagarjuna, Samkara y Nishitani*. Barcelona: Kairós, 2018.

Sharma Arvind. *Vedanta Advaita. Una introducción*. Barcelona: Kairós, 2013.

Shigematsu S. *Zenrin Kushu. A Zen Forest Sayings of the Masters*. Nueva York: Weatherhill, 1981.

Shonin E, Van Gordon W, Singh NN. Buddhist Foundations of Mindfulness. Heidelberg, Germany: Springer, 2015.

Sogyal Rinpoche. *Dzogchen y Padmasambava*. Santa Cruz de California: Rigpa, 1989.

Soler J, Franquesa A, Feliu-Soler A, Cebolla A, García Campayo J, Tejedor R, Portella MJ. Assesing Decentering: Validation, psychometric properties, and clinical usefulness of the Experiences Questionnaire in a Spanish sample. Behaviour Therapy. 2014a;45:863-71.

Soler J, Cebolla A, Feliu-Soler A, Demarzo MM, Pascual JC, Baños R, García Campayo J. Relationship between meditative practice and selfreported mindfulness: The MINDSENS composite index. Plos One. 2014b;9:e86622.

Soler J, Montero-Marín J, Domínguez-Clavé E, González S, Cebolla A, Analayo B, García Campayo J. Same music, different lyrics? The absence of influence illusion (AII) approach. Mindfulness. 2020, remitido.

Spada MM, Georgiou GA, Wells A. The relationship among metacognitions, attentional control, and state anxiety. Cognitive Behaviour Therapy 2010;39:64-71.

Spinoza B. *Ética: demostrada según el órden geométrico*. Madrid: Alianza Editorial, 2011.

Spira R. *Being aware of being aware*. Oxford: Sahaja Editions, 2017.

Suzuki DT. *Ensayos sobre budismo zen* (Segunda Serie). Buenos Aires: Editorial Kier S.A., 1986.

Suzuki S. *Mente zen, mente de principiante*. Barcelona: Gaia, 2012.

Swedenborg E. *Del cielo y del infierno*. Barcelona: Biblok Book Export, 2017.

Takpo Tashi Namgyal. *Mahamudra: The Quintaessence of Mind and meditation*. Delhi: Motilal Banarsidass, 1993.

Tanay G, Lotan G, Bernstein A. Salutary proximal processes and distal mood and anxiety vulnerability outcomes of mindfulness training: A pilot preventive intervention. Behavior Therapy. 2012;43:492-505.

Teasdale JD, Moore RG, Hayhurst H, Pope M, Williams S, Segal, ZV. Metacognitive awareness and prevention of relapse in depression: empirical evidence. Journal of Consulting and Clinical Psychology. 2002;70:275-87.

Thanissaro Bhikkhu (1997). *The healing power of the precepts*. Consultado el 29 de octubre de 2010 en: http://www.accesstoinsight.org/ lib/authors/ thanissaro/precepts.html.

Theise ND, Kafatos MC. Fundamental awareness: A framework for integrating science, philosophy and metaphysics. Commun Integr Biol. 2016; 9:e1155010.

Tillich P. *Systematic Theology*. Chicago: University of Chicago Press, 1951.

Tomer A, Eliason G. Toward a comprehensive model of death anxiety. Death Stud. 1996;20:343-65.

Torkamani F, Aghayousefi A, Alipour A, Nami M. Effects of Single-Session Group Mantra-meditation on Salivary Immunoglobulin A and Affective State: A Psychoneuroimmunology Viewpoint. Explore (NY). 2018;14:114-21.

Traherne T. *Selected writings*. Ed. Dick Davis. Manchester, UK: Carcenet Press, 1988.

Traherne T. *The works of Thomas Traherne V: Centuries of meditations and select meditations*. Suffolk, UK: D.S. Brewer, 2013.

Tran U, *et al*. The serenity of the meditating mind: a cross-cultural psychometric study on a two-factor higher order structure of mindfulness, its effects, and mechanisms related to mental health among experienced meditators. PLoS One. 2014;9:e110192.

Triandis HC. The self and social behavior in differing cultural contexts. Psychological Review. 1989;96,506-20.

Trungpa C. *Cutting through spiritual materialism*. Boston: Shamballa, 2002.

Van Gordon W, Shonin E, Diouri S, Garcia-Campayo J, Kotera Y, Griffiths MD. Ontological addiction theory: Attachment to me, mine, and I. J Behav Addict. 2018:1-5.

Van Gordon W, Shonin E, Dunn TJ, Sheffield D, García Campayo J, Griffiths MD. Meditation-Induced Near-Death Experiences: a 3-Year Longitudinal Study. Mindfulness (N Y). 2018;9:1794-806.

Van Gordon W, Shonin E, Dunn TJ, Sapthiang S, Kotera Y, García Campayo J, Sheffield D. Exploring Emptiness and its Effects on Non-attachment, Mystical Experiences, and Psycho-spiritual Wellbeing: A Quantitative and Qualitative Study of Advanced Meditators. Explore (NY). 2019;15:261-72.

Villalba D. Hekinganroku. *Crónicas del acantilado azul.* Madrid: Miraguano, 1991.

Von Bertalanffy L, *Teoría general de los sistemas. Fundamentos, desarrollo, aplicaciones.* México: Fondo de Cultura Económica, 1976.

Watts A. *El camino del zen.* Barcelona: Los libros de Sísifo, 2004.

Watts A. *El camino del tao.* Barcelona: Kairós, 1988.

Wayment HA, Bauer JJ, Sylaska K. The Quiet Ego Scale: Measuring the compassionate self-identity. J Happiness Stud. 2015;16:999-1033.

Weil S. *A la espera de Dios.* Madrid: Trotta, 1996.

Wells A, Cartwright-Hatton S. A short form of the metacognitions questionnaire: properties of the MCQ-30. Behaviour Research and Therapy. 2004;42:385-96.

Westerhoff J. *Nagarjuna's Madhyamaka: A Philosophical Introduction,* Oxford: Oxford University Press, 2009 (traducción del *Prasannapadā* de Candrakīrti).

White, F. *The overview effect: Space exploration and human evolution.* Boston, MA: Houghton Mifflin, 1987.

Xia T, Hiroe H, Seritran AL, Eisendrath S. The many roads to mindfulness: A review of non-mindfulness based interventions that increase mindfulness. J Altern Comp Med. 2019;1-16.

Yaden DB, Iwry J, Slack KJ, Eichstaedt JC, Zhao Y, Vaillant GE, Newborn AB. The overview Effect: Awe and Self-Trascendent experience in space flight. Psychology of Consciousness: Theory, research and practice. 2016;3:1-11.

Yamada Koun. *The Gateless Gate*. Nueva York, USA: Wisdom Publications, 2004.

Yamahata H. On the Open Way: Zen Here-Now. Byron Bay, Australia: Open Way Zen Centre, 1998.